HIERONYMUS

LIBER DE OPTIMO
GENERE INTERPRETANDI

(EPISTULA 57)

MNEMOSYNE

BIBLIOTHECA CLASSICA BATAVA

COLLEGERUNT

W. DEN BOER · A. D. LEEMAN · W. J. VERDENIUS

BIBLIOTHECAE FASCICULOS EDENDOS CURAVIT

W. J. VERDENIUS, HOMERUSLAAN 53, ZEIST

SUPPLEMENTUM SEXAGESIMUM PRIMUM

G. J. M. BARTELINK

HIERONYMUS

LIBER DE OPTIMO
GENERE INTERPRETANDI

(EPISTULA 57)

LUGDUNI BATAVORUM E. J. BRILL MCMLXXX

HIERONYMUS

LIBER DE OPTIMO GENERE INTERPRETANDI
(EPISTULA 57)

EIN KOMMENTAR

VON

G. J. M. BARTELINK

LUGDUNI BATAVORUM E. J. BRILL MCMLXXX

Gedruckt mit einer Subvention der Niederländischen
Organisation für Reinwissenschaftliche Forschung
(Z.W.O.)

ISBN 90 04 06085 5

INHALTSVERZEICHNIS

VORWORT

Die *Epistula* 57 des Hieronymus darf wegen ihres Hauptthemas, der Frage welche Art des Übersetzens die beste ist, auf unsere Aufmerksamkeit Anspruch machen. Nicht ein Theoretiker, sondern ein Mann der Praxis, dessen Name zu Recht besonders durch die grosse Leistung seiner lateinischen Bibelübersetzung und -Revision (die Vulgata) bekannt geworden ist, kommt hier zu Wort. Wahrscheinlich kann man Hieronymus ja als den wichtigsten Übersetzer aus dem Altertum bezeichnen.

In unserem Kommentar zu diesem Brief haben wir uns bemüht, Parallelen aus anderen Werken des Einsiedlers von Bethlehem heranzuziehen, was deswegen besonders angebracht erscheint, weil Hieronymus auf einmal berührte Fragen gerne wieder zurückkommt und sich nicht scheut, Lieblingsthemen in denselben oder ähnlichen Worten wiederkehren zu lassen. Dabei können wir öfters konstatieren, dass er einen einmal eingenommenen Standpunkt in späteren Werken mit neuen Argumenten unterbaut, andererseits wird auch nicht selten eine gewisse Entwicklung in seinen Auffassungen sichtbar. Eben die verschiedenen Aspekte der Übersetzungsproblematik hat Hieronymus in vielen anderen Schriften, sowohl vorher als nachher, berührt. Neben Parallelen inhaltlicher Art sind in unserem Kommentar auch viele sprachliche Parallelen angeführt worden.

Für den Text des 57. Briefes sind wir von der bis jetzt massgeblichen Ausgabe von Hilberg (CSEL 54-56; wiederholt von Labourt, Paris 1949-1963) ausgegangen (eine Liste von Textänderungen auf S. 133). Zwar wissen wir durch die Untersuchungen von Lambert, dass eine endgültige Ausgabe auf eine grössere Zahl von Handschriften zu gründen ist. Hilberg hatte für seine Ausgabe nur eine beschränkte (und durch das Fehlen von Prolegomena auch für uns undurchsichtige) Auswahl aus den Handschriften gemacht, wobei er allerdings einige sehr alte berücksichtigt hat. Lambert dagegen hat neuerdings für den 57. Brief nicht weniger als 150 Handschriften verzeichnet. Für die übrigen Werke des Hieronymus haben wir die Ausgabe im *Corpus Christianorum Latinorum* verwendet, soweit diese bereits zur Verfügung stand: die Bände 72 (Quaest. hebraicae — Comment. in Psalmos et Ecclesiasten); 73-73A (In Esaiam); 74

(In Hieremiam); 75-75A (In Hiezechielem et Danielem); 76-76A (In Prophetas minores); 77 (In Matthaeum); 78 (Tractatus in Psalmos et in Marci Evangelium). Die Praefationes zu den Übersetzungen der Bibelbücher sind den Bänden der Biblia Sacra entnommen worden, soweit diese erschienen sind (letztlich Bd. 14, Hieremias 1972). Die Briefe sind nach der Ausgabe von Hilberg, De viris illustribus nach der Ausgabe von Herding, die Übersetzung von Eusebs Chronik nach der Ausgabe von Helm, die Vita Hilarionis nach der Ausgabe von Bastiaensen, und die übrigen Texte nach PL 23 und 26 (Nachdruck der Ausgabe von Vallarsi; aus bezugsweise den Jahren 1883 und 1884) zitiert worden.

Ich möchte besonders meinem Kollegen J. H. Waszink aus Leiden danken, der das Manuskript durchgesehen hat. Er hat mich nicht nur vor manchem Fehler behütet sondern auch mehrere wertvolle Anmerkungen beigesteuert.

LISTE DER ABKÜRZUNGEN

ALL	Archiv für lateinische Lexikographie und Grammatik
CCL	Corpus Christianorum Latinorum
CSEL	Corpus Scriptorum Ecclesiasticorum Latinorum
DACL	Dictionnaire d'Archéologie Chrétienne et de Liturgie
DSp	Dictionnaire de Spiritualité
GCS	Griechische Christliche Schriftsteller
JThS	Journal of Theological Studies
LCP	Latinitas Christianorum Primaeva
NRTh	Nouvelle Revue Théologique
PG	Migne, Patrologia Graeca
PL	Migne, Patrologia Latina
PW	Pauly's Realencyclopädie der classischen Altertumswissenschaft
RAC	Reallexikon für Antike und Christentum
RAM	Revue d'Ascétique et de Mystique
REAug	Revue des Études augustiniennes
REL	Revue des Études latines
RhM	Rheinisches Museum
RScR	Revue des Sciences religieuses
SAB	Sitzungsberichte der Berliner Akademie
SC	Sources Chrétiennes
ThQ	Theologische Quartalschrift
ThW	Theologisches Wörterbuch zum Neuen Testament
TLL	Thesaurus Linguae Latinae
TU	Texte und Untersuchungen
VChr	Vigiliae Christianae
V (Vulg.)	Vulgata
VL	Vetus Latina

EINLEITUNG

Der Anlass des Schreibens

Wiewohl der 57. Brief des Hieronymus (aus dem Jahre 395/96) wegen seines Titels *De optimo genere interpretandi* den Eindruck erweckt, es handele sich um eine allgemeine Abhandlung über das Übersetzen, ist er doch an erster Stelle als ein Gelegenheitsschreiben anlässlich der dem Hieronymus gemachten Vorwürfe zu betrachten, die dahin lauten, seine Übersetzung eines Briefes des Epiphanius von Salamis sei tendenziös und fehlerhaft. Hieronymus betont in seiner Verteidigung, dass hier von einer unrechtmässigen Publikation seiner lateinischen Übersetzung die Rede sei und dass sie nur für Privatgebrauch bestimmt sei.

Es muss hier hervorgehoben werden, dass Nautin neuerdings eine abweichende Auffassung über Hieronymus' Absicht mit *Ep.* 57 verkündet hat (1973, S. 84). Er vertritt die Ansicht, die Zuverlässigkeit der lateinischen Übersetzung sei tatsächlich nicht angefochten worden und Hieronymus beabsichtige mit seinem Schreiben gar nicht, sich auf das Urteil des Pammachius zu berufen. Er wolle nur seine Gegner in Rom, die an den Papst Siricius appellierten, durch die Veröffentlichung eines Schreibens, in dem Johannes von Jerusalem (der von Hieronymus 396 in einer Streitschrift angegriffen wurde) und Rufin origenistische Verirrungen zugeschrieben wurden, kompromittieren (der Text sowohl des Originals wie der Übersetzung von Epiphanius' Brief wurde ja der *Ep.* 57 beigegeben; siehe *Ep.* 51, 6 Te autem, frater, liberet deus . . . et maxime Rufinum presbyterum ab heresi Origenis). Nautins These jedoch, dass die Beschuldigung, die lateinische Übersetzung enthalte Fehler, nur eine Fiktion des Hieronymus sei, um die Gelegenheit zu haben zusammen mit seiner Antwort auch ein Exemplar von Epiphanius' Brief nach Rom zu schicken, scheint uns sehr unwahrscheinlich. Hieronymus bespricht ja die Vorwürfe nicht nur in *Ep.* 57, sondern kommt nachdrücklich in der im Jahre 402 geschriebenen Verhandlung *Adversus Rufinum* darauf zurück: ut calumniareris interpretem, et me apertissimi teneres criminis reum, quare pro *honorabili charissimum* transtulissem (3, 23, PL 23, 496B). Nautin formuliert seine Hypothese, allerdings ohne nähere Begründung, wie folgt (Nautin 1973, S. 84): ,,le meilleur moyen de parer le coup n'était-il

pas d'éveiller des soupçons contre eux en faisant connaître à Rome
la lettre d'Épiphane accusant Jean et Rufin d'hérésie, et d'y
joindre, à l'intention de ceux qui ne savaient pas le grec, la traduction latine faite deux ans plus tôt ? Sortir ce document ancien pour
le divulguer à Rome était un coup bas contre Jean et Rufin. Jérôme
en avait aussi conscience. On risquait de le lui reprocher. Pour
dissimuler l'odieux du procédé, il a prétexté quelques reproches
qu'on lui avait faits sur des vétilles de traduction et, sachant que
ses amis romains lui pardonnaient beaucoup à cause de sa plume,
il les a payés par quelques pages brillantes sur l'art de traduire''.

Es war ein Mönch namens Eusebius von Cremona (siehe die Anm.
zu 2, 2; dieser hielt sich um 395 im Kloster des Hieronymus in
Bethlehem auf), der Hieronymus gebeten hatte, das oben erwähnte
Schreiben des Bischofs Epiphanius von Salamis (Constanza auf
Zypren) an Bischof Johannes von Jerusalem zu übersetzen (diese
Übersetzung ist als *Ep.* 51 im hieronymianischen Briefcorpus
bewahrt geblieben; der griechische Originaltext ist verloren gegangen). In diesem Brief wirft Epiphanius dem Johannes unter
anderem vor, er verkündige origenistische Irrlehren.

Hieronymus erklärte sich bereit, dieser Bitte des Eusebius Folge
zu leisten. Er bestimmte die Übersetzung aber nur zu dessen
persönlichem Gebrauch und verlangte nachdrücklich, dass sie nicht
im Umlauf gebracht werden sollte. Anderthalb Jahre waren verstrichen, da wurde das Dokument dem Eusebius entwendet.
Hieronymus teilt uns die Identität des Täters nicht mit, er spricht
nur ganz allgemein von einem Pseudo-Mönch. Courcelle möchte ihn
als Vigilantius identifizieren (siehe die Anm. zu 2, 2).

Die Veröffentlichung des Epiphaniusbriefes in lateinischer Übersetzung hatte üble Folgen. Hieronymus' Gegner — die allerdings in
Ep. 57 nicht mit Namen genannt werden; wir wissen jedoch, dass
es sich an erster Stelle um seinen früheren Freund Rufin handelt —
warfen ihm vor, es fänden sich in der Übersetzung bewusste
Fälschungen, deren Ziel es sei, Johannes herabzusetzen. Der
Bischof von Jerusalem, dessen Jurisdiktion die beiden von Hieronymus geleiteten Klöster unterstellt waren, war sehr verstimmt.
In dieser für Hieronymus heiklen Situation versuchte der *comes*
Archelaus eine Mittlerrolle zu spielen (cf. *Contra Ioh. Hier.* 39,
PL 23, 409B qui sequester pacis erat; ibid. 40 per virum doctissimum, et Christianissimum Archelaum comitem). Auch Bischof
Theophilus von Alexandrien sah sich gezwungen, sich einzumischen;

er sandte einen Untersuchungsausschuss unter der Führung des
Diakons Isidorus nach Palästina. Dazu kam, dass eben damals
Hieronymus wegen der seinem Bruder Paulinianus vor kurzem
erteilten Priesterweihe angefeindet wurde. Dieser war, obwohl er
zur Jurisdiktion des Johannes von Jerusalem gehörte, von Epipha-
nius zum Priester geweiht worden. Nachdrücklich verteidigt
Hieronymus in *Ep.* 57 die Art und Weise, wie er Epiphanius'
Schreiben übersetzt hat. Er habe an der traditionellen literarischen
Übersetzungsweise festgehalten. Die Praxis *ad sensum* und nicht
ad verbum zu übersetzen erkläre gewisse Freiheiten, von bewusster
Fälschung sei überhaupt nicht die Rede.

Die Verteidigung der Übersetzungsweise von Epiphanius' Brief

Das Hauptargument des Briefes ist also, die Übersetzung entspreche völlig der traditionellen Übersetzungspraxis. Nachdem
Hieronymus die Ereignisse, die mit der unrechtmässigen Veröffentlichung zusammenhingen, erwähnt hat und dabei hervorgehoben, dass es sich um Diebstahl und Veröffentlichung einer nur
für den Privatgebrauch bestimmten Übersetzung handele, betont
er, dass im Lichte der üblichen Übersetzungspraxis die Unterschiede zwischen seiner Wiedergabe und dem griechischen Original
unwesentlich seien. Die traditionell anerkannte Art des Übersetzens erfordre eben, dass man sich von dem Einzelwort zu lösen
verstehe und vom Primat des *sensus* ausgehe. So besteht ein
wesentlicher Teil des Briefes aus allgemeinen Auseinandersetzungen,
und bildet eine Diskussion über die theoretischen Prinzipien, von
denen der Übersetzer auszugehen hat, den Schwerpunkt des
Schreibens. Die grossen literarischen Übersetzer aus dem lateinischen
Sprachbereich haben sich bei ihren Übersetzungen aus dem Griechischen immer vom Prinzip führen lassen, dass nur eine freie
Übersetzung (*ad sensum*) eine Wiedergabe ermögliche, welche
literarischen Maszstäben gerecht wird. Eine Ausnahmestelle gebührt
nach Hieronymus nur den heiligen Schriften, wo wegen des beson-
deren Charakters eines sakralen Textes eine wörtliche Wiedergabe
angebracht sei. Mit Aussagen und Beispielen aus profanen sowie
aus christlichen Schriften verteidigt Hieronymus die *ad sensum*-
Übersetzung und macht klar, dass die wörtliche Übersetzungsweise
(*verbum ex verbo exprimere*) im allgemeinen zu verwerfen sei. Dass
Hieronymus sich in *Ep.* 57 nachdrücklich auf die Weise, in der die
neutestamentlichen Autoren Texte aus dem Alten Testament an-

führen, beruft, könnte im Lichte der Ausnahmestelle, welche
Hieronymus im nämlichen Brief für die heiligen Schriften fordert,
allerdings merkwürdig erscheinen.

Auch in seinen anderen Schriften huldigt Hieronymus überwiegend dem Prinzip der *ad sensum*-Übersetzung, wie aus unserem
Kommentar hervorgeht. Insbesondere sind die Bemerkungen in
Ep. 106 interessant, wo die Übersetzung einer grossen Reihe von
Psalmstellen einer kritischen Betrachtung unterzogen wird (ad
Sunniam et Fretelam; nach Vallarsi im Jahre 403 geschrieben;
nach Altaner zwischen 404 und 410; nach Grützmacher I, S. 85
wahrscheinlich gegen 390, das wäre also noch vor *Ep.* 57). Nicht
immer jedoch bleibt Hieronymus sich in seinen Auffassungen
gleich; besonders bei der Exegese einzelner Stellen gibt er bisweilen
eine sehr wörtliche Übersetzung.

Wichtig für die Beurteilung von Hieronymus' Auffassungen sind
neben den genannten Briefen mehrere *praefationes* zu den Übersetzungen einzelner Bibelbücher (z.B. *Praef. in Iob*, Biblia Sacra 9,
S. 70: nunc verba, nunc sensus, nunc simul utrumque resonavit;
Praef. in Iudith, Biblia Sacra 8, S. 213: magis sensum e sensu quam
ex verbo verbum transferens; s. L. Fonck, *De Hieronymo interprete
quid censeant auctores recentiores*, in: Miscellanea Geronimiana,
S. 74: principia illa quae s. Doctor in opere suo sibi praestituit
quaeque, praeterquam in praefationibus ad complures libros sacros,
potissimum in epistula 57 ad Pammachium et 106 ad Sunniam et
Fretelam inveniuntur exposita). Es ist klar, dass die Sonderstel-
lung, welche Hieronymus in *Ep.* 57, 5, 2 der H. Schrift zuerkennt
(absque scripturis sanctis), in seiner Übersetzungspraxis, wie wir
sie in der Vulgata analysieren können, nicht immer wiederzufinden
ist. Besonders aus stilistischen Gründen erlaubt er sich in seinen
Bibelübersetzungen und -bearbeitungen öfters ein gewisses Mass an
Eleganz. So hat Condamin (*Les caractères*, S. 434) hervorgehoben,
dass Hieronymus mehrmals in seiner Übersetzung Formeln, die im
Originaltext identisch sind, variiert hat. Die feste Formel z.B.
,,Und Gott sprach", die im ersten Kapitel der Genesis neunmal
vorkommt, wird von Hieronymus nicht stereotyp wiedergegeben
(S. auch A. Condamin, *Un procédé littéraire de saint Jérôme dans sa
traduction de la Bible*, in: Miscellanea Geronimiana, S. 89-96).
Ähnlich lautet das Urteil Hobergs (S. 20) über Hieronymus'
Übersetzungsweise im Buch Daniel: ,,Hieronymus non solum parti-
culas usitatas non semper similiter interpretatur, sed etiam alia

vocabula sive nomina sive adjectiva sive verba diversis vocibus reddere solet".

In unserem Kommentar werden die verschieden Aspekte des Übersetzens, wie Hieronymus diese in *Ep.* 57 erwähnt, näher besprochen. Insbesondere ist hier auf Kap. 5 zu verweisen: u.a. die Wiedergabe der Stilfiguren, die idiomatische Eigenart einer Sprache (*proprietas*), die Wortsyntax (*ordo verborum*), die Forderung einer eleganten Sprache, das Fehlen adäquater Ausdrücke in der Sprache, in die man übersetzt, die Neologismen.

Die Datierung

Der Brief ist 395/396 zu datieren (siehe Labourt 3, S. 55[1]; Antin 1968, S. 176; Kelly, S. 72[17]). Für eine Datierung 395 sprechen sich aus: Cavallera 2, S. 34; Holl, S. 314. Neuerdings hat Nautin (REAug 19, 1973, S. 83-84) eine Datierung im Juli 396 angenommen: *Ep.* 57 sei wenige Tage nach der Abfahrt der Gesandtschaft des Bischofs Johannes (Ende Juni oder Anfang Juli) geschrieben worden (er beruft sich auf *Ep.* 57, 2 Ante hoc ferme biennium; der bewusste Brief des Epiphanius datiere aus 394).

Inhaltsangabe des 57. Briefes

1. Hieronymus' Gegner werfen ihm vor, er habe Epiphanius' Brief an Johannes von Jerusalem mit Absicht oder aus Unkenntnis unrichtig übersetzt oder bewusst gefälscht.

2. Hierauf erwidert Hieronymus, er sei Diebstahl und Verrat zum Opfer gefallen. Die Übersetzung sei nicht mehr als eine private Arbeit, bestimmt für Eusebius von Cremona, dem sie jedoch nach anderthalb Jahr von einem nicht mit Namen genannten Pseudo-Mönch entstohlen wurde; zu Unrecht und ohne die Genehmigung des Hieronymus finde die Publikation statt. Hieronymus erwähnt die Kritik seiner Gegner: die Übersetzung sei nicht wörtlich genug. Ihre Auffassung wird in der bereits traditionellen Formel zusammengefasst: *me verbum non expressisse de verbo.*

3. Dass es sich um Diebstahl und Verrat handele, wird von Hieronymus bei seiner Verteidigung stark betont. Einige *exempla* sollen zeigen, dass Verrat im Laufe der Zeit immer zurückgewiesen wurde: nach einem ähnlichen Fall aus der neuesten Geschichte führt Hieronymus zwei Schulbeispiele aus der Geschichte der römischen Republik an, nämlich den verräterischen Lehrer aus

Falerii und den Leibarzt des Pyrrhus, der den Römern das Angebot tat, seinen Herrn zu vergiften.

4. Es handele sich nicht nur um Diebstahl eines unpublizierten Werkes, sondern auch um eine Verletzung der Privacy: jedermann hat das Recht, in Privatnotizen Beliebiges niederzuschreiben. Ausserdem haben die Gegner ein falsches Ziel gewählt: man soll nicht den Übersetzer beschuldigen (ausserdem handele es sich ja nur um Kleinigkeiten: de syllabis calumniari), sondern denjenigen, der für den Inhalt des Schreibens verantwörtlich ist (mithin Bischof Epiphanius).

5. Darauf kommt Hieronymus zum Hauptargument, das weiter den ganzen Brief dominiert: das Übersetzungsprinzip, von dem er ausgegangen ist, sei das richtige, da es mit der ganzen lateinischen literarischen Tradition in Übereinstimmung ist; der einzige richtige Ausgangspunkt sei *sensum exprimere de sensu* (nirgendwo sei in seiner Übersetzung mittels Hinzufügungen und Änderungen der wesentliche Sinn beeinträchtigt worden). Dass er hiermit mitten in der Tradition stehe, versucht Hieronymus klarzumachen, indem er diesbezügliche Zitate aus profanen Schriftstellern anführt. Namentlich beruft er sich auf Ciceros Vorbild, weiter auf Horaz und die Praxis der alten Komiker Terenz und Plautus. Ein Zitat aus seinem eigenen Vorwort zur Übersetzung der Chronik des Euseb (um 381) soll darlegen, dass er seinen eigenen Auffassungen im Laufe der Zeit treu geblieben sei.

6. Auch die christlichen Autoren haben diesem Prinzip zugestimmt. Hierfür zitiert Hieronymus eine Stelle aus dem Vorwort zu der Übersetzung der *Vita Antonii* durch Euagrius von Antiochien, und nennt er zwei Übersetzungsarbeiten des Hilarius von Poitiers als Beispiel.

7-9. Mit einer Serie von Beispielen wird gezeigt, dass die Schriftsteller des Neuen Testaments beim Zitieren aus dem Alten Testament öfters vom nämlichen Prinzip ausgehen, dass der Sinn prävaliert: bisweilen weichen sie von dem gangbaren LXX-Text ab und gehen vom hebräischen Grundtext aus.

10. Hieronymus weist einige sachliche Ungenauigkeiten in neutestamentlichen Zitaten nach, wobei es ihm nur um den Schluss zu tun ist, dass gewisse Freiheiten beim Übersetzen legitim sind. Zentral steht für ihn immer der Grundgedanke, dass es sich um den Sinn eines Ganzen und nicht um einzelne Wörter handelt

(apostolos et evangelistas in interpretatione veterum scripturarum sensum quaesisse non verba).

11. Auch in der LXX finden sich Hinzufügungen und Auslassungen im Vergleich mit dem hebräischen Grundtext (siehe auch *Ep.* 18A, 15 septuaginta interpretibus sensum potius quam verbum de verbo exprimentibus), die Tradition habe jedoch mit Recht die LXX-Übersetzung anerkannt und die Übersetzungsweise des Aquila, der sogar auf Silben und Etymologien achtet, sei zu verwerfen (Aquila... iure proicitur a nobis).

Am Ende des Briefes (12-13) kommt Hieronymus wieder auf den konkreten Anlass zum Schreiben des Briefes zurück. Um die Methoden seiner Gegner anzugreifen, behandelt er die Kritik an der Wiedergabe des ersten Satzes. Er bleibt beim Ausgangspunkt, dass eine wörtliche Übersetzung in literarischer Hinsicht unzulässig sei; ein Hinweis auf den einfachen Sprachgebrauch der Apostel erscheine ihm hier unangemessen.

13. In der *peroratio* fordert Hieronymus seinen Freund Pammachius auf, selbst den griechischen Originaltext zu vergleichen, um sich so ein genaueres Urteil bilden zu können.

TEXT

HIERONYMI EPISTULA LVII. AD PAMMACHIUM DE OPTIMO GENERE INTERPRETANDI.

I 1. Paulus apostolus praesente Agrippa rege de criminibus responsurus, quae posset intellegere, qui auditurus erat, securus de causae victoria statim in principio gratulatur dicens: *De omnibus, quibus accusor a Iudaeis, o rex Agrippa, aestimo me beatum, cum apud te sim hodie defendendus, qui praecipue nosti cunctas, quae in Iudaeis sunt, consuetudines et quaestiones.* Legerat enim illud Esaiae: *Beatus, qui in aures loquitur audientis*, et noverat tantum oratoris verba proficere, quantum iudicis prudentia cognovisset. 2. Unde et ego beatum me in hoc dumtaxat negotio iudico, quod apud eruditas aures inperitae linguae responsurus sum, quae obicit mihi vel ignorantiam vel mendacium, si aut nescivi alienas litteras vere interpretari aut nolui: quorum alterum error, alterum crimen est. Ac ne forsitan accusator meus facilitate, qua cuncta loquitur, et inpunitate, qua sibi licere omnia putat, me quoque apud vos argueret, ut papam Epiphanium criminatus est, hanc epistulam misi, quae te et per te alios, qui nos amare dignantur, rei ordinem doceat.

II 1. Ante hoc ferme biennium miserat Iohanni episcopo supra dictus papa Epiphanius litteras arguens eum in quibusdam dogmatibus et postea clementer ad paenitentiam provocans. Harum exemplaria certatim Palaestinae rapiebantur vel ob auctoris meritum vel ob elegantiam scriptionis. 2. Erat in monasteriolo nostro vir apud suos haut ignobilis, Eusebius Cremonensis, qui, cum haec epistula per multorum ora volitaret et mirarentur eam pro doctrina et puritate sermonis docti pariter et indocti, coepit a me obnixe petere, ut sibi eam in Latinum verterem et propter intellegendi facilitatem apertius explicarem; Graeci enim eloquii penitus ignarus erat. Feci, quod voluit; accito notario raptim celeriterque dictavi ex latere in pagina breviter adnotans, quem intrinsecus sensum singula capita continerent — siquidem et hoc, ut sibi soli facerem, oppido flagitarat — postulavique ab eo mutuo, ut domi haberet exemplar nec facile in vulgus proderet. 3. Res ita anno et sex mensibus transiit, donec supra dicta interpretatio de scriniis eius novo praestrigio Hierosolymam commigravit. Nam quidam pseudomonachus vel accepta pecunia, ut perspicue intellegi datur, vel

gratuita malitia, ut incassum corruptor nititur persuadere, conpi-
latis chartis eius et sumptibus Iudas factus est proditor deditque
adversariis latrandi contra me occasionem, ut inter inperitos con-
tionentur me falsarium, me verbum non expressisse de verbo, pro
'honorabili' dixisse 'carissimum' et maligna interpretatione — quod
nefas dictu sit — αἰδεσιμώτατον noluisse transferre. Haec et istius
modi nugae crimina mea sunt.

III 1. Ac primum, antequam de translatione respondeam, volo
interrogare eos, qui malitiam prudentiam vocant: unde apud vos
exemplar epistulae? Quis dedit? Qua fronte profertis, quod scelere
redemistis? Quid apud homines tutum erit, si nec parietibus quidem
et scriniis nostra possumus secreta celare? Si ante tribunalia
iudicum hoc vobis crimen inpingerem, reos legibus subiugarem, quae
etiam pro utilitate fisci delatoribus poenam statuunt et, cum
suscipiant proditionem, damnant proditorem. Lucrum videlicet
placet, voluntas displicet. 2. Dudum Hesychium, virum consularem, contra quem patriarcha Gamalihel gravissimas exercuit inimi-
citias, Theodosius princeps capite damnavit, quod sollicitato notario
chartas illius invasisset. Legimus in veteribus historiis ludi magistrum, qui Faliscorum liberos prodiderat, vinctum pueris traditum
et ad eos, quos prodebat, remissum nec sceleratam populum Ro-
manum suscepisse victoriam. Pyrrum, Epirotarum regem, cum in
castris ex vulnere curaretur, medici sui proditione interfici nefas
duxit Fabricius, quin potius vinctum remisit ad dominum, ut
scelus nec in adversario conprobaret. 3. Quod leges publicae,
quod hostes tuentur, quod inter bella et gladios sanctum est, hoc
nobis inter monachos et sacerdotes Christi intutum fuit. Et audet
quidam ex eis adducto supercilio et concrepantibus digitis eructare
et dicere: „Quid enim, si redemit, si sollicitavit? Fecit, quod sibi
profuit." Mira sceleris defensio! Quasi non et latrones et fures ac
piratae faciant, quod sibi prodest. Certe Annas et Caiphas seducen-
tes infelicem Iudam fecerunt, quod sibi utile existimabant.

IV 1. Volo in chartulis meis quaslibet ineptias scribere, com-
mentari de scripturis, remordere laedentes, digerere stomachum,
in locis me exercere communibus et quasi limatas ad pugnandum
sagittas reponere: quamdiu non profero cogitata, et maledicta non
crimina sunt, immo ne maledicta quidem, quae aures publicae
nesciunt. 2. Tu corrumpas servulos, sollicites clientes et, ut in
fabulis legimus, auro ad Danaen penetres dissimulatoque, quod
feceris, me falsarium voces, cum multo peius crimen accusando in

te confitearis, quam in me arguis? Alius te hereticum, alius insimulat
dogmatum perversorum: taces, ipsi respondere non audes, interpretem laceras, de syllabis calumniaris et totam defensionem tui
putas, si tacenti detrahas. Finge in transferendo vel errasse vel
intermisisse me quippiam — hic totus tui negotii cardo versatur,
haec tua est defensio —: 3. num idcirco tu non es hereticus, si
ego malus interpres sim? Nec hoc dico, quo te hereticum noverim —
sciat ille, qui accusavit, noverit qui scripsit — sed quo stultis-
simum sit accusatum ab alio alium criminari et confosso undique
corpore de dormientis vulnere solacium quaerere.

V 1. Hactenus sic locutus sum, quasi aliquid de epistula com-
mutarim et simplex translatio possit errorem habere, non crimen.
Nunc vero, cum ipsa epistula doceat nihil mutatum esse de sensu
nec res additas nec aliquod dogma confictum, *faciunt ne intellegendo,
ut nihil intellegant,* et, dum alienam inperitiam volunt coarguere,
suam produnt. 2. Ego enim non solum fateor, sed libera voce
profiteor me in interpretatione Graecorum absque scripturis sanctis,
ubi et verborum ordo mysterium est, non verbum e verbo, sed
sensum exprimere de sensu. Habeoque huius rei magistrum Tullium,
qui Protagoram Platonis et Oeconomicum Xenofontis et Aeschini
et Demosthenis duas contra se orationes pulcherrimas transtulit.
Quanta in illis praetermiserit, quanta addiderit, quanta mutaverit,
ut proprietates alterius linguae suis proprietatibus explicaret, non
est huius temporis dicere. Sufficit mihi ipsa translatoris auctoritas,
qui ita in prologo earundem orationum locutus est: 3. *Putavi
mihi suscipiendum laborem utilem studiosis, mihi quidem ipsi non
necessarium. Converti enim ex Atticis duorum eloquentissimorum
nobilissimas orationes inter seque contrarias, Aeschini et Demosthenis,
nec converti ut interpres, sed ut orator, sententiis isdem et earum formis
tam quam figuris, verbis ad nostram consuetudinem aptis. In quibus
non pro verbo verbum necesse habui reddere, sed genus omne verborum
vimque servavi. Non enim me ea adnumerare lectori putavi oportere,
sed tamquam adpendere.* 4. Rursumque in calce sermonis: *Quorum
ego,* ait, *orationes si, ut spero, ita expressero virtutibus utens illorum
omnibus, id est sententiis et earum figuris et rerum ordine, verba
persequens eatenus, ut ea non abhorreant a more nostro, quae si e
Graecis omnia conversa non erunt, tamen, ut generis eiusdem sint,
elaboravimus* ⟨et cetera⟩. 5. Sed et Horatius, vir acutus et doctus,
hoc idem in Arte poetica erudito interpreti praecipit:

> *nec verbum verbo curabis reddere fidus
> interpres.*

Terentius Menandrum, Plautus et Caecilius veteres comicos interpretati sunt: numquid haerent in verbis ac non decorem magis et elegantiam in translatione conservant? Quam vos veritatem interpretationis, hanc eruditi κακοζηλίαν nuncupant. 6. Unde et ego doctus a talibus ante annos circiter viginti et simili tunc quoque errore deceptus, certe hoc mihi a vobis obiciendum nesciens, cum Eusebii Χρονικὸν in Latinum verterem, tali inter cetera praefatione usus sum: *Difficile est alienas lineas insequentem non alicubi excedere, arduum, ut, quae in alia lingua bene dicta sunt, eundem decorem in translatione conservent.* 7. *Significatum est aliquid unius verbi proprietate: non habeo meum, quo id efferam, et, dum quaero inplere sententiam, longo ambitu vix brevis viae spatia consummo. Accedunt hyperbatorum anfractus, dissimilitudines casuum, varietates figurarum, ipsum postremo suum et, ut ita dicam, vernaculum linguae genus: si ad verbum interpretor, absurde resonant; si ob necessitatem aliquid in ordine, in sermone mutavero, ab interpretis videbor officio recessisse.* 8. Et post multa, quae nunc persequi otiosum est, etiam hoc addidi: *Quodsi cui non videtur linguae gratiam interpretatione mutari, Homerum ad verbum exprimat in Latinum — plus aliquid dicam —, eundem sua in lingua prosae verbis interpretetur: videbit ordinem ridiculum et poetam eloquentissimum vix loquentem.*

VI 1. Verum ne meorum parva sit auctoritas — quamquam hoc tantum probare voluerim, me semper ab adulescentia non verba, sed sententias transtulisse — qualis super hoc genere praefatiuncula sit, in libro, quo beati Antonii vita describitur, ipsius lectione cognosce: *Ex alia in aliam linguam ad verbum expressa translatio sensus operit et veluti laeto gramine sata strangulat. Dum enim casibus et figuris servit oratio, quod brevi poterat indicare sermone, longo ambitu circumacta vix explicat.* 2. *Hoc igitur ego vitans ita beatum Antonium te petente transposui, ut nihil desit ex sensu, cum aliquid desit ex verbis. Alii syllabas aucupentur et litteras, tu quaere sententias.* Dies me deficiet, si omnium, qui ad sensum interpretati sunt, testimonia replicavero. 3. Sufficit in praesenti nominasse Hilarium confessorem, qui homilias in Iob et in psalmos tractatus plurimos in Latinum vertit e Graeco nec adsedit litterae dormitanti et putida rusticorum interpretatione se torsit, sed quasi captivos sensus in suam linguam victoris iure transposuit.

VII 1. Nec hoc mirum in ceteris saeculi videlicet aut ecclesiae viris, cum septuaginta interpretes et evangelistae atque apostoli idem in sacris voluminibus fecerint. Legimus in Marco dicentem

Dominum: *talitha cumi* statimque subiunctum: *quod interpretatur: puella, tibi dico, surge.* Arguite evangelistam mendacii, quare addiderit *tibi dico,* cum in Hebraeo tantummodo sit *puella, surge*: sed ut ἐμφατικώτερον faceret et sensum vocantis et imperantis exprimeret, addidit *tibi dico.* 2. Rursum in Matheo redditis a proditore Iuda triginta argenteis et empto ex eis agro figuli scribitur: *Tunc inpletum est, quod scriptum est per prophetam Hieremiam dicentem: et acceperunt triginta argenteos pretium adpretiati, quem adpretiaverunt a filiis Israhel, et dederunt eos in agrum figuli, sicut constituit mihi Dominus.* Hoc in Hieremia penitus non invenitur, sed in Zacharia aliis multo verbis ac toto ordine discrepante; vulgata quippe editio ita se habet: *Et dicam ad eos: si bonum est coram vobis, date mercedem mihi aut rennuite. Et adpenderunt mercedem meam triginta argenteos. Dixitque Dominus ad me: pone illos in conflatorio et considera, si probatum sit, sicut probatus sum ab eis. Et tuli triginta argenteos et misi eos in domo Domini in conflatorio.* 3. Quantum distet ab evangelistae testimonio Septuaginta translatio, perspicuum est. Sed et in Hebraeo, cum sensus idem sit, verba praepostera sunt et paene diversa: *Et dixi,* inquit, *ad eos: si bonum est in oculis vestris, adferte mercedem meam; et si non, quiescite. Et adpenderunt mercedem meam triginta argenteos. Et dixit Dominus ad me: proice illud ad statuarium, decorum pretium, quod adpretiatus sum ab eis. Et tuli triginta argenteos et proieci eos in domo Domini ad statuarium.* 4. Accusent apostolum falsitatis, quod nec cum Hebraico nec cum septuaginta congruat translatoribus et, quod his maius est, erret in nomine — pro Zacharia quippe Hieremiam posuit —; sed absit hoc de pedisequo Christi dicere, cui curae fuit non verba et syllabas aucupari, sed sententias dogmatum ponere. Veniamus ad aliud eiusdem Zachariae testimonium, quod Iohannes evangelista sumpsit iuxta Hebraicam veritatem: *Videbunt, in quem conpunxerunt,* pro quo in Septuaginta legimus: Καὶ ἐπιβλέψονται πρός με, ἀνθ' ὧν ἐνωρχήσαντο, quod interpretati sunt Latini: *Et aspicient ad me pro his, quae inluserunt* sive *insultaverunt.* 5. Discrepat evangelista et Septuaginta nostraque translatio, et tamen sermonum varietas spiritus unitate concordat. In Matheo quoque legimus Dominum praedicantem apostolis fugam et hoc ipsum Zachariae testimonio confirmantem: *Scriptum est,* ait: *percutiam pastorem et oves dispergentur.* At in Septuaginta et in Hebraeo multo aliter est; non enim ex persona Dei dicitur, ut evangelista vult, sed ex prophetae Deum patrem rogantis: *Percute pastorem, et dispergentur oves.* In hoc, ut arbitror, loco iuxta quorundam prudentiam evangelista piaculi reus est, quod ausus sit prophetae verba ad Dei referre personam. 6. Scribit supra dictus evangelista ad angeli monitum tulisse Ioseph parvulum et matrem eius et intrasse Aegyptum ibique mansisse usque ad obitum Herodis, ut inpleretur, quod dictum est a Domino per prophetam: *Ex Aegypto vocavi filium meum.* Hoc nostri codices non habent, sed in Osee propheta iuxta Hebraicam scribitur veritatem: *Quia puer Israhel, dilexi eum et ex Aegypto vocavi filium meum.* Pro quo in eodem loco Septuaginta transtulerunt: *Quia parvulus est Israhel, et dilexi eum et ex Aegypto vocavi filios eius.* 7. Num omnino repudiandi sunt, qui istum locum, qui ad Christi maxime pertinet sacramentum, aliter transtulerunt, an danda potius venia ut hominibus iuxta sententiam Iacobi dicentis: *Multa peccamus omnes; et, si quis in verbo non peccat, iste perfectus est vir, potens refrenare omne corpus?* Illud vero, quod in eodem evangelista scribitur: *Et veniens habitavit in civitate, quae dicitur Nazaret, ut inpleretur, quod dictum est per prophetam, quia Nazareus vocabitur,* respondeant logodaedali et fastidiosi aestimatores omnium tractatorum, ubi legerint, discantque in Isaia positum. 8. Nam in eo loco, ubi nos legimus atque transtulimus: *Exiet virga de radice Iesse et flos de radice conscendet,* in Hebraeo iuxta linguae illius ἰδίωμα ita scriptum est: *Exiet virga de radice Iesse et Nazareus de radice eius crescet.* Cur hoc omiserunt Septuaginta? Si non licet verbum transferre pro verbo, sacrilegium est vel celasse vel ignorasse mysterium.

VIII 1. Transeamus ad cetera — neque enim epistulae brevitas patitur diutius in singulis morari —: idem Matheus loquitur: *Hoc autem totum factum est, ut conpleretur, quod dictum est a Domino per prophetam dicentem: ecce virgo in utero habebit et pariet filium et vocabunt nomen eius Emmanuhel.* Quod Septuaginta transtulerunt: *Ecce virgo in utero accipiet et pariet filium et vocabitis nomen eius Emmanuhel.* 2. Si verba calumniantur, utique non est ipsud 'habebit' et 'accipiet' nec 'vocabunt' et 'vocabitis'. Porro in Hebraeo ita scriptum legimus: *Ecce virgo concipiet et pariet filium et vocabit nomen eius Emmanuhel.* Non Achaz, qui arguebatur infidelitatis, non Iudaei, qui erant Dominum negaturi, sed vocabit, inquit, ipsa, quae concipiet, ipsa virgo, quae pariet. 3. In eodem evangelista legimus Herodem adventu magorum fuisse turbatum scribisque et sacerdotibus congregatis sciscitatum ab eis, ubi Christus nasceretur, illosque respondisse: *In Bethlem Iudae; sic enim scriptum est in propheta: et tu, Bethlem, terra Iuda, nequaquam minima es in ducibus Iuda; de te enim egredietur dux, qui regat populum meum Israhel.* Hoc exemplum in vulgata editione sic fertur: *Et tu, Bethlem, domus Effratha, modicus es, ut sis in milibus Iuda; de te mihi egredietur, ut sit princeps in Israhel.* 4. Quanta inter Matheum et Septuaginta verborum ordinisque discordia, magis hoc admiraberis, si Hebraicum videas, in quo scriptum est: *Et tu, Bethlem Effratha, parvulus es in milibus Iuda; ex te mihi egredietur, qui sit dominator in Israhel.* Considera gradatim, quae ab evangelista sint posita: *et tu, Bethlem, terra Iuda:* pro 'terra Iuda' in Hebraico habet 'Effratha', in Septuaginta 'domus Effratha'; *nequaquam minima es in ducibus Iuda:* in Septuaginta legitur 'modicus es, ut sis in milibus Iuda', in Hebraeo 'parvulus es in milibus Iuda' sensusque contrarius Septuaginta sibi in hoc dumtaxat loco et Hebraico concordante. 5. Evangelista enim dixit, quod non sit parvulus in ducibus Iuda, cum e regione sit positum: 'parvulus quidem es et modicus; sed tamen de te mihi parvulo et modico egredietur dux Israhel secundum illud apostoli: *Elegit infirma mundi Deus, ut confundat fortia.*' Porro, quod sequitur: *qui regat* — vel 'qui pascat'— *populum meum Israhel,* aliter in propheta esse perspicuum est.

IX 1. Haec replico, non ut evangelistas arguam falsitatis — hoc quippe impiorum est, Celsi, Porphyrii, Iuliani —, sed ut reprehensores meos arguam inperitiae et inpetrem ab eis veniam, ut concedant mihi in simplici epistula, quod in scripturis sanctis, velint nolint, apostolis concessuri sunt. 2. Marcus, discipulus Petri, ita suum orditur evangelium: *Principium evangelii Iesu Christi, sicut scriptum est in Esaia propheta: ecce mitto angelum meum ante faciem tuam, qui praeparabit viam tuam. Vox clamantis in deserto: parate viam Domini, rectas facite semitas eius.* Hoc exemplum de duobus prophetis conpositum est, de Malachia videlicet et Esaia. 3. Nam primum, quod dicitur: *ecce mitto angelum meum ante faciem tuam, qui praeparabit viam tuam,* in Malachiae fine positum est; sequens autem, quod infertur: *vox clamantis in deserto* et cetera, in Esaia legimus. Et quomodo Marcus statim in principio voluminis sui posuit: *sicut scriptum est in Esaia propheta: ecce mitto angelum meum,* quod non scribitur in Esaia, ut diximus, sed in Malachia, in novissimo duodecim prophetarum? Solvat hanc quaestiunculam inperita praesumptio, et ego erroris veniam deprecabor. 4. Idem Marcus inducit ad pharisaeos Salvatorem loquentem: *Numquam legistis, quid fecerit David, quando necessitatem habuit et esurivit ipse et socii eius, quomodo ingressus est domum Dei sub Abiathar pontifice et panes propositionis comedit, quibus non licebat vesci nisi solis sacerdotibus?* 5. Legebamus Samuhelem — sive, ut in communi habetur titulo, Regnorum libros — ibique repperiemus non 'Abiathar' scriptum esse, sed 'Achimelech' pontificem, qui postea a Doec cum ceteris sacerdotibus Saul iubente percussus est. Pergamus ad apostolum Paulum. Scribit ad Corinthios: *Si enim cognovissent, numquam Dominum maiestatis crucifixissent. Sed, sicut scriptum est: quod oculus non vidit nec auris audivit nec in cor hominis ascenderunt, quae praeparavit Deus diligentibus se.* 6. Solent in hoc loco apocryphorum quidam deliramenta sectari et dicere, quod de Apocalypsi Heliae testimonium sumptum sit, cum in Esaia iuxta Hebraicum ita legatur: *A saeculo non audierunt neque auribus perceperunt. Oculus non vidit, Deus, absque te, quae praeparasti expectantibus te.* Hoc Septuaginta multo aliter transtulerunt: *A saeculo non audivimus neque oculi nostri viderunt Deum absque te et opera tua vera et facies expectantibus te misericordiam.* 7. Intellegimus, unde sumpsit testimonium, et tamen apostolus non verbum expressit e verbo, sed παραφραστικῶς eundem sensum aliis sermonibus indicavit. In epistula ad Romanos idem beatus apostolus exemplum de Esaia propheta sumens: *Ecce,* inquit, *ponam in Sion lapidem offensionis et petram scandali.* Discordat a translatione veteri et tamen cum Hebraica veritate concordat. In Septuaginta enim contrarius sensus est: *Non ut lapidi offensionis occurretis neque ut petrae ruinae,* cum apostolus quoque Petrus Hebraeis Pauloque consentiens ita posuerit: *Incredulis autem lapis offensionis et petra scandali.* 8. Ex quibus universis perspicuum est apostolos et evangelistas in interpretatione veterum scripturarum sensum quaesisse, non verba, nec magnopere de ordinatione sermonibusque curasse, cum intellectui res paterent.

X 1. Lucas, vir apostolicus et evangelista, scribit Stephanum, primum Christi martyrem, in Iudaica contentione narrantem: *In septuaginta quinque animabus descendit Iacob in Aegyptum et defunctus est ipse et patres nostri et translati sunt in Sychem; et positi sunt in sepulchro, quod emit Abraham pretio argenti a filiis Emmor, filii Sychem.* 2. Hic locus in Genesi multo aliter invenitur, quod scilicet Abraham emerit ab Efron Chetheo, filio Saar, iuxta Chebron quadringentis didragmis argenti speluncam duplicem et agrum circa eam sepelieritque in ea Sarram, uxorem suam. Atque in eodem libro postea legimus revertentem de Mesopotamia Iacob cum uxori-

bus et filiis suis posuisse tabernaculum ante Salem, urbem Sici-
morum, quae est in terra Chanaan, et habitasse ibi et emisse partem
agri, in quo habebat tentoria, ab Emmor, patre Sychem, centum
agnis et statuisse ibi altare et invocasse deum Israhel. 3. Abraham
non emit specum ab Emmor, patre Sychem, sed ab Efron, filio
Saar; nec sepultus est in Sychem, sed in Chebron, quae corrupte
dicitur Arboc. Duodecim autem patriarchae non sunt sepulti in
Arboc, sed in Sychem, qui ager non est emptus ab Abraham, sed
a Iacob. Differo solutionem et istius quaestiunculae, ut obtrecta-
tores mei quaerant et intellegant non verba in scripturis consideranda, sed sensum. 4. Vicesimi primi psalmi iuxta Hebraeos id
ipsum exordium est, quod Dominus est locutus in cruce: *heli heli
lama zabtani*, quod interpretatur: *Deus meus, Deus meus, quare me
dereliquisti?* Reddant rationem, cur septuaginta translatores interposuerint: 'respice me'. Ita enim verterunt: *Deus, Deus meus,
respice me, quare me dereliquisti?* Respondebunt utique nihil in
sensu damni esse, si duo verba sunt addita. Audiant et a me non
periclitari ecclesiarum statum, si celeritate dictantis aliqua verba
dimiserim.

XI 1. Longum est nunc evolvere, quanta Septuaginta de suo
addiderint, quanta dimiserint, quae in exemplaribus ecclesiae obelis
asteriscisque distincta sunt. Illud enim, quod legimus in Esaia:
Beatus, qui habet semen in Sion et domesticos in Hierusalem, solent
Hebraei ridere, cum audierint, nec non et in Amos post descrip-
tionem luxuriae: *Stantia putaverunt haec et non fugientia.* Re vera
sensus rhetoricus et declamatio Tulliana; sed quid faciemus ad
authenticos libros, in quibus haec non feruntur adscripta et cetera
his similia? Quae si proferre nitamur, infinitis libris opus est.
2. Porro, quanta dimiserint, vel asterisci, ut dixi, testes sunt vel
nostra interpretatio, si a diligenti lectore translationi veteri con-
feratur: et tamen iure Septuaginta editio obtinuit in ecclesiis, vel
quia prima est et ante Christi fertur adventum vel quia ab apostolis,
in quibus tamen ab Hebraico non discrepat, usurpata. Aquila autem,
proselytus et contentiosus interpres, qui non solum verba, sed
etymologias verborum transferre conatus est, iure proicitur a nobis.
3. Quis enim pro frumento et vino et oleo possit vel legere vel
intellegere χεῦμα, ὀπωρισμόν, στιλπνότητα, quod nos possumus dicere
'fusionem' 'pomationem'que et 'splendentiam', aut, quia Hebraei
non solum habent ἄρθρα, sed et πρόαρθρα, ⟨ut⟩ ille κακοζήλως et
syllabas interpretetur et litteras dicatque σὺν τὸν οὐρανὸν καὶ σὺν

τὴν γῆν, quod Graeca et Latina omnino lingua non recipit? 4. Huius rei exemplum ex nostro sermone capere possumus. Quanta enim apud Graecos bene dicuntur, quae, si ad verbum transferamus, in Latino non resonant, et e regione, quae apud nos placent, si vertantur iuxta ordinem, apud illos displicebunt!

XII 1. Sed ut infinita praeteream et ostendam tibi, vir omnium nobilium Christianissime, Christianorum nobilissime, cuius modi falsitates in epistulae translatione reprehendant, ipsius epistulae ponam cum Graeco sermone principium, ut ex uno crimine intellegantur et cetera: Ἔδει ἡμᾶς, ἀγαπητέ, μὴ τῇ οἰήσει τῶν κλήρων φέρεσθαι, quod ego ita vertisse me memini: *Oportebat nos, dilectissime, clericatus honore non abuti in superbiam.* 2. ,,Ecce", inquiunt, ,,in uno versiculo quanta mendacia! Primum ἀγαπητός 'dilectus' est, non 'dilectissimus'; deinde οἴησις 'aestimatio' dicitur, non 'superbia' — non enim dixit οἰήματι, sed οἰήσει, quorum alterum 'tumorem', alterum 'arbitrium' sonat —; totumque, quod sequitur, 'clericatus honore non abuti in superbiam' tuum est." Quid ais, o columen litterarum et nostrorum temporum Aristarche, qui de universis scriptoribus sententiam feras? Ergo frustra tanto tempore studuimus et *saepe manum ferulae subduximus?* Egredientes de portu statim impegimus. 3. Igitur, quia et errasse humanum est et confiteri errorem prudentis, tu, quicumque reprehensor es, tu me, obsecro, emenda, praeceptor, et verbum de verbo exprime. ,,Debueras", inquit, ,,dicere: Oportebat nos, dilecte, non aestimatione clerorum ferri." Haec est Plautina eloquentia, hic lepos Atticus et Musarum, ut dicunt, eloquio conparandus! Conpletur in me tritum vulgi sermone proverbium: oleum perdit et inpensas, qui bovem mittit ad ceroma. 4. Haec non est illius culpa, cuius sub persona alius agit tragoediam, sed magistrorum eius, qui illum magna mercede nihil scire docuerunt. Nec reprehendo in quolibet Christiano sermonis inperitiam — atque utinam Socraticum illud haberemus: 'scio, quod nescio' et alterius sapientis: 'te ipsum intellege'! — venerationi mihi semper fuit non verbosa rusticitas, sed sancta simplicitas: qui in sermone imitari se dicit apostolos, prius imitetur in vita. Illorum in loquendo simplicitatem excusabat sanctimoniae magnitudo et syllogismos Aristotelis contortaque Chrysippi acumina resurgens mortuus confutabat. 5. Ceterum ridiculum, si quis e nobis inter Croesi opes et Sardanapalli delicias de sola rusticitate se iactet, quasi omnes latrones et diversorum criminum rei diserti sint et cruentos gladios philosophorum voluminibus ac non arborum truncis occulant.

XIII   1. Excessi mensuram epistulae, sed non excessi doloris modum. Nam qui falsarius vocor et inter muliercularum radios et textrina dilanior, contentus sum crimen abluere, non referre. Unde arbitrio tuo cuncta permitto, ut legas ipsam epistulam, tam Graecam quam Latinam, et ilico intellegas accusatorum meorum nenias et pretiosas querellas. 2. Porro mihi sufficit amicum instruxisse carissimum et in cellula latitantem diem tantum expectare iudicii. Optoque, si fieri potest, etsi adversarii saevierint, commentarios potius scripturarum quam Demosthenis et Tullii Philippicas scribere.

KOMMENTAR

Ad Pammachium: Pammachius (340/350-410, s. *In Hiezech.* 1, 1) stammte aus dem alten römischen Geschlechte der Furii. Er kannte Hieronymus, mit dem er sein ganzes Leben hindurch literarische Kontakte unterhalten hat (cf. das lobende Epitheton φιλομαθέστατος *In Dan.* prol. 32 (CCL 75A, S. 772)), aus der gemeinsam verbrachten Schulzeit (*Ep.* 49, 1 condiscipulum quondam et sodalem et amicum). Der Grammatiker Donat war beider Lehrer. Pammachius heiratete Paulina, die zweite Tochter von Toxotius und Paula. Obwohl viel jünger als Pammachius selbst, starb sie schon im Jahre 398. Pammachius, angesehener Senator, nahm darauf das Mönchsgewand an (s. *Ep.* 66, 6 über den Spott der Mitsenatoren). Er übte sehr die Mildtätigkeit, stiftete ein *xenodochium* in Porto in der Nähe von Rom (s. Lit. s.v. Petersen) und eine *basilica* (*Titulus Pammachii*, ausgegraben seit 1887). Hieronymus lobte Pammachius, weil er nicht nur seinen Reichtum sondern auch sich selbst Christo hingegeben habe (*Ep.* 118, 5). Er widmete ihm die Kommentare *In Osee, In Ioelem, In Amos, In Abdiam, In Ionam* und schrieb ihm die Briefe 48, 49, 57, 66, 83, 84, 97. Gerne spielt er mit einer Deutung in christlichem Sinne auf Pammachius' Namen an: z.B. *In Ioel.* prol. 32-33 (CCL 76, S. 160) mi Pammachi, qui omni arte pugnandi adversum diabolum dimicas; *In Amos* 1, 1, 1, 83-86 (CCL 76, S. 214) Pammachi animo meo carissime, qui ex interpretatione nominis tui, quodam vaticinio futurorum omni arte pugnandi adversum diabolum et contrarias potestates debellare demonstras. Augustin richtete an ihn *Ep.* 58, Paulin von Nola *Ep.* 13.

Lit.: Acta SS. Aug. VI (1868), 555-563; DACL 2, 2836-2870; 3, 651; 6, 2763-2766; 12, 2355; W. Ensslin, PW 36. Halbb. 296-298; Grützmacher 3, S. 285; Cavallera 1, S. 162; 182; Arns, S. 144 f. (über Pammachius' Rolle bei der Publikation von Hieronymus' Schriften in Rom); S. Jannacone, *Roma 384. Struttura sociale e spirituale del gruppo geronimiano*, Giornale Italiano di Filologia 19 (1966), S. 32-48; R. Vielliard, *Recherches sur l'origine de la Rome chrétienne*, Rome 1959, S. 78; J. M. Petersen, *Pammachius and his Houses* (Stud. Patr. 12, 1; TU 115), Berlin 1975, S. 443-448 (das in Porto von Rossi ausgegrabene *xenodochium* kann nicht mit guten Gründen dem Pammachius zugeschrieben werden).

De optimo genere interpretandi: dieser Titel geht auf Hieronymus selbst zurück, der sich dabei vom Titel der Schrift Ciceros *De optimo genere oratorum* hat inspirieren lassen, welche im programmatischen Teil der *Ep.* 57 (im fünften Kapitel), allerdings ohne Erwähnung des Titels, ausführlich zitiert wird. Unzweideutig ist *In Mal.* 3, 1, 32-33 (CCL 76A, S. 928) in eo libro qui a nobis inscriptus est: ,,De optimo genere interpretandi''. Auch anderswo deutet Hieronymus *Ep.* 57 mit (*Liber*) *de optimo genere interpretandi* an (jedoch mit *scribere de*, dass sich nicht nur auf den Titel, sondern auch auf den Inhalt beziehen kann; cf. Cic. *Fam.* 12, 17, 2 Sed proxime scripsi de optimo genere dicendi

(= De oratore) 5; cf. id. *Fam.* 15, 20, 1 Oratorem meum, sic enim in-
scripsi): in 396 bereits in der *Praefatio in librum Paralipomenon* (Biblia
Sacra 7, S. 5) Scripsi nuper librum De optimo genere interpretandi; *In
Ion.* prol. 6 (CCL 76, S. 377) scripsi ... de optimo genere interpretandi
ad Pammachium; *In Matth.* 4, 1194-1195 (CCL 77, S. 252) De hoc testimonio (sc. *Matth.* 2, 15) in libello quem de optimo genere interpretandi
scripsimus plenius dictum est; Rufin sagt anlässlich *optimus* spöttisch
(*Apol. contra Hier.* 2, 8, CCL 20, S. 89): ubi, praeter tituli adnotationem,
nihil optimum, sed totum pessimum est; im Jahre 404 schreibt Hieronymus in einem Brief an Augustin (*Ep.* 112, 20, 5, CSEL 55, S. 390-391):
Quod autem genus interpretationis in scripturis sanctis sequendum
sit, liber, quem scripsi de optimo genere interpretandi, et omnes praefa-
tiunculae divinorum voluminum, quas editioni nostrae praeposuimus
explicant ad illasque prudentem lectorem remittendum puto; worauf
Augustin antwortet (= *Ep.* 116, 34, CSEL 55, S. 421, aus dem hieronymianischen Briefcorpus): Librum quoque tuum, cuius mentionem
fecisti, 'De optimo genere interpretandi' cupio legere.

Auch in einer späten Hieronymus-Vita (8./9. Jht.) wird *De optimo
genere interpretandi* erwähnt, anlässlich eines Ezechielzitates, das Gregor
der Grosse in der Form, in der es sich bei Hieronymus findet, bietet
(PL 22, 197): quia hanc sententiam in Hebraica veritate ita posita non
quidem iuxta verbum, sed iuxta sensum invenerit. Nam peritus interpres, ut omnino nihil praetermitteret, aliquando verbum e verbo,
aliquando cum linguae repugnaret barbaries, sensum solum exprimebat
de verbis. Quem utique transferendi modum idem Hieronymus in libro
quem de optimo genere interpretandi edidit, probabilem esse evidenter
insinuat.

Hieronymus bezeichnet *Ep.* 57 als *liber* oder *libellus* (s. die Zitate oben)
oder als *Epistula* (cap. 1 hanc epistulam misi; cap. 13 Excessi mensuram
epistulae). Dieselbe Erscheinung begegnet bei anderen Brieftiteln: in der
Tat gehen mehrere Briefe des Hieronymus mehr oder weniger in eine
Verhandlung über ein bestimmtes Thema über (s. Bartelink, S. 61).
Ep. 57 hat teilweise einen Briefcharakter: sie ist aus einem konkreten
Anlass (den Schwierigkeiten wegen der Übersetzung eines Schreibens des
Epiphanius von Salamis) geschrieben worden und an Hieronymus'
Freund Pammachius gerichtet. Die einführenden und abschliessenden
capita (1-4; 12-13), die über den konkreten Fall handeln, entsprechen der
Form eines Briefes am meisten, während die Abschnitte 5-11, die
Hauptargumente der Verteidigung, eine allgemeine übersetzungstheore-
tische, mittels einer Serie von Beispielen verdeutlichte Auseinander-
setzung bilden. Diese Betrachtungen sind allerdings sehr funktionell.
Es ist Hieronymus' Taktik, bei seiner Verteidigung nicht auf einzelne
Stellen einzugehen, wo seine Übersetzung vom griechischen Text abweicht, sondern von allgemeinen Prinzipien auszugehen: er beruft sich
darauf, dass seine Weise von Übersetzen mit der in der literarischen
Tradition üblichen übereinstimmt.

1, 1. Die Lesart von *Act.* 26, 2-3 zeigt einige Unterschiede im Vergleich mit dem Vulgata-Text auf: *o* rex Agrippa (V.: rex Agr.; Gr. βασιλεῦ 'Αγρ.); *cum* apud te sim hodie *defendendus qui praecipue nosti cunctas* quae *in Iudaeis* sunt consuetudines et quaestiones (V.: apud te cum sim defensurus me hodie, maxime te sciente omnia, et quae apud Iudaeos sunt consuetudines, et quaestiones; Gr.: ἐπὶ σοῦ μέλλων σήμερον ἀπολογεῖσθαι, μάλιστα γνώστην ὄντα σε πάντων τῶν κατὰ 'Ιουδαίους ἐθῶν τε καὶ ζητημάτων).

Insbesondere bei den neutestamentlichen Texten zitiert Hieronymus öfters in einer eigenen ad hoc- Übersetzung nach dem griechischen Text. Das könnte auch hier der Fall sein. Wir sehen, wie die Unregelmässigkeit, dass der Abl. abs. *te sitiente* trotz vorhergehendem Akk. (*apud te*) im Vulgatatext verwendet wird, von Hieronymus gemieden worden ist, und dass in seiner Übersetzung *cunctas ... consuetudines* πάντων richtig auf die folgenden Substantiva bezogen worden ist.

Die Frage, ob Hieronymus den Vetus Latina-Text der *Acta* revidiert habe, wird gegenwärtig negativ beantwortet, wie auch für die Apostel-briefe; die Revision dieser Texte wird meistens Rufin dem Syrer zu-geschrieben. Hieronymus folgt in der Evangelienrevision weithin dem europäischen Überlieferungszweig; siehe H. J. Vogels, *Vulgata-Studien*, Münster 1928; B. Fischer, *Das Neue Testament in lateinischer Sprache*, in: K. Aland, *Die alten Übersetzungen des Neuen Testaments*, Berlin 1972, S. 1-92, namentlich 61-63.

Die Texte *De vir. ill.* 135 (novum testamentum graecae fidei reddidi) und *Ep.* 71, 5 (novum testamentum graecae reddidi auctoritati), bzw. aus 392 und 398, beziehen sich wohl nur auf die Evangelien.

I, I. **illud Esaiae:** Hieronymus zitiert offenbar auswendig. Es handelt sich um eine Reminiszenz von *Eccli.* 25, 9: beatus qui ... enarrat iustitiam auri audienti.

I, 2. **quod ... inperitae linguae responsurus sum:** sarkastische Bemerkungen über die *inperitia* seiner Gegner auch in 2, 3 *inter inperitos* und 9, I *Haec replico ... ut reprehensores meos arguam inperitiae. Inperitia* kombiniert mit Mangel an gutem Geschmack wird den Gegnern mehrmals vorgeworfen (s. Kap. 12). Cf. *In Philem. prol.* (PL 26, 638) dum epistulam simplicitatis arguunt, suam imperitiam prodere; *Adv. Ruf.* 2, 25 (PL 23, 470) quid imperitorum animos contra me concitas?

I, 2. **alienas litteras:** Labourt übersetzt: „un texte de langue étrangère" (nl. das Griechische). Zweifellos bedeutet es: „Der Brief eines anderen"; siehe Labourt in einer Anmerkung: „Mieux peut-être: 'la lettre d'un autre (Épiphane)'".

I, 2. **accusator meus:** man wird hier an Rufin denken müssen. Nautin suggeriert auf Grund der Charakterisierungen (facilitate; im-punitate) die Möglichkeit, es sei hier Johannes von Jerusalem gemeint (1973, S. 83[57]: „un homme à la parole aisée et prolixe" — „un évêque riche et puissant"), unterschätzt jedoch die Rolle des Rufin nicht (ibid.: „Il est possible cependant que Jérôme veuille parler de Rufin"). Er hat jedoch die Hypothese, es handle sich hier um Johannes, wieder zurückgenommen (1973, S. 223[51]), weil in *Ep.* 53, 7 auch *quadam facilitate verborum* vorkommt, womit deutlich Rufin gemeint ist.

1, 2. **papam Epiphanium:** *papa* war im vierten Jht. eine geläufige,
einigermassen vertrauliche Benennung eines Bischofs; cf. P. Labriolle,
Une esquisse de l'histoire du mot papa, Bull. d'anc. Litt. et d'Arch. chrét.
1 (1911), S. 215-220; P. Batiffol, *Papa, sedes apostolica, apostolatus,* Riv.
di Arch. crist. 1 (1925), S. 99-103; P. de Labriolle, *Papa,* Arch. Lat.
Med. Aevi 2 (1925-26), S. 170-181; 4 (1928), S. 65-75; H. Leclercq, *Pape,*
DACL 3, 1097-1111. *Papa* steht bei Hieronymus immer vor dem Namen,
episcopus öfters hinter dem Namen; s. *Adv. Ruf.* 3, 24 (PL 23, 496D-
497A) Tale quid et contra papam Anastasium disputas, ut quia Siricii
episcopi habes epistolam, iste contra te scribere non potuerit.

1, 2. **error ... crimen:** dieser Gegensatz ist geläufig, s. TLL 5, 817.
19. 43 (Statt *crimen* finden sich auch z.B. scelus, fraus, culpa (Ov. *Trist.*
3, 5, 52 et alibi).

2, 1. **Ante hoc fere biennium:** in 393/394.

2, 1. **Iohanni episcopo:** Bischof von Jerusalem von 386-417.
Hieronymus schrieb gegen ihn eine Verhandlung *Contra Ioh. Hier.* (PL
23, 371-412). Hierin und in *Ep.* 82 findet man Fragmente einer Apologie
des Iohannes gegen die Beschuldigung von Origenismus.
    Siehe PW 9, 1804-5; O. Bardenhewer *Geschichte der altkirchlichen
Literatur* 3, Freiburg im Br. 1923² = Darmstadt 1962, S. 302 f.; Cavallera 1, S. 93-227; 323-329.

2, 1. **litteras:** dieser Brief ist in der lateinischen Übersetzung des
Hieronymus erhalten (*Ep.* 51 in dessen Briefcorpus). Er enthält eine
Verteidigung der gezwungenen Priesterweihe des Paulinianus, Bruders
des Hieronymus, durch Epiphanius von Salamis, während weiter die
Frage, inwieweit Bischof Johannes origenistische Ideen vertrat, ausführlich behandelt wird. Ein bekannter kulturhistorisch interessanter
Passus aus diesem Brief bezieht sich auf die Abbildung Christi auf
einem *velum* beim Eingang der Kirche in Bethlehem. In *Ep.* 57, 12
verteidigt Hieronymus die angefochtene Wiedergabe des ersten Satzes,
der als einzige im griechischen Wortlaut erhalten ist.
    Von Epiphanius' Korrespondenz sind nur wenige Reste übrig: grie-
chische Fragmente einiger Briefe (Siehe M. Geerard, *Clavis Patrum Graecorum* 2, Turnhout 1974, S. 328-330, Nr. 3750-3760) und eine lateinische
Übersetzung zweier Briefe (*Ep.* 51 und 91 in Hieronymus' Korrespondenz).

2, 1. **supra dictus:** wiederholt bei Hieronymus, z.B. *Ep.* 64, 19
supra dicti colores; *Ep.* 85, 3 a supra dicto fratre (= *Ep.* 124, 1). S.
Goelzer, S. 191 (über die allmähliche Abschwächung der Bedeutung).

2, 1. **in quibusdam dogmatibus:** bewusst äussert Hieronymus
sich hier unbestimmt und nennt er den Namen des Origenes nicht, als
dessen Anhänger Bischof Johannes galt.

2, 1. **clementer:** eine übertriebene Behauptung, wie sich aus *Ep.*
51 ergibt.

2, 1. **exemplaria:** Kopien (= apographa). *Exemplar* kann mehrere
Bedeutungen haben: es kann *codex* oder *volumen* bedeuten, auch Original
(z.B. *De vir. ill.* 35 emendes illum ad exemplar).

2, 1. **Palaestinae:** *locativus,* bisweilen bei Hieronymus für Länder-

namen; so auch *Vita Hil.* 32 (Palaestinae ... audivit), *ibid.* 33 (quod
...Palaestinae esset). Siehe Goelzer, S. 322 (bereits bei Velleius Pat.,
Florus, Valerius Max.); Leumann-Hofmann-Szantyr 2, S. 150 (,,oft
Hier.'') Daneben die üblichen Präpositionskonstruktionen: de Palaestina
(*Vita Hil.* 23, 24; in Palaestina (*ibid.* 13).

2, 1. **vel ob auctoris meritum vel ob elegantiam scriptionis:**
Hieronymus erwähnt zwei Ursachen für die schnelle Verbreitung des
griechischen Textes in Palästina. *Auctoris meritum* wird sich auf die
Behandlung des Themas beziehen. Das zweite Motiv, die *elegantia
scriptionis*, ist nicht mit dem üblichen Urteil über Epiphanius' Stil in
Übereinstimmung. Bereits Photius bemerkt (*Bibl. cod.* 122): τὴν δὲ
φράσιν ταπεινός τε καὶ οἷα εἰκὸς Ἀττικῆς παιδείας ἀμελέτητον τυγχάνειν.
O. Bardenhewer, *o.l.* S. 295: ,,Die Sprache ist stark vulgär gefärbt,
und die Darstellung schleppt sich mühsam voran in langen, wortreichen
Satzgebilden''. J. Quasten, *Patrology* 3, Antwerpen-Utrecht 1960, S.
385-386: weist auf Urteile von K. Holl (GCS 25, S. VII) und U. v.
Wilamowitz-Moellendorf (SAB 1912, S. 759 f.) hin. In 2, 2 wiederholt
Hieronymus sein Urteil über Epiphanius' Brief: pro doctrina et puritate
sermonis. Einige Jahre vorher (392) hatte Hieronymus in *De vir. ill.* 114
Epiphanius' Stil weniger schmeichelnd beschrieben: von den gebildeten
Leuten wird er gelesen auf Grund des Inhaltes seiner Schriften (*propter
res*), von den einfacheren Leuten wegen seines einfachen Stils (*propter
verba*). Es ist die Erudition, nicht der Stil, den Hieronymus im Werke
De lapidibus schätzt: (*In Es.* 15, 54, 11/14, 120-122, CCL 73A, S. 611)
virum sanctae et venerabilis memoriae episcopum Epiphanium, qui
insigne nobis ingenii et eruditionis reliquit volumen, quod inscripsit
Περὶ λίθων.

2, 2. **in monasteriolo nostro:** Hieronymus verwendet gerne
Deminutiva, die ihm gewisse stilistische Möglichkeiten bieten. Wenn
er über Sachen spricht, die ihn selbst betreffen, wie hier, und besonders
wenn er über eigene Schriften spricht, handelt es sich öfters um eine
(quasi-) Bescheidenheit (praefatiuncula, opusculum, commonitoriolum,
lucubratiuncula; cf. auch ingeniolum *Ep.* 133, 12; *Ep.* 126, 3 pro modulo
...ingenii). Überwiegend verwendet Hieronymus die Deminutiva aber
in ironischem oder sarkastischem Kontext, z.B. *Ep.* 52, 5 Crebra mu-
nuscula et orariola et fasciolas et vestes ori applicatas et degustatos
cibos, blandasque et dulces litterulas, sanctus amor non habet; *Ep.*
117, 6 barbatulus quilibet. S. Wiesen, S. 53-54: ,,One characteristic
feature of satiric diction which occurs often in Jerome's passages of
ridicule is the use of scornful deminutives''. Cf. Leumann-Hofmann-
Szantyr 2, S. 774 (Lit.; u.a. J. S. Th. Hanssen, *Latin Diminutives*,
Bergen 1951). Für einen Überblick über die Deminutiva bei Hieronymus:
Goelzer, S. 121-130. Auch bei Adjektiven in abwertenden Beschreibungen
(*Ep.* 130, 19 Cincinnatulos pueros; *Ep.* 147, 6 marcidulus; *Ep.* 117, 10
iste formosulus tuus).

2, 2. **haut ignobilis:** Litotes. Die Verbindung ist gangbar, z.B. Sil.
It. 13, 22; Tac. *Ann.* 12, 36.

2, 2. **Eusebius Cremonensis:** Eusebius, ein gebildeter Mann von

angesehener Geburt, stammte aus Cremona in Nord-Italien. Anfänglich
Anwalt wurde er nachher Mönch. Hieronymus nennt ihn zum ersten Mal
in *Ep.* 57. Sehr feindlich, aber tendenziös, urteilt Rufin von Aquileia
über Eusebius, der als Hieronymus' Vertrauensmann gelten kann.
Nach 398 in Italien, weiss Eusebius der lateinischen Übersetzung von
Origenes' *De principiis*, welche Rufin für den Asketen und früheren
Magistraten Macarius gemacht hatte, habhaft zu werden. Darauf gelingt
es ihm mit Hilfe von Bischof Theophilus von Alexandrien und Patriziern
aus Rom zu bewirken, dass Anastasius von Rom diese Übersetzung
verurteilt. Ob Eusebius noch wieder nach Bethlehem zurückgekehrt ist,
ist ungewiss. Nach *Ep.* 143, 2 (ad Alypium et Augustinum; nach 415?)
schickt er dem Hieronymus eine pelagianische Schrift.

   Lit.: Cavallera, *passim*; besonders 1, S. 193-280 (*La controverse
origéniste*); P. Courcelle, *Paulin de Nole et saint Jérôme*, REL 25 (1947),
S. 264-266; 278²; Labourt 3, S. 239-241; P. Antin, Art. *Eusèbe de Crémone*,
in: *Catholicisme* 4, Paris, K. 699.

   2, 2. cum . . . volitaret: Hieronymus kennt diese Ennius-Re-
miniszenz (fr. var. 17-18, Ausg. Vahlen S. 215: vivos volito per ora
virum) zweifellos aus dem Zitat bei Cicero *Tusc.* 1, 34: s. Hagendahl,
S. 165². Der Ausdruck *per ora volitare* dürfte in literarischen Kreisen
bekannt und fast sprichwörtlich gewesen sein.

   2, 2. pro doctrina et puritate sermonis: s. ad 2, 1 *auctoris meritum* etc.

   2, 2. docti pariter et indocti: seit Cicero, der mehrmals den
Gegensatz *docti et indocti* verwendet, ist diese Verbindung zu einem festen
Ausdruck geworden. Auch bei Cicero findet sich die Verstärkung mit
pariter: *Rep.* 1, 56 omnes docti indoctique pariter consentiant; cf.
Hieronymus, *In Evang. ad Damasum praef.* Quis enim doctus pariter vel
indoctus. Einige Texte mit dieser Antithese: Cic. *Nat. deor.* 1, 44 aut
docti aut indocti; *De fin.* 5, 89 docti et indocti; Hor. *Ep.* 2, 1, 117;
A.P. 474; auch bei christlichen Schriftstellern: Cypr. *Dom. or.* 28 (CCL
3A, S. 107, 520); Aug. *Civ.* 18, 41 (Ausg. Dombart, S. 317, 25); 22, 5
(S. 559, 1); 22, 25 (S. 617, 11).

   2, 2. apertius explicarem: diesem Wunsch kommt Hieronymus
entgegen, indem er den kurzen Inhalt der Kapitel *in margine* notiert
(etwas weiter: ex latere in pagina breviter adnotans, quem intrinsecus
sensum singula capita continerent).

   2, 2. Graeci enim eloquii penitus ignarus erat: als gebildeter
Mann hat Eusebius sehr wahrscheinlich Elementarunterricht im Grie-
chischen gehabt, wie es damals üblich war und wie auch z.B. Augustin
und Hieronymus genossen haben. Brochets Bemerkung (S. 124):
,,Eusèbe de Crémone qui ne savait pas un mot de grec", ist unrichtig.
Nach dieser ziemlich beschränkten Elementarbildung haben mehrere
Römer durch einen langfristigen Aufenthalt im Osten sich umfassende
Kenntnisse des Griechischen erworben: so kann Rufin über seine eigenen
früheren Kenntnisse des Griechischen und die von Hieronymus, ebenfalls
mit einer gewissen Übertreibung, sagen (*Apol.* 2, 9, CCL 20, S. 91) Ante
enim quam converteretur (Hieronymus' Bekehrung zur Askese, in

Antiochien, 374), mecum pariter et litteras Graecas et linguam penitus ignorabat; cf. Cavallera 1, S. 7⁴; Courcelle, *Les Lettres*, S. 37.

Der Elementarunterricht machte mit einigen Episoden aus der griechischen Literatur bekannt, gab jedoch keine Beherrschung der Sprache. Zweifellos hat es auch Ausnahmen gegeben von Leuten, die selbständig ihre Studien weiter getrieben haben. In *Ep.* 57, 13 sagt Hieronymus, dass Pammachius (in Rom) den Originaltext von Epiphanius' Brief mit der lateinischen Übersetzung vergleichen soll: Unde arbitrio tuo cuncta permitto, ut legas ipsam epistulam, tam Graecam quam Latinam. Dass die griechischen Kenntnisse des Eusebius nur gering waren, geht auch aus einer Bemerkung des Hieronymus hervor, womit er ihn gegen den Vorwurf, Rufins Übersetzung von Περὶ ἀρχῶν gefälscht zu haben, verteidigt (*Adv. Ruf.* 3, 5, PL 23, 481C): Quid enim homo Latinus de interpretatione Graeca potuit immutare? S. auch Eiswirth, S. 7; P. Courcelle, *Paulin de Nole et saint Jérôme*, REL 25 (1947), S. 264.

2, 2. **accito notario**: eine bei Hieronymus sehr geläufige Formel: *Ep.* 36, 1; 112, 4; *In Gal.* prol. (PL 26, 333A); *ibid.* 3, praef. (PL 26, 427C); *Tob.* praef. (PL 29, 25-26); *Pachom.* praef. 2 (Ausg. Boon, S. 4, 14). *Notarius* bedeutet hier ,,Stenograph'', ,,Schnellschreiber''; anderswo finden wir die Bedeutung ,,Kopist'' (= *librarius, scriptor*); in *Ep.* 57, 3, 2 ist die Bedeutung ,,Sekretär''.

Im Altertum spielten die *notarii* beim Notieren von Briefen und beim Abschreiben von literarischen Werken eine grosse Rolle. Nur für seine Frühschriften scheint Hieronymus keine *notarii* (die ja auch bezahlt werden mussten) verwendet zu haben. Man findet den Terminus *dictare* erst seit *Ep.* 18: s. Kloeters, S. 44-47; A. Wikenhauser, *Der hl. Hieronymus und die Kurzschrift*, Theol. Quartalschr. 92 (1910), S. 50-84; W. Weinberger, Art. *Kurzschrift*, PW 11, 2, 2217-2231; H. Hagendahl, *Die Bedeutung der Stenographie für die spätlateinische christliche Literatur*, Jahrb. f. Ant. und Christ. 14 (1971), S. 24-38. In seinem Galatenkommentar (um 387/388; Lib. 3, praef.) erwähnt Hieronymus auch seine schwache Gesundheit als Grund für die Verwendung von *notarii*: propter oculorum et totius corpusculi infirmitatem manu mea ipse non scribo. Ähnlich *In Amos* 3, 6, 1, 48-56 (CCL 76, S. 300) Et post gravissimam corporis aegrotationem, dictandi celeritate ostendi temeritatem meam, ut quod alii stilum saepe vertendo non audent scribere, ego committerem casui, qui semper dictantes sequitur ...; quoniam, ut saepe testatus sum, laborem propria scribendi manu ferre non valeo et in explanatione sanctarum scripturarum, non verba composita, et oratoriis floribus adornata, sed eruditio et simplicitas quaeritur veritatis.

Im Osten bestand öfters Mangel an lateinischen *notarii*, ein Umstand, der das Kopieren von Schriften manchmal sehr verzögerte: cf. *Ep.* 75, 4 quia in hac provincia Latini sermonis scriptorumque penuria est; *Ep.* 134, 2 grandem Latini sermonis in ista provincia notariorum patimur penuriam; siehe auch Arns, S. 59.

2, 2. **raptim celeriterque dictavi**: öfters spricht Hieronymus über die Notwendigkeit in grosser Eile zu diktieren, gewöhnlich um sich wegen eventueller Unvollkommenheiten zu entschuldigen. Eine Wiederholung unserer Stelle findet sich in 10, 4: si celeritate dictantis aliqua verba dimiserim. Die Entschuldigung scheint öfters nicht mehr als ein *locus communis* zu sein, denn die Schriften wofür diese Bemerkung gilt, machen meistens nicht den Eindruck übereilt geschrieben zu sein. Dieses gilt auch für *Ep.* 51, von der es sich hier handelt (wenigstens wie wir sie heute besitzen); s. Cavallera 1, S. 217[1].

Einige Texte: *Ep.* 64, 22 propero sermone dictavi; 74, 6 vix notario celeriter scribenda dictavimus; 84, 12 celeri sermone dictavi; 99, 1 nimia festinatione dictavi; 117, 12 celeri sermone dictavi; 119, 11 Haec celeri sermone dictavi; 124, 1 furtim celeriterque dictantur; *In Abd.* 20/21, 772-779 (CCL 76, S. 374) propero sermone dictavi ... Aliud est ... saepe stilum vertere (cf. Hor. *Sat.* 1, 10, 72), ... aliud notarium articulis praeparatis, pudore reticendi, dictare quodcumque in buccam venerit; *In Zach.* 2 prol. (CCL 76 A, S. 795) quem tanta celeritate dictavimus, ut paene non sit emendandi spatium; *Contra Iov.* 1, 21 (PL 23, 250A) cursim celeriterque dictanti; *In Es.* 13, prol. 21-22 (CCL 73A, S. 517) tumultuario sermone dictavi. Cf. Arns, S. 44 f.; Kloeters, S. 52-54; Hagendahl, S. 315-316.

2, 2. **ex latere in pagina breviter adnotans:** Hieronymus fasst den Inhalt eines Kapitels jedesmal *in margine* zusammen. Kelly (S. 203) denkt an die Möglichkeit, dass hier kritische Bermerkungen gemeint seien („adding (it seems) caustic comments in the margin"; ... „marginal comments"). Nautin (1973) ist ebenfalls der Ansicht, es seien bissige Bemerkungen gemeint (S. 78): „et mit en marge des notes explicatives qui n'étaient pas tendres pour Jean de Jérusalem ni pour Rufin". Unrichtig ist Cavalleras Auslegung dieser Stelle (1, S. 216), die ganze Übersetzung wäre *in margine* des ursprünglichen Textes geschrieben.

E latere verwendet Hieronymus ebenfalls um eine Randnotiz anzudeuten in *Ep.* 106, 46, 3 (gegenüber *in corpore*): et miror, quomodo e latere adnotationem nostram nescio quis temerarius scribendam in corpore putaverit, quam nos pro eruditione legentis scripsimus hoc modo: 'non habet κατἀπαύσωμεν, ut quidam putant, sed κατακαύσωμεν, id est incendamus'. Und ferner: unde, si quid pro studio e latere additum est, non debet poni in corpore. Aus einem Vergleich mit diesem Text will Ch. Schäublin (*Textkritisches zu den Briefen des Hieronymus*, Mus. Helv. 30, 1973, S. 59) den Schluss ziehen, dass *in pagina* in *Ep.* 57, 2, 2 als eine erklärende Hinzufügung eines Lesers gestrichen zu werden verdient, aber dieser Schluss ist nicht zwingend. Weitere Texte: *In Hiez.* 7, 23, 36/49, 1163 (CCL 75, S. 317) Hieronymus gibt einige vom Hebräischen abweichende Lesarten der LXX *in margine* (nicht in einer Serie im Text, wie er es in anderen Kommentaren gemacht hat): parva, in quibus Septuaginta editio discrepat ab hebraeo, ex latere copulavi; *In Hiez.* 8, 26, 7/14, 475-477 (CCL 75, S. 349) Utramque editionem ex more coniunxi, et in quibus discrepant ex latere copulavi, brevitati voluminum providens.

2, 2. **nec facile in vulgus proderet:** in ähnlicher Weise bittet Hieronymus im Vorwort zur Übersetzung des Esdras und Nehemias, diese nicht zu publizieren: ut privata lectione contenti librum non efferatis in publicum (Biblia Sacra 8, S. 4, 3-5). Siehe die Anm. zu 4, 1 *proferre*. Mit Recht wird von Marti (S. 36) bezweifelt, ob die Übersetzung von Epiphanius' Schreiben ausschliesslich für Eusebius von Cremona bestimmt sei, weil Hieronymus selbst sehr die antiorigenistische Propaganda stützte. Nach *Ep*. 124, 1 hatte Pammachius Hieronymus' wörtliche Übersetzung von Origenes' Περὶ ἀρχῶν für andere verborgen: recludens scrinio, ne prolati in vulgus, multorum animos vulnerarent. In den Prologen zu den Übersetzungen, wie zu der von Esdras und Nehemias, ist die Bitte, die Veröffentlichung auf einen kleinen Kreis zu beschränken, ein Topos geworden. Siehe T. Janson, *Latin Prose Prefaces, Studies in literary Conventions* (Acta Univ. Stockholm., Studia Latina 13), Stockholm-Göteborg-Uppsala 1964, S. 148 f.

2, 3. **de scriniis:** bezüglich des Aufbewahrens noch nicht für Veröffentlichung bestimmter Schriften wird *scrinium* von Hieronymus auch anderswo verwendet: *Ep*. 124, 1 (Hieronymus' Übersetzung von Περὶ ἀρχῶν bei Pammachius); *Adv. Ruf*. 2, 19 (gefälschter Codex von *De synodis* bei Hilarius von Poitiers); *In Abd*. prol. (CCL 76, S. 349) (Hieronymus hoffte, dass der Abdiaskommentar in der Bücherkiste verborgen bleiben sollte: Sperabam in scriniolis latere quod scripseram); *Adv. Ruf*. 3, 3; 3, 12. Definition und Beschreibung: O. Seeck, PW, Zw. Reihe 2, 1, 893-904 s.v. scrinium; Arns, S. 190: ,,une caisse fermée au public pour y garder des œuvres réservées''; Kloeters, S. 168: *scrinium* ist synonym mit *arca* (Bücherkiste). *Scrinium* scheint aber mehr als *arca* zum Aufbewahren des Privatbücherbesitzes verwendet zu sein. Dass beide Termini als Synonyme gelten können, geht z.B. aus *Contra Lucif*. 18 (PL 23, 180C), wo *scrinia publica* und *ecclesiarum arcae* nebeneinander stehen, hervor.

2, 3. **novo praestrigio:** über einige ähnliche Fälle von Diebstahl eines Manuskripts handelt G. Bardy, *Recherches sur l'histoire du texte et des versions latines du De principiis d'Origène*, Lille 1923, S. 172-173: *Ep*. 124, 1 (Hieronymus' Übersetzung von *De principiis* bei Pammachius gestohlen); *Ep*. 134, 2 pleraque prioris laboris fraude cuiusdam amisimus (von der Revision des lateinischen Alten Testamentes nach der LXX); *Adv. Ruf*. 3, 4 (PL 23, 480C) (Freunde des Hieronymus hätten Rufins Übersetzung von *De principiis* entfremdet: sicut amici tui de meis Περὶ ἀρχῶν schedulis, nondum emendatis, nondum ad purum digestis, fecerunt (Zitat aus Rufins Brief)).

2. 3. **Hierosolymam:** die Übersetzung von Epiphanius' Brief wurde zweifellos dem Johannes, Bischof von Jerusalem, ausgehändigt.

2, 3. **commigravit:** andere Stellen über eine vorzeitige und nicht gewollte Verbreitung von Schriften: *Ep*. 47, 3 Opusculorum meorum, quia plurima evolaverunt de nidulo suo, et temerario editionis honore vulgata sunt; *Ep*. 48, 2 De opusculis meis contra Iovinianum, quod et prudenter et amanter feceris (sc. Pammachius) exemplaria subtrahendo optime novi. Sed mihi profuit ista diligentia, cum aliquanti ex urbe venientes mihi eadem lectitarint quae se Romae excepisse referebant. In hac quoque provincia iam libri fuerant divulgati et, ut ipse legisti,

,,nescit vox missa reverti'' (Hor. *A.P.* 390) ... Statim ut aliquid scripsero, aut amatores mei aut invidi, diverso quidem studio sed pari certamine, in vulgus nostra disseminant.

2, 3. **quidam pseudomonachus:** nach Courcelle (*Paulin de Nole et saint Jérôme*, REL 25, 1947, S. 256-258) war der Pseudo-Mönch, der das Dokument aus den *scrinia* entfremdete, Vigilantius, gegen den Hieronymus sich in seinem *Contra Vigilantium* (PL 23, 353-368) gewendet hat; siehe auch *Ep.* 61; *Ep.* 109; Gennadius, *De vir. ill.* 35 (PL 58, 1078B), Ausg. E. Richardson, TU 14, 1, Leipzig 1896, S. 57-97; A. Réville, *Vigilance de Calagurris*, Paris 1902; G. Bardy, Dict. de Théol. Cath. 15, 2992-2994. Vigilantius war ein lästiger Mann von geringer Bedeutung, der aus Calagurris (nicht sicher ob in Aquitanien oder in Spanien) stammte. Empfohlen von Paulinus von Nola wurde er in 395 als Gast empfangen in Hieronymus' Kloster in Bethlehem. Indem er sich gewissen liturgischen Bräuchen wie den nächtlichen Vigilien und der Märtyrer- und Reliquienverehrung widersetzte, löste er Konflikte aus. Vigilantius ist in Barcelona gestorben. — Anders urteilt Nautin 1973 (S. 234) Anm. 107 (auf Grund chronologischer Erwägungen; der Verrat von Vigilantius beziehe sich auf eine Meinungsänderung).

2, 3. **pseudomonachus:** der Terminus ist nach Wörtern wie *pseudapostolus, pseudopropheta* gebildet worden. — Anzumerken ist, dass Hieronymus öfters an Mönchen, welche nicht ihrer Berufung entsprechend leben, Kritik übt. Siehe *Ep.* 125, 16, 1 vocis professione, non rebus; *Ep.* 130, 7, 2 cassa nomina monachorum; *Contra Iov.* 1, 40 (PL 23, 280A); *Ep.* 22, 34 sarkastische Schilderung einer Art Mönche, die *remnuoth* genannt werden. Es scheint, dass *pseudomonachus* sich in lateinischen Schriften zuerst bei Hieronymus findet; cf. Antin, *Recueil*, S. 103[13]. *Monachus* begegnet etwas früher: zuerst in den lateinischen Übersetzungen der *Vita Antonii*, siehe L. Th. A. Lorié S.J., *Spiritual Terminology in the Latin Translations of the Vita Antonii* (LCP 11) (Nijmegen 1955), S. 27-30; TLL 8, 1, 1397.

2, 3. **intellegi datur:** der Ausdruck scheint vor dem vierten Jahrhundert nicht vorzukommen. Bei Hieronymus sind noch folgende Beispiele zu erwähnen: *Contra Ioh. Hier.* 13 (PL 23, 382B) Hoc quoque intilligi datur, quod; *In Es.* 18, 66, 18/19, 89-90 (CCL 73A, S. 788); cf. Ruf., *Apol. contra Hier.* 1, 21 (CCL 20, S. 55) ut intellegi datur; Greg. Magn., *Dial.* 3, 15 (Moricca, S. 171, 4) dabat intellegi; *ibid.* 3, 16 (S. 177, 20) ut daretur intellegi.

2, 3. **corruptor:** es wird hier kein Name genannt. In *Adv. Ruf.* 3, 4 (Pl 23, 481A) suggeriert Hieronymus nachdrücklich, dass Rufin mit dieser Sache zu tun gehabt habe: Quis Bethleem de cubiculo fratris Eusebii furatus est epistolam laudatricem tuam?

2, 3. **Iudas factus est proditor:** in der christlichen Literatur ist ein Vergleich mit biblischen Personen, günstig oder ungünstig, sehr üblich, z.B. *secundus David* (ein reumütiger Sünder), *alter Iob* (wegen der Mildtätigkeit).

2, 3. **latrandi contra me:** *latrare* wird mehrmals von Hieronymus verwendet, wenn es sich um heftige Invektiven handelt (mit den Präpositionen *ad, adversum, contra, in*). In der christlichen Literatur findet es sich besonders als Charakterisierung häretischer Angriffe, wie bereits Tert. *Adv. Marc.* 2, 5, 1 (CCL 1, S. 479) canes ... latrantes in deum veritatis (so auch Hieronymus, *In Abac.* 2, 3, 14/16, 999-1000 (CCL 76A, S. 645) in una, ut ita dicam, lingua blasphemiae adversum Ecclesiam latrant; *Contra Vig.* 11 (PL 23, 364C) tam rabidi canes contra Christi latrant discipulos). Hieronymus liebt es in seinen polemischen Streitschriften die Äusserungen seiner Gegner als Gebell zu bezeichnen: z.B. *In Mich.* 2, 4, 1/7, 219-220 (CCL 76, S. 473) obsecro vos ..., ut ad huiuscemodi latratus claudatis aures. Bisweilen arbeitet er das Bild weiter aus: *Adv. Ruf.* 3, 33 (PL 23, 503D) Aterbius contra te latrabat Hierosolymis; et nisi cito abiisset, sensisset baculum non litterarum, sed dexterae tuae, quo tu canes abigere consuevisti; *Adv. Ruf.* 2, 10 (PL 23, 451B) Mittit epistolam, id est, robustissimum baculum, quo Romanae urbis armetur episcopus: et in ipsa quaestione, pro qua canes latrant, dicit se nescire quod quaeritur (Rufin bedient sich des nähmlichen Bildes gegen Hieronymus: cf. *Apol. contra Hier.* 1, 21 (CCL 20, S. 56): Hinc emittit incessabiliter canes suos, qui me per urbes, per vicos, per iter quoque transeuntem calumniarum latratibus insectentur). *In Tit.* 3 (PL 26, 632A) Quid enim prodest spumantibus labiis et latratu garrire canum; *Praef. in Pentat.* (Biblia Sacra 1, S. 64) obtrectatorum latratibus patens; *In Hier.* 3, 1, 3 (CCL 74, S. 120) Ipseque (sc. diabolus) mutus latrat per Alpinum canem (sc. Pelagium). Noch schärfer klingt *grunnire*: *Hebr. quaest. in Gen. praef.* (CCL 72, S. 1, 14) si contra me parvum homunculum inmundi sues grunniant; *Ep.* 119, 11, 5 Crassae sues grunniunt.

2, 3. **inter inperitos:** cf. 1, 2 inperitae linguae (Anm.).

2, 3. **falsarium:** auch in anderen Schriften verteidigt Hieronymus sich gegen den Vorwurf ein Fälscher, insbesondere von Übersetzungen, zu sein: *In Evang. ad Damasum praef.* me falsarium ... clamitans esse ... qui audeam in veteribus libris addere, mutare, corrigere; *Alia Hier. praef. in libr. Iob* (Biblia Sacra 9, S. 75) falsarius vocor; *Ep.* 57, 4, 2 me falsarium voces; *Ep.* 57, 13, 1 falsarius vocor. Weniger oft verwendet Hieronymus die Form *falsator*: *Adv. Ruf.* 3, 26 (PL 23, 498B) falsatorem schedularum tuarum.

2, 3. **pro 'honorabili' dixisse 'carissimum' et maligna interpretatione ... αἰδεσιμώτατον noluisse transferre:** zwei Beispiele werden hier erwähnt von Beschwerden, welche Hieronymus' Gegner gegen dessen Übersetzung erhoben haben. Das erste Beispiel wird von Hieronymus auch in seiner im Jahre 402 geschriebenen Verhandlung *Adv. Ruf.* angeführt (3, 23, PL 23, 496B) Ita est epistola, quam de cubiculo fratris Eusebii nummis aureis produxisti, ut calumniareris interpretem, et me apertissimi teneres criminis reum, quare pro *honorabili charissimum* transtulissem (cf. Cavallera 1, S. 217[2]). Es ist übrigens nicht auszuschliessen, dass Hieronymus bewusst die Übersetzung eines lobenden Epithetons (αἰδεσιμώτατον) für Hieronymus' Gegner, Bischof Johannes von Jerusalem, unterlassen habe.

2, 3. **nefas dictu**: poetisch angehauchter Ausruf, s. Verg. *Aen.* 3, 365 dictuque nefas.

2, 3. **me verbum non expressisse de verbo**: der Ausdrück *verbum de verbo exprimere* findet sich zuerst bei Terenz (,,wörtlich übersetzen''): *Adelphi*, Prol. 10-11 eum hic locum (nl. eine Szene aus den *Synapothnescontes* von Diphilus) sumpsit sibi / in Adelphos, verbum de verbo expressum extulit. Neben *verbum de verbo* findet man in den Texten *verbum (e) (pro) verbo, verbum ad verbum*; Hor. *A.P.* 133 *verbum verbo*; statt *reddere* auch *exprimere*. Als eine technische Formel wird der Ausdruck von Gellius (*Noct. Att.* 11, 16, 3 quod, ut dicitur, verbum de verbo expressum esset) und in einigen Kommentaren (Servius; Persius-Scholien) bezeichnet. Bei christlichen Autoren findet sich der Ausdruck öfters in Verbindung mit der im vierten Jahrhundert aktuell gewordenen Übersetzungsproblematik. Der früheste Text scheint Hilarius von Poitiers, *De synodis* 9 zu sein: ex Graeco in Latinum ad verbum expressa translatio affert plerumque obscuritatem, dum custodita verborum collatio eandem absolutionem non potest ad intellegentiae simplicitatem conservare; ähnlich der von Hieronymus in *Ep.* 57, 6, 2 zitierte Passus aus der *praefatio* des Euagrius von Antiochien zur Übersetzung der *Vita Antonii* des Athanasius (PG 26, 833): ad verbum expressa translatio sensus operit. Bei Hieronymus kommt der Ausdruck oft vor (s. auch den Komm. zu 5, 2 non verbum ... sensu), z.B. *In Es.* 5, 14, 12/14, 9-10 (CCL 73, S. 168) ut verbum exprimamus ad verbum; *In Eph.* 2, 4 (PL 26, 537B) Exprimamus si possimus, verbum de verbo et dicamus ἀπηλγηκότες, *indolentes*, sive *indolorios*. Nam et quidam philosophorum ἀπαλγησίαν, id est, *indoloriam* praedicavit. S. Marti, S. 64-68.

3, 1. **pro utilitate fisci delatoribus poenam statuunt et, cum suscipiant proditionem, damnant proditorem**: allmählich ist der *fiscus* zur einzigen Staatskasse geworden (das frühere *aerarium*), in welche u.a. in der späteren Kaiserzeit die *multae* (Bussen) fliessen, s. Rostowzew, PW 6, 2, 2399 s.v. *fiscus*. Die *delatores* (Anbringer, Ankläger, die Jagd auf Belohnungen machten und besonders im Anfang unserer Ära sehr gefürchtet waren) wurden bald durch gesetzliche Bestimmungen zurückgehalten (cf. Suet. *Nero* 10 praemia delatorum Papiae legis ad quartas redegit); ebenso wurden anonyme Anklagen verboten; schon von altersher wurden Sklaven, die ihren Herrn anklagten, bestraft. Siehe M. Kaser, *Das römische Zivilprozessrecht*, München 1966, S. 357[35]: ,,Zu späterer Strafbarkeit der Delation (Pauli Sententiae receptae (Fontes iuris romani anteiustiniani II 317 ff.) 5, 13, 1 f. unklassisch) s. Siro Solazzi, Bullettino dell' Istituto di diretto romano 49/50 (1948), 405 ff.''.

3, 2. In diesem Paragraph gibt Hieronymus drei *exempla* von Verrat, ein rezentes, und zwei die der alten römischen Geschichte entnommen sind. Nach den profanen Beispielen wird in 3, 3 ein biblisches *exemplum* angeführt: der Verräter Judas mit Annas und Caïphas im Hintergrunde. Wie öfters in der christlichen Literatur leiten die profanen die christlichen Beispiele ein; s. A. Lumpe, RAC 6, 1229-1257 s.v. *exemplum*. Hieronymus selbst spricht über die Frage der profanen Paradigmata und Zitate in *Ep.* 70 (ad Magnum), wobei er an die Bibel und die Tatsache, dass die früheren christlichen Schriftsteller sich auch durch die profane Literatur haben inspirieren lassen, appelliert (s. auch die Verteidigung des Ennodius, *Ep.* 1, 9, 4, CSEL 6, S. 19, 6 ff.). Hieronymus entnimmt gerne aus beiden Bereichen, was bei Cassiodor mit Recht die Bemerkung hervorruft (*Inst. div. litt.* 21): gentilium exempla dulcissima varietate permiscuit. Für das Verfahren siehe man die Bemerkung *In Mich.* 2, 7, 5/7, 255-258 (CCL 76, S. 511) Plenae sunt historiae Graecae et Latinae, quanti viri ab uxoribus suis decepti sint eorumque vita sit prodita. De scripturis autem et Dalilae, ... et alterius ante Dalilam testantur exempla; *Contra Iov.* 1, 4 (PL 23, 215A) assumam exempla saecularis quoque litteraturae; *ib.* 1, 41 (PL 23, 282C) percurram breviter Graecas et Latinas Barbarasque historias.

3, 2. **Hesychium, virum consularem**: sein vollständiger Name war Flavius Asclepiades Hesychius, cf. A. H. M. Jones - J. R. Martindale - J. Morris, *The Prosopography of the later Roman Empire* 1 (A.D. 260-395), Cambridge 1971, S. 429. Insbesondere aus den Papyri und aus der Korrespondenz des Libanius sind Daten über sein Leben und seine Person bekannt. Den Titel *vir consularis*, wahrscheinlich nur einen Ehrentitel, hat Hesychius nach 391 bekommen, nachdem er 390-391 das Amt des *praeses Thebaidos* bekleidet hat. Er war ein nicht-christlicher Landbesitzer. Seine drei Söhne wurden von Libanius in der Rhetorik gebildet (s. Lib. *Ep.* 1018). S. auch O. Seeck, *Hesychios* (3), PW 8, 2, 1316; id., *Die Briefe des Libanios*, Nachdr. Hildesheim 1966, S. 174. Über seine Beziehungen zu Gamaliel s. Jones-Martindale-Morris, *o.l.*, S. 429: „He and Gamaliel perhaps met through the Palestinian Theophilus, who was acquainted with both men". Wie Hieronymus uns mitteilt, wurde er von Kaiser Theodosius I zum Tode verurteilt, weil er durch Bestechung von dessen *notarius* Dokumente dieses jüdischen Patriarchen an sich gebracht hatte.

3. 2. **patriarcha Gamalihel**: s. Jones-Martindale-Morris, *o.l.*, S. 385. Mehrere Briefe des Libanius sind an Gamaliel, der von 388-415 Patriarch der Juden war, gerichtet (aus den Jahren 388-393; *Ep.* 832, 835, 892, 893, 1004, 1017, 1018, 1025). Sein Sohn war Lehrling des Libanius. Gamaliel hatte den Titel eines honorären *praefectus praetorio* erhalten: „he received the *codicilli honorariae praefecturae* but was deprived of them in 415 for illegally trying Christians CTh XVI 8. 22 (415 Oct. 20) ut ab eo codicilli demantur honorariae praefecturae, ita ut in eo sit honore, in quo ante praefecturam fuerat constitutus". Sein Interesse für empirische Medizin geht aus Marcell. *De medic.* 23, 77 hervor: Ad splenem remedium singulare, quod de experimentis probatis Gamalielus patriarcha proxime ostendit. S. auch O. Seeck, *Gamaliel* (3), PW 7, 1, 690; id., *Die Briefe*, S. 162.

3, 2. **sollicitato notario**: *notarius* ist hier Sekretär oder Archivar. Über diese spezielle Bedeutung s. Arns, S. 61.

3, 2. **chartas illius invasisset**: *chartae* sind hier Archive, Dokumente. Dass Hesychius Dokumente gestohlen hat und von Theodosius zum Tode verurteilt worden ist, wird nur von Hieronymus erwähnt.

3, 2. **Legimus in veteribus historiis:** dieselbe Formel in *Ep.* 53,
1, 2.

3, 2. **ludi magistrum:** Hilberg weist auf Livius 5, 27, 1-9 hin,
Lübeck dagegen (S. 222²) denkt an Florus als Quelle: „E Floro excerpsit
Hieronymus illam de Faliscorum ludi magistro narratiunculam". Das
dreizeilige Resümee des Hieronymus stimmt mehr mit dem Text des
Florus als dem des Livius überein: Florus und Hieronymus reden von
ludi magister, Livius von *magister liberorum*; *vinctum* steht gegenüber
manibus post tergum inligatis bei Livius; *victoriam* gegenüber *vincam*.
Dabei ist zu bemerken, dass aus einer anderen Parallele feststeht, dass
Hieronymus das Geschichtswerk des Florus kennt: in der *Vita Pauli* 4
findet sich eine evidente Allusion auf Florus' *Epitome* 1, 40, 7 (bezugsweise *aderat, instabat, saevitia quasi virtute utebatur*, und *aderat, instabat,
crudelitate quasi pietate utebatur*, s. Lübeck, S. 222²; Hagendahl, S. 105).

3, 2. **Pyrrum ... interfici nefas duxit ... ad dominum:** der
Hinweis auf Livius als Quelle wird von Hagendahl, S. 165⁵ übernommen:
„As to the historical *exempla* (about the treacherous teacher in Falerii
and the treacherous physician of Pyrrhus) Hilberg refers to Livy V 27
and Periocha XIII". Lübeck dagegen war der Meinung, Cicero sei die
Quelle (S. 150): „Ex off. III 22, 86 sane hausta sunt quae Hieronymus
in ep. *ad Pammach.* LVII 3 t. I A p. 307 adfert de medico Pyrrhi". Der
Text Ciceros unterscheidet sich jedoch in Wortgebrauch und wichtigen
Einzelheiten von dem des Hieronymus (es ist nicht von einem Leibarzt
die Rede, auch wird der Verräter nicht gefesselt zurückgeschickt):
*perfuga ab eo venit in castra Fabricii eique est pollicitus, si praemium
sibi proposuisset, se ut clam venisset sic clam in Pyrrhi castra rediturum
et eum veneno necaturum. Hunc Fabricius reducendum curavit ad
Pyrrhum idque eius factum laudatum a senatu est.* Eine Notiz von
Vallarsi in PL suggeriert wieder eine andere Möglichkeit, nl. Florus 1, 13,
21 (*medicum venale regis caput offerentem Curius remisit*), wo, noch abgesehen von der sehr kurzen Fassung, das nicht unwichtige Element des
Fesselns fehlt, was ebenso für das Urteil von Kunst gilt (S. 212-213),
wo Frontinus, *Stratagemata* 4, 1-2 als mögliche Quelle genannt wird,
insbesondere wegen der Bezeichnung des Pyrrhus als *Epirotarum rex*:
*Ad Fabricium, ducem Romanorum, medicus Pyrrhi, Epirotarum regis,
pervenit pollicitusque est daturum se Pyrrho venenum, si merces sibi, in
qua operae pretium foret, constitueretur. Quo facinore Fabricius egere
victoriam suam non arbitratus regi medicum detexit.*

Ausser in dem anonymen *De viris illustribus* finden wir die Bemerkung,
dass der Verräter (in den meisten Quellen ein anonymer Leibarzt) von
Fabricius selbst (nicht vom römischen Senat, wie in einem Teil der
Quellen) gefesselt nach Pyrrhus zurückgeschickt wird in dem *Breviarium*
von Eutrop (2, 14, 1): *medicus Pyrri nocte ad eum venit promittens
veneno se Pyrrum occisurum, si sibi aliquid polliceretur. Quem Fabricius
vinctum reduci iussit ad dominum Pyrroque dici quae contra caput eius
medicus spopondisset.* Gegeben die Tatsache, dass Hieronymus in seiner
früher publizierten Übersetzung (mit Supplementen) von Eusebius'
Chronik den Eutrop ausgiebig benutzt hat (s. PW 6, 1, 1525, s.v. Eutro-

pius), scheint auch hier auf Grund der inhaltlichen und formellen Übereinstimmung direkter Einfluss des Breviariums (um 350 geschrieben)
am meisten wahrscheinlich; siehe auch Bartelink 1976, S. 298-299.
Über die verschiedenen Formen der Überlieferung dieser Geschichte
s. Münzer, PW 6, 2, 1935-1936.

3, 3. **adducto supercilio:** in satirischen, leicht karikaturalen Beschreibungen bedient Hieronymus sich öfters dieses Ausdrucks, den er
aus der Literatur in ähnlicher Anwendung kennt (Persius, *Sat.* 3, 82);
Ep. 50, 3 adducto supercilio de sacris inter eas litteris philosophari; *Ep.*
53, 7 Adducto supercilio grandia verba trutinantes inter mulierculas de
sacris litteris philosophantur; *Ep.* 125, 18, 2 adducto supercilio; *Adv.
Ruf.* 1, 13, (PL 23, 426A) rugosae frontis adductique supercilii; *Contra
Iov.* 1, 34 (PL 23, 269B) tristior vultus, adductum supercilium; *In Os.*
3, 11, 1/2, 55-56 (CCL 76, S. 121) rugare frontem, adducere supercilium;
In Hiez. 11, 34, 1/34, 262 (CCL 75, S. 488) adducto supercilio libratis
sermonibus atque trutinatis; *In Hiez.* 11, 37, 1/14, 1050 (CCL 75, S. 512)
solent ... attollere supercilium, et inflatis buccis ructare scientiam
scripturarum; *In Eph.* 2, 4 (PL 26, 525C) Nonnulli rugata fronte, demisso
supercilio, verbisque trutinatis, auctoritatem sibi doctorum, et iudicum
vindicant. Siehe auch Antin 1968, S. 213-214.

3, 3. **concrepantibus digitis:** (um die Aufmerksamkeit der
Zuhörer auf sich zu ziehen) *Ep.* 125, 18, 2 duobus digitulis concrepabat
hoc signo ad audiendum discipulos provocans; *Contra Ioh. Hier.* 27
(PL 23, 435 Vall.) Reducta ad auriculam manu et concrepantibus digitis;
In Os. 3, 11, 1/2, 56-57 (CCL 76, S. 121) digitis concrepare.

4, 1. **Volo:** die nachdrückliche Stellung des Verbums am Anfang des
Satzes betont die Freiheit, die Hieronymus für sich fordert.

4, 1. **in chartulis meis:** 'Notizblätter', 'Zettel'. Synonym ist
schedae, schedulae, wie z.B. aus *Adv. Ruf.* 3, 33 (PL 23, 503B) hervorgeht:
ut tuas Romae schedulas furaremur? ut inmissi canes inemendatas
chartulas, te dormiente, corroderent?; 3, 18 (PL 23, 492A) inemendatas
schedulas; cf. Arns, S. 18: „Les *schedae* ou *schedulae* sont une sorte de
brouillon, ces mots désignent l'état du manuscrit avant sa transcription
définitive".

Hieronymus verwendet Deminutiva; er erhascht damit stilistische
Effekte und versucht so zahlreiche Schattierungen zum Ausdruck zu
bringen, wie Subtilität, Affektivität, Zärtlichkeit, Ironie, Bescheidenheit; das letzte z.B. *Ep.* 10, 3 si hoc munusculum placuerit; *In Zach.*
Prol. (CCL 76A, S. 747) tibi ... ingenioli mei aliquod offere munusculum.
Selbstverständlich kann die Bedeutung auch rein deminutiv gemeint
sein, aber im späteren Latein entwickelt sich die Tendenz, dass in vielen
Fällen die Deminutiva denselben Wert erhalten als die Formen von
denen sie sich herleiten. Siehe Goelzer, S. 121-130; E. Löfstedt, *Philo-
logischer Kommentar zur Peregrinatio Aetheriae,* Darmstadt 1958[3],
S. 310-312; R. Hakamies, *Étude sur l'origine et l'évolution du déminutif
latin et sa survie dans les langues romanes,* Helsinki 1951; A. Ernout,
Aspects du vocabulaire latin (Études et Commentaires 18), Paris 1954,

S. 189-192; B. Zucchelli, *Studi sulle formazioni in -lo non diminutive*, Parma 1970.

4, 1. **ineptias:** badinierende Texte; törichte Einfälle (= *nugae*).

4, 1. **scripturis:** sc. scripturis divinis.

4, 1. **remordere laedentes:** cf. *Adv. Ruf.* 3, 43 (PL 23, 513A) nolui mordere mordentem; *Ep.* 50, 5 Possum remordere, si velim, possum genuinum laesus infigere (Persius-Reminiszenz: 1, 115). S. Murphy, S. 74. Dass *remordere laedentes* sich auf *breviter adnotans* in 2, 2 beziehe, wie Nautin 1973, S. 79 (,,Les annotations que Jérôme avait mises dans les marges à propos de Jean étaient de son propre aveu ,,mordantes"'") annimmt, scheint mir unrichtig. Es handelt sich hier um eine allgemeine Aussage, die Freiheit in privaten Schriften und Notizen soll gewahrleistet sein.

4, 1. **digerere stomachum:** ,,meine Erbitterung, Ärger, Gereiztheit überwinden". Catachrese; auszugehen ist von Ausdrücken wie *digerere cibos*.

4, 1. **in locis me exercere communibus:** Stilübungen mit traditionellen Themata, mit denen man sich in der Schule in der Rhetorica übte (bekannt ist die Kritik, welche, u.a. von Petronius, an dem wenig lebensechten Charakter der in der Schule aufgegebenen *declamationes* geübt wurde). In seinem Kommentar zu Sophonias (*In Soph.* 3, 14/18, 549-552, CCL 76, S. 708) stellt Hieronymus derartige Stilübungen seinen Schriftkommentaren gegenüber: si animadverterit non me controversias et declamationes scribere, nec in locis exsultare communibus, sed commentarios, et commentarios prophetarum.

4, 1. **quasi limatas ad pugnandum sagittas reponere:** das Bild vom Kampf verwendet Hieronymus öfters in Verbindung mit Polemik, daneben auch von der Bekämpfung, insbesondere seitens Asketen, des Teufels und der Versuchungen, bisweilen im Anschluss an biblische Beispiele wie *Eph.* 6, 12; so in *Ep.* 130, 5 assume scutum fidei, loricam iustitiae, galeam salutis, procede ad proelium; *Adv. Ruf.* 3, 3 (PL 23, 480C) volantia toto orbe iacula falsitatis, clypeo veritatis excipere. Siehe Harendza, S. 35-36.

Limare wird in 4, 4 verwendet für das Feilen und Polieren von Pfeilen (den Waffen der Rhetorik), wobei im Hintergrunde das traditionelle Bild *sermonem limare* (das Polieren der Sprache) mitspielt, wie Cicero es öfters verwendet und wir es auch anderwo in den Schriften des Hieronymus finden: *Ep.* 21, 42 nisi quem propria manus limaverit; *Adv. Ruf.* 3, 10 (PL 23, 486A) Libri ... tui quos limasti per triennium; *In Eph.* 2, 3 (PL 26, 507C) limatumque proferre sermonem. Die Lesart *limitas* (Hilberg, Labourt) statt *limatas* ist unwahrscheinlich. Sie findet keine Stütze in anderen Stellen bei Hieronymus, da dort immer *limare* begegnet. Hilberg geht von der Lesart *limita* von Hs. μ aus, welche isoliert dasteht; er kann nur auf eine textkritisch unsichere Parallele hinweisen, ausserdem aus viel späterer Zeit (Venantius Fortunatus, *Carm.* II 16, MGH Auct. Ant. 4, S. 153 Leo).

4, 1. **quamdiu non profero cogitata:** *proferre* is hier synonym mit *edere, in publicum proferre* (*Ep.* 84, 10), *in vulgus prodere* (*Ep.* 57, 2, 2), *in* *vulgus disseminare* (*Ep.* 48, 2; *Adv. Ruf.* 2, 24 (PL 23, 468B); 3, 12 (PL 23, 487B abs.: quibus ... disseminatis)). Für das publiziert werden verwendet Hieronymus überdies Ausdrücke wie *ad lucem procedere* (*Adv. Ruf.* 1, 4, PL 23, 419A), *exire* (*Ep.* 131, 7), *de nidulis evolare* (*Ep.* 47, 3). Über diese Terminologie: Kloeters, S. 104. — Als Beispiel für die oft opportunistische Argumentierweise des Hieronymus vergleiche man *Adv. Ruf.* 3, 34 (PL 23, 504C) Dic, oro te, celandas schedulas scripseras an prodendas? Si ut celares cur scripsisti? Si ut proderes, cur celabas?

4, 1.   **et maledicta:** *et* ist hier emphatisch verwendet.

4, 2.   **Tu corrumpas ... voces:** der Satz ist symmetrisch konstruiert mit zwiefachem Parallelismus: corrumpas servulos / sollicites clientes; ad Danaen penetres / me falsarium voces. Über Parallelismus in den Briefen des Hieronymus s. Harendza, S. 40-53.

4, 2.   **et, ut in fabulis legimus, auro ad Danaen penetres:** Hieronymus verwendet hier das Motiv des Danae-Mythos, das wegen des heiklen Themas in der christlichen Literatur nur ziemlich selten vorkommt; s. A. Hermann, Art. *Danae*, RAC 4, 567-571. Hieronymus geht von der rationalistischen Erklärung der Episode aus: der goldene Regen bedeutet das Bestechen der Wächter (cf. Hor. *Carm.* 3, 16, 1; Lact. *Inst. div.* 1, 11; Fulgentius 1, praef. 20: Danae imbre aurato correpta est, non pluvia sed pecunia). Dasselbe Bild in Bezug auf literarischen Diebstahl verwendet Hieronymus in *Adv. Ruf.* 3, 4 (PL 23, 481A): Quis Bethleem de cubiculo fratris Eusebii furatus est epistolam laudatricem tuam? ... Habes enim, per quod Danaes est victa pudicitia, quod Giezi magistri praetulit sanctitati, propter quod Iudas tradidit Dominum suum (über das nämliche Ereignis: *Adv. Ruf.* 3, 23 (PL 23, 496B) Ita est epistola, quam de cubiculo fratris Eusebii nummis aureis produxisti). Andere Anspielungen auf den Danae-Mythos in den Schriften des Hieronymus: *In Ionam* 2, 2 (SC 43, S. 79) quomodo Iuppiter ... in auro fluxerit; *Ep.* 128, 4 (Ratschläge die sich auf die Erziehung der Pacatula beziehen; man soll sie nicht mit Jungen und Mädchen verkehren lassen, deren Sprache selbst Danae verführen könnte: inclusamque Danaen vulgi sermonibus violant).

4, 2.   **cum multo peius crimen accusando in te confitearis:** Oxymoron in der Antithese *accusando — confitearis*. Eine ähnliche Antithese findet sich in *In Es.* 2, 5, 3/4, 19 (CCL 73, S. 65) ut dum de alio iudicat, de se promat sententiam.

4, 2.   **alius te hereticum, alius insimulat dogmatum perversorum:** In einem Artikel in der Rev. Bén. (= Bartelink 1976) haben wir gegen Hilberg die Lesart *perversorem* verteidigt, die sich in allen von ihm verwendeten Handschriften ausser ⊔ findet, und die auch von Vallarsi gewählt wurde (s. auch Goelzer, S. 50 und 54, wo *perversor*, das sich auch bei Gregorius Magnus findet, unter den hieronymianischen Neologismen registriert wird; Antin, SC 43, S. 116[2]: „Haereticus s'oppose à orthodoxus (Ep. 61, 1, 3) comme „dogmatum perversor" (*Ep.* 57, 4, 2)". Die Konstatierung jedoch, dass *dogma perversum* bei Hieronymus eine gangbare Wendung ist, hat uns jetzt überzeugt, dass die Lesart *dogmatum perversorum* in 4, 2 zu bevorzugen ist. Aus den vielen Parallelstellen seien folgende hervorgehoben: *Ep.* 85, 3 perversis dogmatibus acquiescere; *Adv. Ruf.* 1, 22 (PL 23, 435B) non tam dogmatum perversorum ... quam improvidi tenerer erroris; *In Es.* 1, 2, 15, 29 (CCL 73, S. 76); *In Es.* 10, 31, 6/9, 46 (CCL 73, S. 404); *In Tit.* 3, 10-11 (PL 26, 633C) Inter haeresim et schisma hoc esse arbitrantur, quod haeresis perversum dogma habeat; *In Eccl.* 2, 26 (CCL 72, S. 272) perversorum dogmatum consuere cervicalia; *ibid.* 3, 9 (CCL 72, S. 277) perversorum dogmatum magistris; *Hom. in Luc.* 16, 248 (CCL 78, S. 514) et dogma perversum inferat; *De Exodo, in Vig. Paschae* 18 (CCL 78, S. 536) haeretici et omnia conventicula dogmatum perversorum; *ibid.* 68 (S. 538) ad perversa dogmata.

4, 2. **alius ... alius:** gemeint ist Epiphanius von Salamis, der Verfasser des Schreibens um das es sich handelt.

4, 2. **interpretem laceras:** Hieronymus' Gegner hätte sich eigentlich an den Verfasser wenden sollen, nicht an den Übersetzer. Eine ähnliche Formulierung findet sich in *Adv. Ruf.* 2, 11 (PL 23, 453A) aliquid ... quod displiceat in auctore, quare id ad interpretem detorquetur?

4, 2. **de syllabis calumniaris:** eine ähnliche Wendung begegnet in *In Hier.* prol. 2, 4-5 (CCL 74, S. 1) qui non solum verba, sed syllabas quoque nostrorum verborum calumniantur. Dass man beim Übersetzen von einzelnen Worten, oder selbst Silben, ausgehe, charakterisiert Hieronymus als eine unrichtige Übersetzungsart in Kap. 5 und folgenden: es handele sich an erster Stelle um die Wiedergabe des Gedankeninhaltes. Siehe auch die Anm. zu 6, 2 *alii syllabas aucupentur*.

4. 2. **finge in transferendo vel errasse vel intermisisse me quippiam:** man wirft dem Hieronymus vor, dass es Fehler und Auslassungen in seiner Übersetzung gebe (cf. 2, 3). Hieronymus dagegen hebt hervor, dass es sich nur um Kleinigkeiten handle (de syllabis calumniaris), wobei der *sensus* nicht verdorben wird. Aber selbst wenn er ein schlechter Übersetzer wäre, würde das nichts an der Häresie seines Gegners ändern (num idcirco tu non es hereticus, si ego malus interpres sim?).

4, 2. **hic totus tui negotii cardo versatur:** „hierum dreht deine ganze Sache"; cf. *Contra Ioh. Hier.* 3 (PL 23, 373B) hic totius negotii cardo versatur.

4, 3. **non quo ... sed quo:** Hilberg und Labourt folgen hier der Lesart von ʊW, gegen die der anderen Codices (*quod*).

4, 3. **accusatum ab alio alium criminari:** wie wir schon mehrmals gesehen haben, wirken Reminiszenzen aus *Ep.* 57 in *Adv. Ruf.* weiter. Cf. *Adv. Ruf.* 3, 8 (PL 23, 485A) Accusatus ab aliis, accusas alium. Ab alio appeteris; et illi tergum obvertens, quiescentem contra te provocas (s. etwas weiter in *Ep.* 57, 4, 3 de dormientis vulnere solacium quaerere).

4, 3. **confosso undique corpore:** das Bild, dass Worte wie Waffen den Gegner treffen und durchbohren, ist traditionell in der Sphäre der Beschuldigung und Verurteilung; s. Liv. 5, 11, 12 tot iudiciis confossi praedamnatique; Val. Max. 8, 1 cuius causa, quanquam gravissimis criminibus erat confossa. Hieronymus verwendet den Terminus einige Male in seiner Polemik: *Contra Ioh. Hier.* 8 (PL 23, 377B) Prima illa blasphemia, ... quibus a te telis confossa est? *Contra Helv.* 5 (PL 23, 198B) more andabatarum gladium in tenebris ventilans, et linguae sonum ad confodienda sui tantum corporis membra concutiens.

5, 1 **Hactenus sic locutus sum, quasi:** nachdem Hieronymus sich im vierten Kapitel in oratorischer Weise der Stilfigur der *concessio* bedient hat (cf. 4, 2 finge in transferendo vel errasse vel intermisisse me quippiam), kommt er jetzt zum wesentlichen Teil seiner Verteidigung, nl. zur Darlegung der Grundsätze seiner Übersetzungsweise.

5, 1. **simplex:** ohne Betrug zustande gekommen (von einem *crimen* kann nicht die Rede sein). Über *simplex* bei Hieronymus sehe man P. Antin, *Simple et simplicité chez Jérôme*, Rev. Bén. 71 (1961), S. 371-381.

5, 1. **nihil mutatum esse de sensu:** ähnliche Beteuerungen verwendet Hieronymus mehrmals, cf. *Ep.* 84, 12 dum et mutare quippiam de Graeco, non est vertentis, sed evertentis; *Ep.* 106, 26 absque damno sensus; *Ep.* 106, 30 cum damnum non sit in sensibus; *In Hier.* prol. 1, 10-12 (CCL 74, S. 1) Sicque conabor notariorum manu scribere, ut nihil desit in sensibus, cum multum desit in verbis.

5, 1. **nec res additas:** viele Parallelen, z.B. *Ep.* 85, 3 et hanc servare mensuram, ut nec adderem quid, nec demerem, Graecamque fidem Latina integritate servarem.

5, 1. **dogma confictum:** dieselbe Verbindung in *Ep.* 21, 8 tunc dogmatum superbias confinxerunt (vgl. *novum dogma componere: Contra Lucif.* 28, PL 23, 191A).

5, 1. **faciunt ne intellegendo, ut nihil intellegant:** Zitat aus Terenz, Prol. 17. Anzumerken ist, dass im Text des Terenz *ne* als Fragepartikel zu betrachten ist (so z.B. Marouzeau *ad loc.*; wohl deshalb liest Labourt auch an unserer Stelle *faciuntne* und übersetzt: „à force de chercher à comprendre, n'arrivent-ils pas à ne rien comprendre?"). Der Terenzkommentator Donat, der Hieronymus' Lehrer gewesen ist, erwähnt mehrere Interpretationen (Ausg. P. Wessner 1, S. 46: 'ne' quidam corripiunt et cum interrogatione pronuntiant, quidam producunt. Quorum alii 'ne' pro nonne accipiunt, id est non, alii 'ne' pro valde .... Et hoc melius), wovon er die letzte („sehr", „ausserordentlich") bevorzugt. Hieronymus hat wahrscheinlich *ne* als Negation aufgefasst; die Negation *ne* findet sich in den älteren Perioden der Latinität (Plautus, Terenz, Lukrez) öfters zur Verneinung eines Begriffes, das mit den Sinnen gefasst oder betrachtet wird.

Im Laufe der Zeit hat das Zitat wohl sprichwörtlichen Charakter bekommen. Jedoch könnte man betreffs der Verwendung des Terenzzitates in der Vorrede zum *Paschale opus* des Sedulius an eine Nachahmung unserer Hieronymusstelle denken. Sedulius hält seinen Kritikern, die gewisse Diskrepanzen zwischen dem ursprünglichen Gedicht *Paschale carmen* und der späteren Prosafassung rügten, das Terenzzitat entgegen (Ausg. J. Huemer, CSEL 10, S. 172): dederimus hinc aliquam forsitan obtrectatoribus viam, dicentque nonnulli fidem translationis esse corruptam, quia certa videlicet sunt in oratione quae non habentur in carmine. Si qui tamen istud obiciant, faciuntne intellegendo, ut nihil intellegant?

5, 1. **dum alienam inperitiam volunt coarguere, suam produnt:** in seinen polemischen Werken spricht Hieronymus gerne von der
inperitia seiner Gegner, z.B. *De vir. ill.* prol. (Ausg. Herding, S. 2) su-
amque potius imperitiam cognoscant (nl. die Polemiker gegen das
Christentum). Siehe auch die Anm. zu 1, 2 *quod ... inperitae linguae
responsurus sum.*

5, 2. **non solum fateor, sed libera voce profiteor:** ähnlich aufgebaut ist *De oboedientia* 64 (CCL 78, S. 554) Ego simpliciter dico, et
libera fronte dico. *Libera voce* (Äquivalent des biblischen παρρησία)
findet sich z.B. *Ep.* 18A, 12 nec ... libera voce inpium designarat;
Ep. 48, 20 libera voce proclamo. *Libere profiteri: In Abd.* prol. 55-56
(CCL 76, S. 350) quanto magis ego libere profitebor; *Tract. de ps.*
91, 119-120 (CCL 78, S. 428) Nescio, et libere me nescire profiteor.

5, 2. **absque scripturis sacntis:** im Gegensatz zur allgemeinen
literarischen Tradition in der Übersetzungspraxis gilt für die Heilige
Schrift ein anderer Massstab; s. den Verweis auf unsere Stelle in *Ep.*
112, 20, 5; cf. Hoberg, passim; G. Bardy, *Recherches sur l'histoire du
texte et des versions latines du De principiis d'Origène* (Diss.), Lille 1923,
S. 158-168; Courcelle, *Les lettres,* S. 42s. Es gibt in Hieronymus' Werken
mehrere Texte, insbesondere zu einzelnen Bibelstellen, welche mit
diesem Standpunkt in Übereinstimmung sind. Auch wenn es sich um
in dogmatischer Hinsicht wichtige Ausdrücke handelt, wendet Hieronymus öfters das Verfahren der wörtlichen Übersetzung an (cf. Brochet,
S. 231).

Dagegen huldigt Hieronymus in Theorie wie in der Praxis mehrmals
auch einem anderen Standpunkt. Wiederholt bemerkt er, dass er bei
der Übersetzung eines Bibeltextes ebenso wie bei einem literarischen
Text die Wiedergabe der Bedeutung der wörtlichen Übersetzung vor-
zieht; cf. *Adv. Ruf.* 1, 19 (PL 23, 432A-B) Nescu, ut verbum de verbo
interpreter, καταφιλήσατε, id est, *deosculamini* dicitur: quod ego nolens
transferre putide, sensum magis secutus sum, ut dicerem, *adorate.*
Hieronymus weiss sich hier gestützt durch die Praxis, wie man sie oft
in der LXX findet: *Ep.* 18A, 15 (anlässlich *Ex.* 4, 10) septuaginta interpretibus sensum potius quam verbum de verbo exprimentibus; *Hebr.
quaest. in Gen.* 14, 5 (CCL 72, S. 18) pro quo LXX, sensum magis quam
verbum ex verbo transferentes, gentes fortissimas; *Ep.* 29, 6 (anlässlich
Os. 3, 4) iuxta Septuaginta quoque, qui sensum magis quam verbum
interpretati sunt.

Was Hieronymus' Arbeitsweise bei der Übersetzung der Schrift betrifft, so sollte man erwägen, dass er sich, wie er auch selbst erkennt,
von der *consuetudo* stark gebunden fühlte; er konnte nicht zuviel von
den eingebürgerten Übersetzungen abweichen, was insbesondere für
die aus der Liturgie bekannten Perikopen galt. Man vergleiche den
bekannten Text *Praef. in quattuor evang.* (ad Damasum): Quae ne
multum a lectionis latinae consuetudine discreparent, ita calamo tem-
peravimus, ut his tantum quae sensum videbantur mutare, correctis,
reliqua manere pateremur ut fuerant.

Die Analyse einiger Texte (siehe Condamin, *Les caractères*) hat gezeigt, dass Hieronymus in seiner Übersetzungs- und Anpassungsarbeit biblischer Texte keineswegs eine sklavische Abhängigkeit an den Tag gelegt hat. Er variiert zum Beispiel wiederholt Ausdrücke, die in seiner Vorlage identisch sind (cf. Condamin, S. 434ss.), bietet ausserdem literarische (Hinzufügungen oder Verkürzungen: Condamin, S. 106ss.) und kritische Interpretation (eine Wahl zwischen abweichenden Lesarten; Verdeutlichungen usw., *ibid.* S. 114ss.).

5, 2. **verborum ordo**: gewöhnlich fasst man *verborum ordo* als „Wortfolge", „Wortstellung", „Anordnung der Worte" auf („l'ordre des mots"). Siehe z.B. W. Süss, *Studien zur lateinischen Bibel*, Tartu 1932, S. 39: „Das Mysterium des Gotteswortes konnte strenge Wörtlichkeit bis zur Wahrung der Wortstellung beanspruchen". Antin 1968, S. 229-230, registriert einige abweichende Meinungen (*ordo* ist ein Wort mit vielen Bedeutungsschattierungen): P. Lagrange, Rev. Bibl., 1911, S. 604 („l'importance des mots"); A. Vaccari (Bibl. 1, 1920, S. 555, Anm. 2) („valore", „tenore"); G. Lomiento, Vet. Christ. 3 (1966), S. 30-31 (*ordo verborum* sei synonym mit *genus verborum*, zitiert in 5, 3). Antin versucht zu beweisen, dass die Übersetzung „Wortfolge" die Bedeutung nicht genügend hervorhebt. Vorsichtig formuliert er (S. 239): „Ce flou dans l'expression chez Jérôme ou Cicéron invite à ne pas condamner ceux qui seraient enclins à voir dans *verborum ordo* de *Ep.* 57, 5 plus que le simple „ordre des mots".

Ich möchte jedoch an der Bedeutung „Wortfolge" (im Sinne von: „idiomatischen syntaktischen Verbindungen") festhalten. Erstens ist es die Bedeutung, die am gängigsten ist und die sich dadurch unmittelbar aufdrängt; so bei Quintilian (*Inst. or.* 9, 3, 43), bei Augustin (*De doctr. christ.* 4, 20, 40-41 gravior interpres etiam ordinem maluit tenere verborum; *Loc. Num.* 6 (CCL 33, S. 432) emendato ordine; ibid. 10 (S. 433, anlässlich Num. 5, 18 Erit aqua argutionis quae maledicitur haec): Hanc locutionem inusitatam fecit ordo verborum; posset enim usitate ita dici: erit aqua argutionis haec quae maledicitur, aut: erit haec aqua argutionis quae maledicitur, vel si quid aliud usitata verba ordinando dici potest). Hieronymus selbst verwendet *verborum ordo* öfters in der Bedeutung „Wortfolge" oder „Wortsyntax"; z.B. *Ep.* 49, 17 nam alio verborum ordine id ipsum est; ibid.: qui excepto praepostero ordine, nec sensum nec verba mutavi. *Verborum ordo* wird synonym sein mit custodita verborum collatio (Hil. v. Poitiers, *De synodis* 9).

Das von Antin gebotene Material (eine Frequenztabelle für die gegebenen Bedeutungsschattierungen wäre erwünscht) überzeugt wenig wegen seiner Heterogenität. Es werden z.B. *sensus* und *ordo verborum* in einer Serie Beispiele sowohl als Parallele wie als Gegensatz zitiert (S. 231-232).

Wir möchten also hier die für *verborum ordo* frequente Bedeutung „Wortfolge" („Wortverbindung", „Wortsyntax") beibehalten (bei den Grammatikern auch mit *ordinatio* oder *coniunctio verborum* angedeutet). Zu bemerken ist, dass Hieronymus anderswo selbst zugibt, dass es ihm in seiner Übersetzung des Bibeltextes aus dem Hebräischen nicht immer gelungen ist, die Wortfolge beizubehalten: *Ep.* 112, 19, 1 quod intellege-

bamus expressimus sensuum potius veritatem quam verborum interim
ordinem conservantes. Derartige Notizen finden wir auch über die
Septuagint: *In Eccl.* 2, 15/16 (CCL 72, S. 269) Apertius in hoc loco
sensum Hebraicum Septuaginta interpretes transtulerunt, licet verborum
ordinem non secuti sint.

5, 2. **mysterium:** selbst der *verborum ordo* in der Schrift ist für
Hieronymus ein *mysterium*. Öfters betont er, dass selbst die einzelnen
Wörter Geheimnisse enthalten: *Tract. de ps.* 82, 87 (CCL 78, S. 93) in
singulis sermonibus magna sunt sacramenta; *Tract. de ps.* 90, 117-120
(CCL 78, S. 130-131) singula verba scripturarum singula sacramenta
sunt. Ista rustica verba quae putantur saeculi hominibus, plena sunt
sacramentis; *Tract. de ps.* 92, 69 (CCL 78, S. 431) Quot verba, tot
sensus: quot versiculi tot sacramenta; *Tract. de ps.* 82, 42-43 (CCL 78,
S. 386) Singula nomina habent singula sacramenta: quot enim verba,
tot mysteria; *Ep.* 53, 9 Apocalypsis Iohannis tot habet sacramenta,
quot verba. Man findet auch verwandte Formulierungen: *Tract. de ps.*
77, 154-155 (CCL 78, S. 69) in singulis verbis sensus sunt; *In Es. adbrev.*
1, 4, 101 (CCL 73A, S. 806) in singulis verbis singuli sensus sunt. All-
gemeiner: *Tract. de ps.* 77, 153 (CCL 78, S. 69) O quanta mysteria, o
quanti flores; *Tract. de ps.* 86, 191 (CCL 78, S. 115) scriptura sancta
sacramentis plena est. In ähnlicher Weise spricht Hieronymus von der
markigen Formulierung der Schrift: *In Eccl.* 12, 12 (CCL 72, S. 359)
Contra Scriptura divina brevi circulo coartata est et quantum dilatatur
in sententiis, tantum in sermone constringitur.

5, 2. **non verbum e verbo, sed sensum exprimere de sensu:**
mittels dieser traditionellen Formulierung bringt Hieronymus sein
Übersetzungsprinzip zum Ausdruck, das er alsdann mit einem Appell
an die römische Übersetzungsliteratur verteidigt. Rufin (*Apol. contra
Hier.* 2, 8, CCL 20, S. 89) verweist auf unseren Text: Iam vero in illo
libello, quem de optimo genere interpretandi adtitulavit ... quod nullo
genere verbum de verbo interpretari ratio sinat. Siehe die Anm. zu 2, 3
me verbum non expressisse de verbo.

Der Standpunkt des Hieronymus auf dem Gebiet der Übersetzungspraxis ist im allgemeinen klar, aber bisweilen ist von einer Diskrepanz
die Rede. Das ist selbst in *Ep.* 57 der Fall, insofern Hieronymus selbst
bei Bibeltexten (*Ep.* 57, 7 ff.), wo eigentlich das Prinzip *verbum e verbo*
gelten müsste, vom Prinzip *sensus de sensu* ausgeht.

Wie sich aus den *Praefationes* zu den übersetzten Bibelbüchern ergibt,
ist Hieronymus' Haltung nicht konsequent; beim Buch Esther spricht er
von einer wörtlichen Übersetzung (verbum e verbo expressius transtuli),
im Prolog zu Judith will er eher von der Bedeutung ausgehen (magis
sensum e sensu quam ex verbo verbum transferens), während die Übersetzung des Buches Job die Mitte hält (ex ipso Hebraico, Arabicoque
sermone, et interdum Syro, nunc verba, nunc sensus, nunc simul
utrumque resonabit).

Charakteristisch für die *verbum e verbo*-Übersetzung ist, dass sie, in
Abweichung von der Tradition, Verse in Prosa wiedergibt, wie Hiero-

nymus anlässlich der lateinischen Wiedergabe eines Menanderverses im N.T. bemerkt: *Ep.* 130, 18 (zu 1 *Cor.* 15, 33) Super quarum damnatione, saecularem versum adsumens Apostolus, fecit ecclesiasticum: „Corrumpunt mores bonos confabulationes malae". Cuius iambici metrum dum verbum servat ex verbo, nequaquam expressit latina translatio.

In seinen exegetischen Arbeiten nimmt Hieronymus öfters zu einer *ad verbum*-Übersetzung seine Zuflucht, wenn es sich um die Verdeutlichung des genauen Inhaltes eines unklaren Textes oder Wortes handelt: *In Es.* 7, 22, 3, 4 (CCL 73, S. 299) ut verbum ex verbo de Hebraeo transferam; *Ep.* 64, 15 ἐπωμίδα, id est superumerale, ... ἐπένδυμα, hoc est desupervestimentum; auch in *Ep.* 79, 9 gibt Hieronymus zur Verdeutlichung die Bestandteile eines griechischen Wortes wieder (wie er es jedoch bei Aquila missbilligt hat; cf. die Anm. zu 11, 2 sed etymologias verborum transferre conatus est): quas significantius Graeci προπαθείας vocant, nos, ut verbum vertamus e verbo antepassiones possumus dicere.

Ep. 140, 13 Symmachus significantius transtulit ὁλόκληροι, quod magis ad sensum quam ad verbum transferre possumus 'universi'. Auch die Neubildung in *In Es.* 8, 26, 7/9, 10-12 (CCL 73, S. 332) beruht auf einer etymologischen Analyse: sive, ut verbum novum fingam, rectitudines, quas Graeci vocant εὐθύτητας, et nos aequitates Latinius possumus appellare. Ebenso kann in theologischen Werken eine wörtliche Übersetzung notwendig sein: *Adv. Ruf.* 2, 19 (PL 23, 462D) Conferte Origenis verba, quae supra ad verbum transtuli, his quae ab isto (sc. Rufino) non versa sunt, sed eversa, et quantum inter se non solum verborum, sed et sensuum habeant dissonantiam, perspicietis; *In Dan.* 3, 9, 24 (CCL 75A, S. 878) dicit ergo (sc. Apollinaris von Laodicea), ut verbum ex verbo interpreter ne calumniam videar facere non dicenti; *Ep.* 28, 5 (Berufung auf Origenes) verbum interpretabor ad verbum, ut quia novicia musta contemnis saltim veteris vini auctoritate ducaris.

Paulinus von Nola spricht einmal von *verba exprimere* (ausgehend vom Verstehen des Textes) im Gegensatz zur freien Übersetzung, die eine Folge des Unvermögens sein kann (*Ep.* 46, 2, CSEL 29, S. 387-388): Credo enim in translatione sancti Clementis praeter alias ingenii mei defectiones hanc te potissimum imperitiae meae paenuriam considerasse, quod aliqua, in quibus intellegere vel exprimere verba non potui, sensu potius adprehensa vel, ut verius dicam, opinata transtulerim.

5, 2. **habeoque eius rei magistrum Tullium:** Cicero hat sich mit Nachdruck für das Prinzip *sensum de sensu* ausgesprochen und es in seinen Übersetzungen von griechischen literarischen und philosophischen Werken gehandhabt. Hieronymus beruft sich auch in *Ep.* 106, 3 auf Ciceros Autorität: hanc esse regulam boni interpretis, ut ἰδιώματα linguae alterius suae linguae exprimat proprietate. Quod et Tullium ... fecisse convincimus. Bisweilen klingt neben Bewunderung auch einige Kritik an: Hieronymus wirft Cicero Dunkelheit in der Timaeus-Übersetzung vor (*In Es.* 12 initio; *In Amos* 2, 5, 3, 95, CCL 76, S. 275) und kritisiert wenig fliessende Stellen in der Übersetzung von Xenophons *Oeconomicus* (praef. in *Chron.*, GCS 47, S. 1-2): In quo opere

ita saepe aureum illud flumen eloquentiae quibusdam scabris et turbulentis obicibus retardatur, ut qui interpretata nesciunt, a Cicerone dicta
non credant. Er betrachtet seine eigenen Übersetzungen aus dem Hebräischen als eine mühsamere Arbeit als Ciceros Übersetzungen aus dem
Griechischen, weil der Unterschied zwischen Hebräisch und Latein viel
grösser sei als zwischen Griechisch und Latein (*In Gal.* 1, 11, PL 26,
348A): immerhin sah Cicero sich gezwungen *tanta verborum portenta
proferre*, während doch das Griechische eine *lingua vicina* war. Hieronymus lässt sich zu der subjektiven, nur auf Eindrücken beruhenden
Aussprache verführen, dass man in der Schrift doch viel weniger Neologismen und Innovationen (quae novitatem sonent) findet quam ea
quae ille in parvo opere congessit.

Zweifellos waren dem Hieronymus die Aussagen Ciceros über das
Übersetzen bekannt, wie *Acad.* 1, 10 delectat Ennius, Pacuvius, Attius,
multique alii, qui non verba, sed vim Graecorum expresserunt poetarum;
De fin. 3, 4, 15 Nec tamen exprimi verbum e verbo necesse erit, ut
interpretes indiserti solent. In *De oratore* 1, 34, 155 betont Cicero, dass
er versuchen will, so schön wie möglich ins Latein zu übersetzen, ohne
jedoch nötigenfalls die Neologismen aus dem Wege zu gehen: Postea
mihi placuit, eoque sum usus adulescens, ut summorum oratorum
Graecas orationes explicarem (Auch für Hieronymus gilt, dass er wichtige
griechische Schriften im Westen bekannt machen will; in Ciceros Jugend-
arbeiten spielt auch das Übersetzen als Stilübung mit; cf. auch Quint.
Inst. or. 10, 5, 2-3 exercitationis huiusce ratio; Plinius Min. *Ep.* 7, 9, 2
ut multi praecipiunt). Quibus lectis hoc adsequebar, ut, cum ea, quae
legeram Graece, Latine redderem, non solum optimis verbis uterer (cf.
Quint. *Inst. or.* 10, 5, 2 et hos transferentibus, verbis uti optimis licet)
et tamen usitatis, sed etiam exprimerem quaedam verba imitando,
quae nova nostris essent, dum modo essent idonea.

Es ist interessant, die Übersetzungsweise von Cicero und Hieronymus
in der Praxis zu analysieren und mit einander zu vergleichen. Cuendet,
der eine solche Analyse gemacht hat, zieht daraus den Schluss, dass
Hieronymus in seiner Weise des Übersetzens weniger frei ist als sein
Vorbild Cicero. Er paraphrasiert weniger und ist viel genauer; er um-
schreibt z.B. weniger die griechischen Partizipien und gibt auch bisweilen griechische Komposita wörtlich wieder; entgegen der Tradition
übersetzt er griechische Verse in lateinische Prosa. Der Charakter der
Übersetzung des Hieronymus wird teilweise beeinflusst durch die
Tatsache, dass er die christlichen, dem Griechischen entnommenen
Ausdrücke akzeptiert, die in seinem Kreis gängig geworden waren. In
dieser Hinsicht geht er jedoch viel weiter in der Vulgata als in seinen
eigenen Übersetzungen griechischer christlicher Schriftsteller. In seinem
Stil ist deutlich das Streben nach ciceronianischer Reinheit in der
Sprache anwesend, welches sich namentlich in seiner vorsichtigen Ver-
wendung von Neologismen äussert.

Nicht nur für seine Übersetzungsweise, auch beruft Hieronymus sich
mehrmals auf Cicero als Stilmuster im allgemeinen, der besonders in
Ep. 22 hervortritt als ein Symbol der profanen Literatur (*Ep.* 22, 30

Ciceronianus es, non Christianus; cf. *Ep.* 22, 29 quid facit cum psalterio Horatius? cum evangeliis Maro? cum apostolo Cicero?); hierüber P. de Labriolle, *Le songe de saint Jérôme*, in: Miscell. Geronimiana, Rome 1920, S. 227-235; A. Leeman, *Hieronymus' droom. De betekenis van Cicero voor Christendom en humanisme*, Leiden 1952; P. Antin, *Autour du songe de saint Jérôme*, REL 41 (1963), S. 350-377.

Obwohl Hieronymus Cicero abgeschworen hat, kann Rufin ihm vorwerfen, dass er wiederholt von *Tullius noster* spricht (*Apol.* 2, 7, CCL 20, S. 88), und Hieronymus hat Mühe, sich gegen derartige Vorwürfe zu verteidigen; cf. *Adv. Ruf.* 1, 30 (PL 23, 441C-D) Iurare possum me postquam egressus de schola sum, haec nunquam omnino legisse.

Die Stellen, wo Cicero mit Namen in Hieronymus' Schriften zitiert wird, sind gesammelt von Lübeck, S. 128-159; Kunst, S. 161 ff.; 174 ff.; für die Stellen aus den Briefen siehe auch Hagendahl, S. 284 ff.; für die Stellen über Cicero als Redner sehe man Ellspermann, S. 130; 130[21].

Auch aus den Einleitungen zu Hieronymus' Werken geht hervor, wie sehr Cicero sein Vorbild gewesen ist: in der praefatio zu *De viris illustribus* rechtfertigt er sich mit einer Berufung auf Cicero; im Prolog zum Kommentar *In Abdiam* (CCL 76, S. 349-350) bietet er eine andere Parallele: hier verwirft er einen früheren Kommentar zu demselben Propheten, so wie Cicero sich von seinen Jugendschriften distanzierte.

5, 2. **Protagoram Platonis:** an drei anderen Stellen erwähnt Hieronymus Ciceros lateinische Übersetzung des Protagoras: *Praef. in Pentat.* (Biblia Sacra 1, S. 67); Zitat dieses Textes in *Adv. Ruf.* 2, 25 (PL 23, 470B); *Ep.* 106, 3 (s. den Komm. zu 5, 2 *Aeschini et Demosthenis*). Vallarsi und Eiswirth (S. 23) vermuten, dass der in *Adv. Ruf.* 3, 32 (PL 23, 502C) genannte Codex Platons Protagoras und Ciceros Übersetzung enthielt: Rufin hatte von Hieronymus einen Codex bekommen in quo erat unus dialogus Ciceronis et idem ipse Graecus Platonis. Courcelle (*Les Lettres*, S. 56) nimmt an, dass es sich um den Timaeus handle. Ferner sagt er (*ibid.* S. 48[12]), Hieronymus habe den Protagoras nicht zitiert und, falls er schon den Dialog gelesen habe, dann habe er das in der Übersetzung Ciceros getan. Dass er den Protagoras nicht zitiert habe, ist von B. R. Voss korrigiert worden (*Vernachlässigte Zeugnisse klassischer Literatur bei Augustin und Hieronymus*, RhM 112 (1969), S. 154-166), der auf zwei Stellen hingewiesen hat, die stark durch Platos Protagoras (wohl in Ciceros Übersetzung) inspiriert zu sein scheinen: *Dial. c. Pelag.* 1, 11 (PL 23, 526A) Validissimo quidem pugno me percussisti, ita ut caligo mihi ante oculos obversari coeperit (*Prot.* 339E ὡσπερεὶ ὑπὸ ἀγαθοῦ πύκτου πληγεὶς ἐσκοτώθην); sehr wahrscheinlich auch *ibid.* 1, 14 (PL 23, 529C) Video te contra mores tuos vehementer esse commotum, et propterea argumentari desinam. Sed parumper te interrogabo, quid ... sentias (cf. *Prot.* 332A ἐπειδὴ δυσχερῶς δοκεῖς μοι ἔχειν πρὸς τοῦτο, τοῦτο μὲν ἐάσωμεν, τὸ δὲ ἄλλο ὧν ἔλεγες ἐπισκεψώμεθα). Voss hat ebenfalls festgestellt, dass *Prot.* 339E die Quelle ist für *Ep.* 69, 2, 4: ilico mihi, quasi a fortissimo pugili percussus essem, ante oculos caligo obversari coepit (*Noch einmal Hieronymus und Platons 'Protagoras'*, RhM 115 (1972), S. 290-291). Es ist jedoch noch ein Passus hinzuzufügen: *In Es.* 16, prol. 18-20 (CCL 73A, S. 641) Quod cum audissem, quasi a fortissimo pugile percussus essem, coepi tacitus aestuare, et stuporem mentis vultus pallore signare; s. G. J. M. Bartelink, *Platons 'Protagoras' bei Hieronymus,* RhM 120 (1977), S. 192.

Ausgabe der Fragmente von Ciceros Protagorasübersetzung; C. F. W. Müller, *M. Tullius Cicero. Scripta quae manserunt omnia* IV 3, S. 310-311 (5 Fragmente; die Stellen bei Hieronymus sind jedoch nicht erwähnt worden). Mehr im allgemeinen spricht Hieronymus über Ciceros Übersetzung von Platons Werken in *Praef. in Chronicon* (GCS 47, S. 1, 7-8): Unde et noster Tullius Platonis integros libros ad verbum interpretatus est (S. auch Philippson, Art. *M. Tullius Cicero,* PW, Zweite Reihe 7, 1, 1150). Fragmente grösseren Umfangs besitzen wir nur von Ciceros Timaeus-Übersetzung; diese ist neuerdings herausgegeben worden von R. Giomini, *M. Tulli Ciceronis scripta quae manserunt omnia,* fasc. 46: *De divinatione, De fato, Timaeus,* Leipzig 1975; cf. J. A. C. van Heusde, *M. Tullius Cicero* Φιλοπλάτων, Utrecht 1836; C. Atzert, *De Cicerone interprete Graecorum,* Diss. Göttingen 1908. Bemerkungen von Hieronymus über die dunklen Stellen in Ciceros Übersetzung des Timaeus: *In Es.* 12, Prol., (CCL 73, S. 465); *In Amos* 2, 5, 3, 95-96 (CCL 76, S. 275): qui ne Ciceronis quidem aureo ore fit planior.

5, 2. **Oeconomicum Xenofontis:** Cicero selbst bezeichnet diese Übersetzung als eine Jugendarbeit: *De off.* 2, 24, 87 Oeconomicus ..., quem nos, ista fere aetate cum essemus, qua es tu (nl. sein Sohn Marcus) nunc (nl. 20 Jahre), e Graeco in Latinum vertimus. Macrobius zitiert aus dem dritten Buch. Quintilianus spricht zwar von Ciceros Übersetzungen von Schriften von Plato und Xenophon, bezeichnet sie aber nicht näher (*Inst. or.* 10, 5, 2): libros Platonis atque Xenophontis edidit hoc genere translatos. Hieronymus übt, wiewohl er Ciceros Übersetzungskunst sehr schätzt, an dessen Jugendarbeit leichte Kritik (*Praef. in Eusebii Chron.,* GCS 47, S. 1-2: in Xenofontis Oeconomico lusit. In quo opere ita saepe aureum illud flumen eloquentiae quibusdam scabris et turbulentis obicibus retardatur, ut, qui interpretata nesciunt, a Cicerone dicta non credant). Die Übersetzung des Oeconomicus wird von Hieronymus auch in *Praef. in Pentat.* (Biblia Sacra 1, S. 67; zitiert in *Adv. Ruf.* 2, 25, PL 23, 470) und in *Ep.* 106, 3 (s. folgende Anm.) erwähnt. Anscheinend hat Hieronymus auch das griechische Original gekannt; s. Courcelle, *Les Lettres,* S. 48: „il sait qu'en traduisant l'Économique Cicéron a rendu οἰκονομία par *dispensationem universae domus (Ep.* 121, 6)".

Für die Fragmente: C. F. W. Müller, *o.l.,* IV 3, S. 307-310 (wo allerdings von Hieronymus nur das testimonium in *Praef. in Eus. Chron.* erwähnt wird).

Cf. auch L. Alfonsi, *La traduzione ciceroniana dell' Economico di Senofonte,* in: Ciceroniana 3-6 (1961-1964), S. 7-17.

5, 2. **Aeschini et Demosthenis ... transtulit:** es handelt sich um Aeschines' Rede *Contra Ctesiphontem* und Demosthenes' *De Ctesiphonte* (die Kranzrede). Ciceros Übersetzung der Kranzrede wird auch in *Ep.* 106, 3 erwähnt als Beispiel einer Übersetzung, die von der Eigenart des Latein ausgeht: Quod et Tullium in Protagora Platonis, et in

Οἰκονομικῷ Xenofontis, et in Demosthenis contra Aeschinen oratione fecisse convincimus. Ebenso in *Praef. in Pentat.* (Biblia Sacra 1, S. 67), später von Hieronymus selbst zitiert in *Adv. Ruf.* 2, 25 (PL 23, 470B): Nisi forte putandus est Tullius Oeconomicum Xenophontis, et Platonis Protagoram, et Demosthenis pro Ctesiphonte orationem afflatus rhetorico spiritu transtulisse. Siehe auch Lübeck, S. 139; Courcelle, *Les Lettres*, S. 48[12]; dieser hebt hervor (*ibid.*, S. 52-53), dass Hieronymus die Reden des Demosthenes nicht im Originaltext gelesen hat. Die *Philippicae* (s. auch *Ep.* 57, 13, 2) sind für ihn nicht mehr als ein Name. In traditioneller Weise ist Demosthenes für ihn das höchste Modell der kräftigen Beredsamkeit: *Ep.* 130, 6 contortae Demosthenis vibrataeque sententiae ... ferrentur (Reminiszenz an Cicero, *Orator* 70, 234 cuius non tam vibrarent fulmina illa, nisi numeris contorta ferrentur; Quint., *Inst. or.* 10, 4, 55); *Ep.* 84, 6 fervens Demosthenis oratio; *Ep.* 147, 5 torrens fluvius Demosthenis; *Ep.* 48, 13; *Adv. Ruf.* 1, 16 (PL 23, 428A); Demosthenes et Aeschines contra se invicem fulminant; cf. Courcelle, *Les Lettres*, S. 52[9].

5, 2. **Aeschini:** Hieronymus kannte Aeschines' Rede *Contra Ctesiphontem* nur auf indirektem Wege. Dasselbe gilt für eine berühmte Aussage des Aeschines, die sich bei ihm findet: *Ep.* 53, 2 Quid, si ipsam audissetis bestiam, sua verba resonantem? Courcelle (*ibid.*, S. 53) sagt darüber: „qu'il emprunte soit à Plutarque, soit aux auteurs latins". Zu bemerken ist jedoch, dass Entlehnung aus Plutarch ausgeschlossen scheint, weil bei diesem das charakteristische *ipsam ... bestiam* fehlt (*Orat. Vitae* 6, 10 si εἰ πρὸς ταῦτα Δημοσθένους λέγοντος ἠκούσατε). Aus demselben Grunde fällt die Möglichkeit einer Entlehnung aus Cicero (*De orat.* 3, 56, 213 si audissetis ipsum?) weg. Wenn die Aeschines-Aussage in der Form, wie wir sie bei Hieronymus finden nicht zu einer aus der Schule bekannten Wendung geworden war, müssen wir annehmen, dass Plinius Minor die unmittelbare Quelle gewesen ist (so auch Lübeck, S. 56[1]), wo im Griechischen zitiert wird (*Ep.* 2, 3, 10 Τί δέ, εἰ αὐτοῦ τοῦ θηρίου ἠκούσατε;). In den anderen Zeugen für diese oft wiederholte Anekdote kommt das charakteristische Wort θηρίον/bestia nicht vor; cf. Thalheim, PW 1, 1, K. 1059.

5, 2. **quanta ... praetermiserit, quanta addiderit, quanta mutaverit:** siehe die Bemerkung über *addere, dimittere* in 11, 1. Weil es keine Reste der genannten Übersetzung gibt, hat man Zweifel geäussert, ob sie auch publiziert wurde (Hendrickson, Am. Journ. of Philol. 47, 1926, S. 109-123, geht selbst so weit, dass er meint, die Übersetzung sei gar nicht zustande gekommen). Das Zeugnis des Hieronymus weckt allerdings den Eindruck, auf direkter Lektüre zu beruhen. Es gibt weiter eine Erwähnung bei Sidonius Apollinaris (*Ep.* 2, 9, 5): quamquam sic esset ad verbum sententiamque translatus, ut nec Apuleius Phaedonem sic Platonis, neque Tullius Ctesiphontem sic Demosthenis in usum regulamque Romani sermonis exscripserint. Am besten nimmt man an, dass Cicero die Einleitung zur Übersetzung nach dem *Orator* gegen Ende des Jahres 46 geschrieben hat, und dass auch der Titel *De optimo genere oratorum* von ihm selbst

stammt (s. A. Yon, *Cicéron. L'orateur. Du meilleur genre d'orateurs*,
Paris 1964, S. 97-100).

5, 2. **ut proprietates alterius linguae suis proprietatibus
explicaret**: auch in 5, 7 erwähnt Hieronymus die idiomatischen Eigenheiten der Sprache als die Ursache der Schwierigkeiten bei der
Übersetzung (diese machen Umschreibungen und andere Abweichungen
dem Original gegenüber notwendig). Hieronymus verwendet *proprietas*
(das z.B. bereits von Gellius, *N.A.* 10, 22, 3 in Verbindung mit dem
Übersetzen verwendet wird) in mehr allgemeinen Betrachtungen über
die Praxis des Übersetzens (z.B. *Ep.* 106, 3 hanc esse regulam boni
interpretis, ut idiomata linguae alterius suae linguae exprimat proprietate), meistens aber in Verbindung mit der Problematik eines bestimmten
Wortes oder Ausdrucks: *Contra Iov.* 1, 13 (PL 23, 231B) Proprietatem
Graecam Latinus sermo non explicat (anlässlich 1 *Cor.* 7, 36); *Adv. Ruf.*
1, 19 (PL 23, 432B) et Hebraei iuxta linguae suae proprietatem, deo-
sculationem pro veneratione ponunt; *In Mt.* 2, 1599 (CCL 77, S. 134)
Nos proprietatem huius verbi (sc. κυλλός = qui unam manum debilem
habet; *Mt.* 15, 30) non habemus; *In Malach.* 1, 6 (CCL 76A, S. 907)
pro Latinae linguae proprietate (*honor* statt *gloria*); *In Hiez.* 10, 32,
17 (CCL 75, S. 461) lacum, quem nequaquam debemus, iuxta latini
sermonis proprietatem, eum intellegere, qui graece λίμνη dicitur . . ., sed
quas nos solemus cisternas appellare; *Ep.* 20, 4 (CSEL 54, S. 108, 13)
Lucas . . . quia se vidit proprietatem sermonis transferre non posse;
Ep. 106, 37 secundum linguae proprietatem versum est in Latinum;
Ep. 106, 86 Νεομηνία mensis exordium est, quod nos, secundum Latinae
linguae proprietatem, 'Kalendas' possumus dicere.

Hieronymus, der sich besonders mit den Übersetzungsproblemen der
Bibeltexte befasst hat, ist sich bewusst, dass auf dem Weg über das
Griechische viele Eigenheiten des Hebräischen in die alten lateinischen
Bibelübersetzungen geraten sind; siehe Meershoek, *passim*. Auch
Augustin erwähnt diese Art von *proprietates* mehrmals; z.B. *Locut. in
Heptat.* (CCL 33, S. 381) locutiones scripturarum, quae videntur secundum proprietates, quae idiomata graece vocantur, linguae hebraicae
vel graecae. Bereits Origenes hat sich über den eigenen Charakter des
Hebräischen im Vergleich mit dem Griechischen geäussert. Hieronymus
führt eine Aussage von Origenes an, dass es in einigen Fällen besser sei,
einen hebräischen Terminus nicht zu übersetzen als die Bedeutung zu
schwächen: *Ep.* 26, 1 (CSEL 54, S. 221) licet . . . Origenes adserat,
propter vernaculum linguae utriusque idioma non posse ita apud alios
sonare, ut apud suos dicta sunt, et multo melius ininterpretata ponere,
quam vim interpretatione tenuare.

Als Synonym von *proprietas* verwendet Hieronymus auch *idioma*,
einen grammatischen Fachterminus, der von Charisius folgendermassen
definiert wird (*Gramm. Lat.* I, S. 291, 1): Idiomata quae sunt nostri
sermonis innumerabilia quidem debent esse, ea enim sunt omnia quae
pro nostro more efferimus et non secundum Graecos; (*ibid.* I, S. 292,
16) aliis etiam ita de idiomatibus placuit definire. Cum ab omni sermone graeco latina lingua pendere videatur, quaedam inveniuntur vel

licentia ab antiquis vel proprietate linguae latinae dicta praeter consuetudinem Graecorum, quae idiomata appellantur.

Wie aus diesen Definitionen hervorgeht werden auch *mos* und *consuetudo* in diesem Zusammenhang verwendet; bei Hieronymus: *In Mt.* 3, 1827 (CCL 77, S. 205) Latina consuetudo graeco idiomati non respondet. 'Nubere' enim proprie dicuntur mulieres, et viri 'uxores ducere'. Cf. Marti, S. 113-120 (proprietas und idioma).

5, 2. **qui ita ... locutus est:** es folgt ein langes Cicero-Zitat. Rufin hat sich hier die Gelegenheit nicht entgehen lassen, dem Hieronymus Vorwürfe zu machen, dass er sein Gelübde nicht gehalten habe, die profanen Autoren nicht mehr zu lesen (*Ep.* 22, anlässlich des bekannten Traumgesichtes): *Apol. contra Hier.* 2, 8 (CCL 20, S. 89) in illo libello, quem de optimo genere interpretandi adtitulavit ... capita integra dictata ex codice Ciceronis inseruit. Auf derartige Vorwürfe antwortet Hieronymus gewöhnlich, dass er sein Gelübde nicht gebrochen habe, sondern dass es sich um Erinnerungen aus seiner Studienzeit handle. Ausserdem trifft hier die Bemerkung von Eiswirth (S. 23) zu, dass das Gelübde sich nur auf die Formenschönheit der profanen Literatur beziehe, wovor Hieronymus gewarnt wurde. Wenn er sich in sachlichen Auseinandersetzungen auf profane Autoren beruft, ist das nicht mit seinem Gelübde strittig. Ebenso gut wie er in seiner Chronik die Werke der profanen Historiker benutzt und in *Contra Iov.* Gedankengut von Seneca verarbeitet, ist es ihm erlaubt, in einer Betrachtung über die Kunst des Übersetzens die Auffassungen seines grossen Vorbildes Ciceros hierüber mittels sorgfältig gewählter Zitate wiederzugeben.

5, 2. **in prologo:** der Prolog (7 capita) ist unter dem Titel *De optimo genere oratorum* (dem der Titel *De optimo genere interpretandi* von *Ep.* 57 nachgebildet worden ist) erhalten; die beiden Übersetzungen sind verloren gegangen; siehe Courcelle, *Les Lettres*, S. 53[2]. Der Titel *De optimo genere oratorum* wurde diesem Vorwort (das wohl von Cicero stammt, was man allerdings öfters angefochten hat) bereits gegen das Ende der Regierungszeit des Tiberius gegeben (cf. Asconius, *In or. pro Milone*, Anf.: ex libro ... qui Ciceronis nomine inscribitur de optimo genere oratorum).

5, 3. **putavi:** Hieronymus fängt das Zitat mitten im Satz an, wie er auch in 5, 4 bei *elaboravimus* abrupt abbricht.

5, 3. **utilem ... non necessarium:** das Element der stilistischen Übung, welche das Übersetzen dem Übersetzer selbst einträgt, wird hier übergangen. Anderswo hat Cicero auch den persönlichen Nutzen betont. Siehe auch Quint. *Inst. or.* 10, 5, 2 Vertere graeca in latinum veteres nostri oratores optimum putabant. Id se L. Crassus in illis Ciceronis de oratore libris (1, 34, 155) dicit factitasse. Cf. Richter, S. 71-76; Marti, S. 17.

5, 3. **Aeschini et Demosthenis:** siehe zu 5, 2 *Aeschini ... transtulit.* Nach dem kritischen Apparat in Wilkins' Ausgabe des Prologs weisen die Cicero-Hss. die Lesart *Aeschini Demosthenis* auf (*et* ist von Orelli hinzugefügt worden).

5, 3. **nec converti ut interpres, sed ut orator:** *interpres* ist hier

der Dolmetscher, der sich mehr um den Inhalt als um die Form bemüht;
der *orator*, für den die Form besonders wichtig ist, ist bestrebt, die
stilistischen Figuren so viel wie möglich auch in der Übersetzung zu
ihrem Recht kommen zu lassen.

5, 3. **et earum formis tam quam figuris:** *earum* bezieht sich
auf *sententiis*; es handelt sich um die Stilfiguren, in die die Ideen ein-
gekleidet sind. *Figura* ist eine nähere Erklärung des ziemlich allgemeinen *forma*, das sich als Übersetzung von σχῆμα zuerst aufdrängt (cf.
Brut. 69 et sententiarum orationisque formis, quae vocant σχήματα;
Orat. 220 formae ... quaedam sunt orationis, in quibus ea concinnitas
est ut sequatur numerus necessario). Siehe zu unserer Stelle A. Yon,
Cicéron, L'orateur. Du meilleur genre d'orateurs, Paris 1964, S. 163:
,,C'est le groupement *formis tamquam figuris* qui désigne ici les figures,
le premier mot n'ayant pas une valeur technique suffisamment précise
et le second n'étant pas encore reçu dans ce sens (Introd., p. LXXXII,
n. 1): cf. *infra* 7, 23 *et earum figuris*''. *Forma* kommt in der Bedeutung
,,Stilfigur'' auch mehrmals bei Quintilian vor: *Inst. or.* 1, 5, 5; 9, 1, 14;
9, 4, 58.

5, 3. **verbis ad nostram consuetudinem aptis:** siehe die Anm.
zu 5, 2 *ut proprietates* ... Man soll Gräzismen vermeiden und den pas-
senden lateinischen Ausdruck suchen. Cicero hat jedoch gewisse Lehn-
übersetzungen und, in beschränktem Masse, Neologismen, welche sich
dem Charakter der Sprache anschliessen, akzeptiert.

5, 3. **genus omne verborum vimque servavi:** Wilkins und Yon
hatten sich in ihrer Ausgabe für die Lesart *omne* (statt *omnium* in den
beiden ältesten Handschriften G und P) entschieden. Wir möchten
auch der Lesart *omne* den Vorzug geben. Cicero beabsichtigt das Ganze
einer Wendung oder Phrase wiederzugeben. *Genus* hat hier etwa die
Bedeutung ,,Charakter'', ,,stilistischen Wert''; cf. auch G. Lomiento,
La Bibbia nella compositio di S. Colombano, Vetera Christianorum 3
(1966), S. 30-31. A. Yon übersetzt: ,,le genre des expressions'' und
erklärt den Passus wie folgt (S. 163): ,,Le *genus verborum* évoque le
type des mots choisis en vue de produire certains effets, c'est-à-dire,
dans le sens le plus large, les figures des mots (*Orat.* 54, 181; Introd.
p. CXXXVIII et suiv.)''.

5, 3. **non ... adnumerare ... sed tamquam adpendere:** in
Ep. 115, 3 (ad Theophilum) verwendet Hieronymus nach Ciceros Beispiel das nämliche Bild in Bezug auf die Kunst des Übersetzens: Neque
enim ut diserti interpretes faciunt, verbum verbo reddidi; nec adnumeravi
pecuniam, quam mihi per partes dederas, sed pariter appendi; ut nihil
desit ex sensibus, cum aliquid desit ex verbis. Ciceros Metaphor hat
auch bei anderen Schriftstellern einige Nachwirkung gehabt. Vielleicht
darf man dafür Quintilian, *Or. inst.* 11, 3, 34 anführen: ita omnes im-
putare et velut adnumerare litteras molestum et odiosum. Es scheint
auch wahrscheinlich, dass Augustin den Cicero-Text gekannt hat, da
er ein Substantiv *appensor* bildet, eben um Ciceros stilistische Be-
mühungen zu unterstreichen: *C. adv. leg.* 1, 24, 52 appensor et mensor
verborum elegantissimus; *Cresc.* 3, 73, 85 callidus examinator appen-

sorque verborum (vgl. auch den Gegensatz *numerare/appendere* in *C. Iul.* 2, 10, 35, 36).

5, 4. in calce sermonis: den nämlichen Ausdruck verwendet Hieronymus öfters, z.B. *Ep.* 47, 3 in calce sermonis; *Ep.* 66, 15 in calce epistulae; *Ep.* 70, 6 in calce epistulae tuae; *Dial. c. Pelag.* 3, 13 (PL 23, 610C) ad calcem venire.

5, 4. verba persequens eatenus, ut ea non abhorreant a more nostro: tatsächlich kommen Neubildungen bei Cicero nur spärlich vor. In *De orat.* 1, 155 sagt er über Neologismen in seinen Übersetzungen griechischer Reden, dass er sie nur verwendet, wenn alle Möglichkeiten der Muttersprache erschöpft sind: ut, cum ea, quae legeram graece, latine redderem, non solum optimis verbis uterer et tamen usitatis, sed etiam exprimerem quaedam verba imitando, quae nova nostris essent, dum modo essent idonea. Ohne weiteres übertrieben ist der Vorwurf, den Hieronymus Cicero im Galaterkommentar macht, dass dieser *tanta verborum portenta* („monströse Wortbildungen") geschaffen habe. Hier haben wir es mit einer opportunistischen Argumentierung des Hieronymus zu tun, der die christlichen Neubildungen mit einer Berufung auf die grösste römische literarische Autorität zu rechtfertigen versucht (*In Gal.* 1, 1, PL 26, 348A): Si itaque hi qui disertos saeculi legere consueverunt, coeperint nobis de novitate et vilitate sermonis illudere, mittamus eos ad Ciceronis libros, qui de quaestionibus philosophiae praenotantur: et videant, quanta ibi necessitate compulsus sit, tanta verborum portenta proferre, quae nunquam Latini hominis auris audivit: et hoc cum de Graeco, quae lingua vicina est, transferret in nostram. Qui patiuntur illi, qui de Hebraeis difficultatibus proprietates exprimere conantur? Et tamen multo pauciora sunt in tantis voluminibus Scripturarum quae novitatem sonent, quam ea quae ille in parvo opere congessit.

5, 4. elaboravimus: die Lesart *elaborabimus*, welche in den alten Codices Casselanus (8. Jht.) und Vaticanus D (9./10. Jht.) sowie in den Cicero-Handschriften begegnet, wird von Kunst (S. 168[2]), allerdings wohl zu Unrecht, verteidigt: „elaborabimus ... revera postulari nec ... mutandum esse arbitror, licet supra Cicero, quasi propositum iam perfecerit, hoc semper tempore utatur".

5, 5. fidus interpres: Hieronymus' Berufung auf Cicero und Horaz in Bezug auf die Übersetzungstheorie hat auch in späterer Zeit ein Echo gefunden (siehe Schwarz). Im Mittelalter jedoch bevorzugt man, in Abweichung von Hieronymus' Auffassungen, meistens die Praxis der wörtlichen Übersetzung, namentlich wenn es sich um philosophische und theologische Werke handelt, wo das Interesse an erster Stelle dem Inhalt gilt. Für diese Auffassung hat sich Boethius' Einführung zur Übersetzung von Porphyrius' *Eisagoge* als wichtig erwiesen, wo auch auf Hieronymus' *Ep.* 57, 5 angespielt wird (Ausg. S. Brandt, CSEL 48, S. 135): in qua (sc. serie translationis) quidem vereor ne subierim fidi (in zwei Handschriften: infidi) interpretis culpam cum verbum verbo expressum comparatumque reddiderim. Cuius incoepti ratio est, quod in his scriptis corrupta veritas exprimenda est. Der Einfluss von Boethius ist zum Beispiel im Prolog der Übersetzung der *De caelesti hierarchia* des Dionysius Areopagita von Joh. Scottus spürbar (PL 122, 1032): Sin vero obscuram minusve apertam praedictae interpretationis seriem iudicaverit, videat me interpretem huius operis esse, non expositorem. Ubi valde pertimesco, ne forte culpam fidi (v.l. infidi) interpretis incurram. Cf. Schwarz S. 78: „So the word-for-word method of translation became the predominant, if not the only method during the Middle Ages". Die v.l. *infidi* in den angeführten Texten von Boethius und Joh. Scottus ist abzuweisen, da im Hintergrunde die Lesart *fidus* in Hieronymus/Horaz steht. Der *fidus interpres* ist der wörtliche Übersetzer, gegen dessen Wiedergabe vielleicht gewisse Leute Beschwerden erheben könnten.

5, 5. **Terentius Menandrum, Plautus et Caecilius veteres comicos interpretati sunt:** Hieronymus beruft sich auf die Praxis der lateinischen Komödiendichter. Während Hieronymus die Werke des Caecilius wahrscheinlich unbekannt sind, hat er den Bearbeiter der Stücke des Menander Terenz als Schulautor bei seinem Lehrer, dem Grammatiker Donat, gelesen, mit dessen Terenzkommentar er auch bekannt ist; cf. F. Lammert, *De Hieronymo Donati discipulo* (Commentationes philologae Ienenses 9, 2), Lipsiae 1912, S. 19 f. Terenz' Stellung als Schulautor—die er mit Sallust, Cicero und Vergil teilt—ist es wohl zu verdanken, dass Hieronymus aus allen seinen Komödien Verse zitiert hat. Siehe *In Eccl.* 1, 9/10, 233-234 (CCL 72, S. 257): unde praeceptor meus Donatus, cum istum versiculum (sc. Terentii) exponeret, inquit; *In Hiez.* 7 Prol. (CCL 75, S. 277) Olim pueri legimus (es folgt *Heautontim.* 805 f.). Weiteres bei Lübeck, S. 4-5; Hagendahl, S. 270-274; H. Jürgens, *Pompa diaboli. Die lateinischen Kirchenväter und das antike Theater* (Tübinger Beiträge zur Altertumswissenschaft, Heft 46) (Stuttgart 1972), S. 107-145; 229; Hagendahl 1974, S. 217. In Bezug auf die idiomatische Wiedergabe eines griechischen Textes in ihre eigene Sprache erwähnt Hieronymus die drei Komiker auch in *Ep.* 106, 3, 3 zusammen: hanc esse regulam boni interpretis ut ἰδιώματα linguae alterius, suae linguae exprimat proprietate. Quod ... fecisse convincimus; et Plautum, Terentium, Caeciliumque ... in Graecis comoediis transferendis; *In Mich.* 2, prol. 230-234 (CCL 76, S. 473) Si enim criminis est Graecorum benedicta transferre, accusentur Ennius et Maro, Plautus, Caecilius et Terentius, Tullius quoque et ceteri eloquentes viri, qui non solum versus, sed multa capita et longissimos libros et fabulas integras transtulerunt. Bereits Varro, *Menipp.* 399 erwähnt Plautus, Caecilius und Terenz zusammen.

Seitdem in 1968 aus einem Oxyrrhynchos-Papyrus ein Bruchstück von Menanders Δὶς ἐξαπατῶν bekannt geworden ist, können wir aus einen Vergleich mit Plautus' *Bacchides* (V. 494-562) an einem konkreten Fall feststellen, wieviel Plautus (der bekanntlich ausserordentlich frei mit seinen Vorbildern schaltete, griechische Stücke kontaminierte und das Drastisch-komische auf Kosten des psychologischen Elementes, das in den griechischen Komödien stark vertreten war, sehr betonte) seinem Vorbilde gegenüber geändert hat; siehe E. Handley, *Menander and Plautus. A Study in Comparison*, London 1968; K. Gaiser, *Die plautinischen Bacchides und Menanders Dis exapaton*, Philol. 114 (1970), S. 51-87.

5, 5 **Menandrum:** ebenso wie die griechischen Tragiker und Komiker im allgemeinen, ist Menander, abgesehen von vielleicht einiger Schullektüre, nicht vom stridonensischen Presbyter gelesen worden: er zitiert ihn nur als Quelle für Terenz und wegen des Zitats im NT: 1 *Cor.* 15, 13 (= Men. *Thais*, Fr. 2, Ausg. Meinecke, S. 75). Courcelle (S. 51) verweist ausser auf *Ep.* 57, 5, 5 auf folgende Passus wo Menander in Hieronymus' Schriften erwähnt wird: *Ep.* 52, 8; 70, 2; 130, 18; *In Mt.* 1, 963 (CCL 77, S. 44, comicus); *In Gal.* 2, 4 (PL 26, 416C); *In Eph.* 3, 5 (PL 26, 558B); *In Tit.* 1, 1 (PL 26, 607A).

5, 5. **Caecilius:** der Komiker Caecilius Statius aus der ersten Hälfte des zweiten Jahrhunderts v. Chr., s. F. Skutsch, PW 3, 1189-1192. Ausser an den oben erwähnten drei Stellen spricht Hieronymus von ihm im *Chronikon* (Ausg. R. Helm, S. 138, 20-26), wo er er einige Nachrichten über das Leben des Dichters gibt, welche Sueton entnommen worden sind (= Suet., *De poet.*, S. 25 Reifferscheidt). Siehe zu dieser Stelle D. O. Robson, *The Nationality of the Poet Caecilius Statius*, Am. Journ. of Philol. 59 (1938), S. 301-308.

5, 5. **veteres comicos:** wenn Hieronymus hier, wie wahrscheinlich ist, Aristophanes und seine Zeitgenossen ("Die Alte Komödie") meint, ist die Angabe falsch. *Vetus comoedia* ist für Hieronymus die Alte Komödie, wie aus dem Kontext hervorgeht, in *Ep.* 125, 5, 1 ego ... neminem nominabo nec veteris comoediae licentia certas personas eligam atque perstringam. Siehe G. Goetz, *Symbola critica ad priores Plauti fabulas* (Leipzig 1877), S. 45, Anm. 16.

5, 5. **decorem ... et elegantiam in translatione conservant:** im nächsten Paragraph verwendet Hieronymus eine ähnliche Formel, in 5, 8 spricht er von *linguae gratia*. In Bezug auf die Schönheit der Übersetzung finden wir bei ihm auch *venustas*, z.B. in *Ep.* 71, 5 quia nec otii nec virium est tantas res eadem in altera lingua exprimere venustate; *Ep.* 84, 12 et eadem ad verbum exprimere, nequaquam eius qui servare velit eloquii venustatem. *Decor* und *elegantia* stehen im Gegensatz zur κακοζηλία (s. die folgende Anm.). Schwächer als *decor* (elegantia, gratia, venustas) scheint εὐφωνία in Hieronymus' Schriften zu sein: es hat nicht primär stilistisch-literarische Bedeutung und bezieht sich (u.a. neben *proprietas* vorkommend) auf den richtigen idiomatischen Gebrauch von Wörtern und Ausdrücken und die Korrektheit der Sprache, wie aus einigen Beispielen aus *Ep.* 106 hervorgeht: 106, 55 Eadem igitur interpretationis sequenda est regula, quam saepe diximus, ut ubi non fit damnum in sensu, linguae in quam transferimus εὐφωνία et proprietas conservetur; 106, 29, 2 In eodem (sc. psalmo = 48, 15): „Et dominabuntur eorum iusti". Pro „iustis" εὐθεῖς, id est „rectos" in Graeco vos legisse dicitis; sed hoc propter εὐφωνίαν ita in Latinum versum est; 106, 59 (*susceptor meus* wird mittels der Hinzufügung *es tu* verdeutlicht) pro εὐφωνίᾳ et verborum consequentia; 106,

60 propter εὐφωνίαν (etwas weiter findet sich *compositionis elegantiam*). Siehe auch Marti, S. 81-83.

Das Verbum *conservant* bringt zum Ausdruck, dass der Übersetzer sich seiner Verpflichtungen dem Original gegenüber bewusst ist und den Wert der stilistischen Eigenart und Schönheit eines Werkes anerkennt. Derartiges hatte Hieronymus schon früher in seiner Einleitung zur Übersetzung der Chronik des Euseb ausgesprochen (zitiert in *Ep.* 57, 5, 6): arduum ut, quae in alia lingua bene dicta sunt, eundem decorem in translatione conservent. Dass man die Eleganz des Originals respektieren soll, erwähnt er auch als sein Prinzip in *Ep.* 97, 3 (über seine Übersetzung einer *Epistula paschalis* des Theophilus von Alexandrien; *Ep.* 98 im hieronymianischen Briefcorpus): in qua laborasse me fateor, ut verborum elegantiam pari interpretationis venustate servarem.

Die Schönheit der Übersetzung ist ihm ein wichtiger Ausgangspunkt: *Ep.* 106, 54 Et nos hoc sequimur, ut ubi nulla de sensu est inmutatio, Latini sermonis elegantiam conservemus. Es war der Tradition zuwider, dass die lateinischen Bibelübersetzer die drei Verse, die sich im griechischen Neuen Testament finden, in Prosa wiedergegeben haben: *In Es.* 14, 50, 417, 52 (CCL 73A, S. 554) Qui si metrorum ordinem atque mensuram in translatione non servant, sciendum est in Graeco eos pedibus currere.

Die Treue dem Originaltext gegenüber impliziert nach Hieronymus ebensowohl, dass man bei der Übersetzung eines in einfachem Stil geschriebenen Werkes vermeidet, rhetorischen Schmuck zu verwenden; so bemerkt er über die ungeschmückten Homilien des Origenes (Praef. zu den Jeremiashomilien, GCS 33, S. 318): id magnopere curans, ut idioma supradicti viri et simplicitatem sermonis, quae sola ecclesiis prodest, etiam translatio conservaret omni rhetoricae artis splendore contempto—res quippe volumus non verba laudari (aus dem Jahre 380/381). Ebensowenig will Hieronymus den einfachen Stil des Pachomius beeinträchtigen (*Pachomiana Latina*, Ausg. A. Boon, Löwen 1932, Praef. S. 9; aus 404): quas nos epistulas ita ut apud Aegyptios Graecosque leguntur in nostram linguam vertimus: eadem ut repperimus elementa ponentes, et quod simplicitatem aegyptii sermonis imitati sumus interpretationis fides est, ne viros apostolicos et totos gratiae spiritalis sermo rhetoricus inmutaret.

5, 5. Quam vos veritatem interpretationis, hanc eruditi κακοζηλίαν nuncupant: unrichtig urteilt Labourt (2, S. 203) über diese Stelle: ,,il accuse ses détracteurs de κακοζηλία, c'est-à-dire d'envie maligne et de zèle déplacé''. Κακοζηλία (oder τὸ κακόζηλον; cacozelia, cacozelon; ,,Mangel an gutem Geschmack'') wird von Hieronymus in Bezug auf wortwörtliche Übersetzungen, welche in idiomatischer Hinsicht zu beanstanden und fehlerhaft sind, verwendet (s. 11, 3 κακοζήλως zur Charakterisierung eines grammatischen Soloikismus bei Aquila). In *Ep.* 106, wo Hieronymus die Übersetzung zahlreicher Psalmstellen bespricht, kontrastiert er die εὐφωνία (Wiedergabe in korrektem Latein) mit κακοζηλία (106, 3, 2): perdes εὐφωνίαν: et dum interpretationis κακοζηλίαν sequimur, omnem decorem translationis amittimus, et hanc esse regulam boni interpretis, ut ἰδιώματα linguae alterius, suae linguae exprimat proprietate. Im nämlichen Brief 106, 17, 1) weist er wegen der κακοζηλία eine Wiedergabe *ad verbum* ab: Vicesimo octavo (sc. psalmo): „Et in templo eius omnis dicet gloriam". Pro quo in Graeco sit: πᾶς τις. Quod si transferre voluerimus ad verbum, „omnis quis", in κακοζηλίαν interpretationis incurrimus, et fit absurda translatio. Ebenso würde z.B. die wortwörtliche Übersetzung von πάθος dem lateinischen Idiom widersprechen: *In Ioel* 1, 4, 175-177 (CCL 76, S. 165) Quas nos perturbationes interpretati sumus, Graeci πάθη appellant, quae si κακοζήλως in passiones vertamus, verbum magis quam sensum verbi expresserimus (cf. Cic. *Tusc. Disp.* 3, 7; 3, 13; 4, 10). Ein lateinisches Äquivalent für κακοζηλία bildet *putida verborum interpretatio* (geschmacklose, unschöne Wiedergabe von Wörtern) in *Ep.* 106, 30: Haec superflua sunt, et non debemus in putida nos verborum interpretatione torquere, cum damnum non sit in sensibus, quia unaquaeque lingua, ut ante iam dixi, suis proprietatibus loquitur. Ein anderes Äquivalent ist *indecora translatio*: *Ep.* 106, 12 sed in latino sermone si transferatur, fit indecora translatio. Unter den griechischen Bibelübersetzern missbilligt Hieronymus den Aquila öfters wegen seiner κακοζηλία (siehe auch *Ep.* 57, 11, 3), und schätzt er den Symmachus am höchsten ein (*In Amos* 3, 11, 260-261, CCL 76, S. 250): qui non solet verborum κακοζηλίαν sed intellegentiae ordinem sequi.

Bei dieser Kritik an der wortwörtlichen Übersetzung darf man nicht vergessen, dass Hieronymus selbst in seinen exegetischen Schriften bisweilen Textstellen zur näheren Erklärung in sehr wörtlicher Wiedergabe bringt; man siehe z.B. *In Amos* 1, 1, 1, 66-70 (CCL 76, S. 214) Κράτος Κυρίου, id est imperium, vel fortitudo Domini ... δικασμὸς λαοῦ, id est iudicatio, vel causa populi ... Κυρίου χρόνισμα, id est Domini mora, sive moralitas.

Der Terminus κακοζηλία gehört ursprünglich der rhetorisch-grammatischen Terminologie an: er war eine technische Bezeichnung für eine ungeschickte Stilnachahmung auf Grund von verfehltem Geschmack und Mangel an ästhetischem Urteil. Die Definition beim Grammatiker Diomedes lautet (*Gramm.* 1, 451, 8): cacozelia est per affectationem decoris corrupta sententia, cum eo ipso dedecoretur oratio, quo illam voluit auctor ornare. Siehe auch Seneca Rhet. *Suas.* 7, 11; Quint. *Inst. or.* 2, 3, 9; 8, 36, 56 ff. Hieronymus' Lehrer Donat verwendet den Terminus κακόζηλον: *Comm. in Ter. Eun.* 192, 2; 243, 5; 722, 3. Cf. Marti, S. 81-83; Courcelle, *Les Lettres*, S. 43.

5, 6. **a talibus**: die von Hieronymus erwähnten profanen Autoren.

5, 6. **ante annos circiter viginti**: in Wirklichkeit nur fünfzehn Jahre, da die Übersetzung von Eusebs *Chronicon* aus der Zeit des Aufenthaltes von Hieronymus in Konstantinopel datiert (380/381). Die Chronik-Übersetzung steht am Anfang seiner Übersetzungtätigkeit. Bekanntlich ist Hieronymus öfters ziemlich ungenau in seinen chronologischen Angaben; siehe Pease, S. 115, Anm. 39.

5, 6. **simili tunc quoque errore deceptus**: ironisch folgt Hieronymus in *errore deceptus* dem Sprachgebrauch seiner Gegner, während er mittels *simili* betont, dass er in seinen Auffassungen immer konsequent gewesen ist.

5, 6. **tali ... praefatione:** in der Einleitung zur Übersetzung des Chronicons setzt Hieronymus seine Übersetzungsprinzipien ausführlich auseinander.

5, 6. **excedere: (excidere:** Hilberg); die Lesart *excedere* ist hier wohl die richtige. Von den von Hilberg herangezogenen Handschriften bietet nur ıı die Lesart *excidere*. Im Originaltext (Ausg. des *Chronikon* von R. Helm, GCS 47, S. 2, 3) findet sich *excedere* ohne Angabe von Varianten. Es hat hier den Sinn „von einer Bahn abweichen" und schliesst beim vorhergehenden *lineas insequentem* an. Ausserdem spricht für *excedere* ein Passus aus *Ep.* 97, 3, wo Hilberg selbst in ähnlichem Kontext *excedere* liest: et intra definitas lineas currens nec in quoquam excedens loco eloquentiae eius fluenta non perderem. S. Bartelink 1976, S. 297.

5, 6. **arduum ut:** neben der Infinitiv-Konstruktion nach *difficile* steht die seltene *ut-* Konstruktion nach *arduum*, wofür im TLL (2, 496, 32-34) nur zwei Fälle registriert werden (aus der zweiten Hälfte des 4.ten Jhdts): Symm. *Ep.* 4, 4 (7), 1 arduum est, ut unius sermo compenset, quod; Ambr. *Exam.* 5, 13, 40.

5, 6. **eundem decorem in translatione conservent:** s. die Anm. zu 5, 5 *decorem ... conservant.* Man vergleiche noch *Ep.* 114, 1 et volumen disertissimum ... eadem qua a te scriptum est gratia verterem.

5, 7. **proprietate:** s. die Anm. zu 5, 2 *ut proprietates ... explicaret.*

5, 7. **non habeo meum:** Hieronymus führt z.B. in *In Philemonem* (PL 26, 651B) die Übersetzung von ναί durch *ita* als einen Fall wo das Latein versagt an: Proprietatem Graecam Latinus sermo non explicat ... Nos autem interpretantes, *ita, frater,* aquatius et dilutius nescio quid magis aliud quam id quod est scriptum, sonamus. Die Unübersetzbarkeit gewisser Termini kann nach Hieronymus die Ursache sein, dass sie ohne weiteres aus einer fremden Sprache übernommen wurden (*Ep.* 20, 4: über osanna). Bereits Origenes hat ähnliche Bemerkungen über hebräische Ausdrücke gemacht: *In Ioh.* 2, 21, GCS 10, S. 218, 13-15) ἐν τῷ Δαβεὶρ ἦν, ὅπερ οὐ δεδύνηνται ἑρμηνεῦσαι κυρίως οἱ μεταλαμβάνοντες εἰς Ἑλληνισμὸν τὰ Ἑβραίων (3 Κön. 6, 23 LXX Δαβείρ; Aq. Symm. Theod. χρηματιστήριον; Vulg. oraculum). Neben diesem Argument, die Übersetzung entspreche nicht dem Original, nennt Basilius hinsichtlich Termini wie Sabaoth, Adonai, Eloi den Respekt (εὐλάβεια) für heilige Namen (*Adv. Eun.* 2, 7, PG 29, 585A), Augustin auch die Sanktion durch die Tradition (*De doctr. christ.* 2, 16, CCL 32, 42): propter sanctiorem auctoritatem.

5, 7. **longo ambitu:** s. *In Gal.* 3, 5 (PL 26, 415B) Unum verbum apud Graecos κενόδοξοι trium verborum circuitu (sc. inanis gloriae cupidus) interpres Latinus expressit. Auch anderswo verwendet Hieronymus *circuitus* in ähnlicher Weise: *Hebr. quaest. in Gen.* 30, 42 (CCL 72, S. 39) vim verbi hebraici nisi circuitu exprimere non possum. Zu beachten ist, dass *longo ambitu* sich ebenfalls im Euagrius-Zitat in 6, 1 findet. Cf. Suet. *Tib.* 71 vel pluribus et per ambitum verborum rem enuntiandum.

5, 7. **hyperbatorum anfractus:** nach der Erwähnung der Problematik der Wiedergabe einzelner Wörter und Ausdrücke hebt Hieronymus jetzt die Schwierigkeit einer adäquaten Übersetzung der rhetorischen Schemata hervor. *Anfractus* (hier: „Windung"; Labourt 3, S. 61 übersetzt unrichtig: „écueils") wird von Hieronymus mehrmals anlässlich der Länge oder Weitschweifigkeit einer Ausdrucksweise verwendet, z.B. *Ep.* 1, 2 inter asperae orationis anfractus (cf. Cic. *Part.* 21; *Div.* 2, 127; Quint. *Inst. or.* 9, 2, 78). Für die Verbindung *hyperbatorum anfractus* gibt der TLL 2, 43, 64 und 6, 3148, 56 ausserhalb *Ep.* 57, 5, 7 keine Beispiele. Man sehe aber die Kritik an Rufins Stil in *Adv. Ruf.* 1, 17 (PL 23, 429B) parvipendes ὑπέρβατα post anfractus reddere. Hyperbaton, ein technischer stilistischer Terminus für eine rhetorische Figur (zwei zusammengehörende Wörter oder Redeteile werden mittels anderer Wörter getrennt), kommt seit Quintilian (*Inst. or.* 8, 6, 62) und Plinius Min. (*Ep.* 8, 7, 2) vor.

5, 7. **dissimilitudines casuum:** Hieronymus denkt hier wahrscheinlich an eine Stilvorschrift Quintilians (das wird auch nahegelegt durch *varietates figurarum*, im nämlichen Satz): *Inst. or.* 9, 1, 11 (nicht erwähnt von Lübeck und Hagendahl) Itaque, cum in eosdem casus, aut tempora, aut etiam pedes continue quis, aut certe nimium frequenter incurrit, praecipere solemus variandas figuras esse vitandae similitudinis gratia (cf. id., 9, 4, 58 formis mutare casus et numeros). Diese Stilvorschrift Quintilians wird von Hieronymus mit der Übersetzungsproblematik in Verbindung gebracht: er konstatiert die Schwierigkeit, den absichtlichen Kasuswechsel und die Variation in den Stilfiguren beim Übersetzen in eine andere Sprache zu handhaben.

5, 7. **varietates figurarum:** s. auch die vorhergehende Anm. Bereits Cicero hat auf die Schwierigkeit der Wiedergabe der *figurae* hingewiesen (s. Zitat in *Ep.* 57, 5, 4). Quintilian bemerkt, dass die Wiedergabe der *figurae* beim Übersetzen zur Schulung des Stils beiträgt (*Inst. or.* 10, 5, 3): Figuras vero, quibus maxime ornatur oratio, multas ac varias excogitandi etiam necessitas quaedam est, quia plerumque a graecis romana dissentiunt. Auch Plinius der Jüngere (*Ep.* 7, 9, 2) erwähnt unter den Vorteilen, welche das Übersetzen für die Schulung der Sprachbeherrschung hat, die Entwicklung der copia figurarum.

5, 7. **si ad verbum interpretor ... recessisse:** auch anderswo berührt Hieronymus das Thema vom Dilemma des Übersetzers, der oft eine Wahl zwischen einer wörtlichen Übersetzung und der Gefahr einer zu freien Wiedergabe zu treffen hat; so z.B. in *Ep.* 84, 12 dum et mutare quippiam de Graeco, non est vertentis, sed evertentis; et eadem ad verbum exprimere nequaquam eius qui servare velit eloquii venustatem.

5, 7. **ab interpretis ... officio:** dieselbe Verbindung in *Ep.* 49, 17 interpretis officio deputet (wo *interpres* allerdings 'Kommentator' bedeutet).

5, 8. **otiosum est:** „es ist überflüssig", „es erübrigt sich". Der Ausdruck scheint spätlateinisch zu sein; cf. z.B. Min. Fel. *Oct.* 23, 1 (21, 9); Lact. *Div. inst.* 2, 4, 28 persequi omnia.

5, 8. **quodsi ... mutari:** *gratia* passt in die Kategorie *decor* (5, 6)
und εὐφωνία (*Ep.* 106, 29.55.59); cf. *Ep.* 114, 1 ut ... volumen disertissimum ... eadem qua a te scriptum est gratia verterem; *In Eph.* 2, 4
(PL 26, 546A) in Latinis codicibus propter euphoniam mutavit interpres.

5, 8. **Homerum ad verbum exprimat in Latinum:** denkt
Hieronymus hier an bestehende lateinische Homerübersetzungen? Die
ziemlich wörtliche poetische Wiedergabe ins Lateinische von Homers
Odyssee des Livius Andronicus war bekanntlich längere Zeit in den
Schulen im Gebrauch. Doch eher noch könnte Hieronymus an die
ebenfalls metrische, wörtliche Übersetzung des Attius Labeo denken,
worüber es in den Persius-Scholien heisst (1, 4): transtulit Iliadem et
Odysseam verbum ex verbo, ridicule satis, quod verba potius quam
sensum secutus sit (Ausg. O. Jahn, S. 248). Courcelle (*Les Lettres*,
S. 50) vermutet, dass Hieronymus in *Ep.* 53, 7 (Quasi non legerimus
Homerocentones) lateinische Prosa-centonen meint, was auch zur
näheren Erklärung von *Ep.* 57, 5, 8 dienen könnte. Dazu ist aber zu
bemerken, dass *Ep.* 53, 7 sich auf christliche *centones* bezieht, die aus
Homer- und Vergilversen aufgebaut sind.

Dante hat diesen Text gekannt; wie sich aus dem Kontext ergibt,
schöpft er aus dem Vorwort zum Chronikon (*Convivio* 1, 7, 14 f.: E
questa è la cagione per che Omero non si mutò di greco in Latino come
l'altre scritture che avemo da loro); siehe Ilona Opelt, *Hieronymus bei
Dante*, Deutsches Dante Jahrbuch 51/52 (1976/77), S. 81-82.

In Bezug auf die wörtliche Wiedergabe von Homerversen ist noch
ein Passus bei Hieronymus zu erwähnen, wo er über den Vorwurf des
Plagiats spricht, den man dem Vergil machte als er einige Verse des
Homer *ad verbum* übersetzte (*Hebr. quaest. in Gen.*, praef. 7-9, CCL
72, 1): Hoc idem passus est ab aemulis et mantuanus vates, ut, cum
quosdam versus Homeri transtulisset ad verbum, compilator veterum
diceretur.

5, 8. **sua in lingua prosae verbis interpretetur:** auch in *Ep.*
70, 2 macht Hieronymus die Bemerkung, dass eine Übersetzung der
homerischen Epen in Prosa die dichterische Wirkung stark beeinträchtigt: Nec mirum si apud Latinos metrum non servet ad verbum
expressa translatio, cum Homerus eadem lingua versus in prosam vix
cohaereat. Schmeichelhaftes Lob erklärt was Seneca über die Homerparaphrasen des Polybius, Claudius' Freigelassener, sagt (*Ad Polyb. de
consol.* 11, 5): utriuslibet auctoris (sc. Homeri et Vergilii) carmina, quae
tu ita resolvisti, ut quamvis structura illorum recesserit, permanet
tamen gratia. Eben so lobend äussert sich Papinius Statius über die
Prosaübersetzung, welche sein Vater von den homerischen Gedichten
gemacht hatte (*Silvae* 5, 3, 159-161): tu par adsuetus Homero ferre
iugum senosque pedes aequare solutis versibus et numquam passu bre-
viore relinqui.

Man darf nicht ausschliessen, dass Hieronymus beim Unterricht
griechische Homerparaphrasen, die ja eine exegetische Funktion haben
konnten, kennen gelernt hat. Über derartige Paraphrasen (entweder in
ganz engem Anschluss an den Wortlaut des Urtextes oder freier ge-

halten) siehe W. Schmid - O. Stählin, *Gesch. der griech. Lit.* I, München 1929, S. 170-171.

5, 8. **ordinem ridiculum**: wenn man epische Ausdrücke durch prosaische Wendungen ersetzt, dabei jedoch die durch den Schwung des Hexameters bestimmten Wortfolge einhält, wird meistens die dichterische Wirkung verschwinden.

5, 8. **poetam eloquentissimum vix loquentem**: dieser Text ist von Petrarca in seinen *Epistulae Variae* 25 zitiert worden (siehe auch id., *Fam.* 24, 12); cf. F. F. Blok - P. G. van der Nat, *Francesco Petrarca en Leonzio Pilato* (Hermeneus 46, 1974/75, S. 75, 89). Mit *sua in lingua ... vix loquentem* vergleiche man auch die Allusion beim Hieronymuskenner Erasmus (*Ciceronianus*: dum sua promunt, vix loquuntur: *Erasmus van Rotterdam, Ausgewählte Schriften* 7, Darmstadt 1972, S. 236).

6, 1. **ab adulescentia**: Hieronymus' Übersetzung von Eusebius' *Chronikon* ist in die Jahre 379-381 zu datieren. Wenn man annimmt, dass Hieronymus im Jahre 331 geboren ist (siehe Kelly, S. 1; 337-339), so muss er damals fast 50 Jahre gewesen sein. Anzumerken ist, dass *adulescentia* bei Hieronymus ein sehr dehnbarer Begriff ist: *adulescens* sensu stricto kann eine Person unter dreiunddreissig Jahren sein, der Terminus kann aber auch Synonym von *iuvenis* werden (siehe Kelly, S. 339: ,,in effect covering the whole span from boyhood to old age. In the light of this analysis Jerome's application of 'young man' to himself, no less than of 'old man', accords much better with his birth in 331 than in 347'').

6, 1. **super**: die Zunahme der Verwendung von *super* im Sinne von *de* (*super hoc genere*: ,,über dieses (allgemeine) Thema''), charakteristisch für die Umgangssprache und allgemein im Spätlatein (s. Leumann-Hofmann-Szantyr 2, S. 281), findet sich auch in Hieronymus' Schriften. Einige Beispiele: *Tract. de ps.* 90, 146 (CCL 78, S. 132) Istum locum diabulus super Domino interpretatus est; *In Es.* 14, 53, 12, 40-41 (CCL 73A, S. 597) super Paulo apostolo ... dicitur; *In Es.* 16, 57, 6, 26 (CCL 73A, S. 646) Quae possumus et super haereticorum persona accipere.

6, 1. **praefatiuncula**: das Wort ist erst gegen das Ende des 4. Jahrhunderts bezeugt (auch Augustin, Cassianus). Siehe weiter die Anm. 2, 2 zum Deminutivum *monasteriolum*.

6, 1. **in libro, quo beati Antonii vita describitur**: der Übersetzer der *Vita Antonii* von Athanasius bleibt hier anonym. In *De vir. ill.* 125 (aus dem Jahre 392) wird sein Name genannt: Euagrius von Antiochien, der Presbyter und später Bischof war. Bereits im Prolog der zwischen 374 und 379 geschriebenen *Vita Pauli* erwähnt Hieronymus diese lateinische Übersetzung, welche vor 373 (Todesjahr des Innocentius, dem sie gewidmet ist), und wahrscheinlich bereits vor 371, zustande gekommen ist (siehe K. Heussi, *Der Ursprung des Mönchtums*, Tübingen 1936, S. 81). Auf diese Übersetzung wird sich auch Aug. *Conf.* 8, 14.15.19.29 beziehen, sowie Rufin, *Hist. eccl.* 10, 8 (GCS 9, 2, S. 971), der (um 400) bemerkt, dass er zwar auch über Antonius erzählen möchte: sed ille libellus exclusit, qui ab Athanasio scriptus etiam Latino sermone editus est. Über eine ältere, ziemlich wörtliche Übersetzung, welche der des Euagrius vorangegangen ist siehe G. Garitte, *Le texte grec et les versions anciennes de la Vie de saint Antoine*, Studia Anselmiana 38 (1956), S. 1-12.—Eine endgültige Ausgabe von Euagrius' Übersetzung, die in vielen Handschriften erhalten ist, lässt noch auf sich warten. Ausg.: Acta Sanctorum 2 (Antwerpen 1643), S. 120-141; PL 26, 835-976 (der Maurinertext).

6, 1. **sensus operit et veluti laeto gramine sata strangulat:** es handelt sich bei diesem Euagrius-Zitat um eine Quintilian-Reminiszenz. Quintilian (*Inst. or.* 8, prol. 23 ausg. L. Radermacher) behandelt die Gefahren eines gekünstelten und affektierten Stils: Nam illa, quae curam fatentur, et ficta atque composita videri etiam volunt, nec gratiam consequuntur, et fidem amittunt, propter id, quod sensus obumbrant, et velut laeto gramine sata, strangulant. Diese Beobachtung zum Schreibstil ist von Euagrius auf das Übersetzen übertragen worden. Lübeck (S. 217) hat offenbar nicht gesehen, dass *sensus operit* auch zur Reminiszenz gehört, und weckt ausserdem den Eindruck, die Anspielung gehöre zum Text des Hieronymus selbst. Allerdings findet sich an anderer Stelle bei Hieronymus eine Anspielung auf diesen Quintilian-Text: *Ep.* 121, 10, 3 (Latini) verbum de verbo exprimere conantes obscuriores faciunt eius (sc. Pauli) sententias, velut herbis crescentibus frugum strangulant ubertatem. Sowie hier bezieht Hieronymus das Bild auch in *Adv. Ruf.* 1, 27 (PL 23, 438B) auf das wörtliche Übersetzen: Et omnis metaphora, si de alia in aliam linguam transferatur ad verbum, quibusdam quasi sentibus, orationis sensus et germina suffocantur; ebenso *In Eph.* 2, 4 (PL 26, 534C) dum autem in Latinum e verbo transfertur ad verbum, sensus sermonibus involuti, obscurum fecere quod dicitur. Auch in *Ep.* 36, 14 wird auf die Quintilianstelle Bezug genommen, hier mit *frondescere* statt *obumbrare*: oratio ... quae ... obscura manifestet, non quae verborum compositione frondescat (in Bezug auf undeutliche Redeweise); siehe auch Hagendahl 1974, S. 225 (über die Benutzung von Quintilian durch Hieronymus); Hagendahl, S. 296.

6, 1. **dum enim casibus et figuris servit oratio:** siehe die Anm. zu 5, 7 (dissimilitudines casuum, varietates figurarum), wo Hieronymus die nämlichen Probleme hervorhebt.

6, 1. **quod brevi poterat indicare sermone, longo ambitu circumacta vix explicat:** die Übereinstimmung mit dem in *Ep.* 57, 5, 7 angeführten Passus aus der *praefatio* zur Übersetzung von Eusebs *Chronikon* springt in die Augen, wobei man an Beeinflüssung seitens Euagrius denken könnte, zumal auch Hieronymus in diesem Zusammenhang das Übersetzungsproblem, das von den *casus* und *figurae* hervorgerufen wird, erwähnt. Die in der vorhergehenden Anmerkung hervorgehobenen Anspielung auf Quintilian geht übrigens weiter als Lübeck und Hagendahl annehmen: sie bezieht sich auch auf den oben zitierten Text (cf. *Inst. or.* 8, prol. 24, wo Quintilian über die Weitläufigkeit spricht: et, quod uno verbo patet, pluribus oneramus).

6, 2. **beatum Antonium:** durchaus übliche Brachylogie, auch in den modernen Sprachen, wobei der Name eines Schriftstellers als Andeutung seiner Werke dient (= vitam beati Antonii).

6, 2. **te petente:** Euagrius' Übersetzung ist dem Presbyter Innocentius gewidmet (cf. *Ep.* 1, 15), dessen im Jahre 373 erfolgter Tod in *Ep.* 3, 3, 1 erwähnt wird.

6, 2. **ut nihil desit ex sensu, cum aliquid desit ex verbis:** ähnliche Gedanken finden sich auch bei Hieronymus öfters. Eine Formulierung, welche der bei Euagrius sehr ähnlich ist, kommt in *Ep.* 114, 3, 1 vor: ut nihil desit ex sensibus, cum aliquid desit ex verbis. Auch *In Hier.* prol. 1, 11-12 (CCL 74, S. 1) ist offenbar von Euagrius inspiriert: ut nihil desit in sensibus, cum multum desit in verbis. Eine Formel mit *damnum* taucht ebenfalls wiederholt auf: *Ep.* 106, 26 absque damno sensus; 106, 30 cum damnum non sit in sensibus; 106, 55 ubi non sit damnum in sensu linguae (cf. 106, 54 ubi nulla est de sensu mutatio); *In Es.* 9, 29, 13/14, 24 (CCL 73, S. 375) = ibid. 15/16, 51 (S. 377) absque damno sensuum.

6, 2. **alii syllabas aucupentur et litteras, tu quaere sententias** (sententiam: PG 26, 833): man darf hier Kritik vermuten auf die sehr wörtliche Übersetzung der *Vita Antonii*, die einige Jahre vorher erschienen war und die uns anonym überliefert worden ist; hierzu H. Hoppenbrouwers, *La plus ancienne version latine de la Vie de saint Antoine de saint Athanase. Étude de critique textuelle* (LCP 14), Nimwegen 1960, passim; B. R. Voss, *Bemerkungen zu Euagrius von Antiochien. Vergil und Sallust in der Vita Antonii*, VChr 21 (1967), S. 93-94. Der offenbar nicht sehr häufige Ausdruck *syllabas aucupari* (cf. *Ep.* 57, 7, 4 non verba et syllabas aucupari), wird zum Beispiel für die „Silbenfängerei" der Rechtsanwälte verwendet (cf. TLL 2, 1239; Marti, S. 68). So verwendet Cicero die Wendung einige Male: *De orat.* 2, 256; *Pro Caec.* 52 sermo ... familiaris et cotidianus non cohaerebit, si verba inter nos aucupabimur. In *De orat.* 1, 236 charakterisiert Cicero einen Rechtsgelehrten ohne rhetorische Bildung als auceps syllabarum. Auch findet der Ausdruck Verwendung in Verbindung mit einer Polemik oder Debatte, wie bei Augustin, *Enarr. in ps.* 55, 10 (CCL 39, S. 685): Ergo necesse est ut aliquis labatur in lingua. Illi autem qui incolent et abscondent, aucupantur verba omnia, quaerentes alicubi laqueos et rodosas facere calumnias, quibus prius ipsi implicantur quam quos implicare contendunt.

Wie Euagrius spricht auch Hieronymus geringschätzig über die Silbenfängerei wenn er über die Übersetzungspraxis im allgemeinen handelt, aber die Silben können für ihn ein anderes Gewicht bekommen wenn er über einzelne Schriftstellen spricht. Neben einem abwertenden Urteil über das „Forschen nach Buchstaben" bei der Wiedergabe eines griechischen Textes im Lateinischen (*Ep.* 106, 55, 1 contentiose verba scrutari aut syllabas; *Ep.* 106, 29, 27 syllabam sequi) stehen Bemerkungen über Schriftstellen, wo nach Hieronymus jede Silbe ihre Bedeutung hat, wie z.B. *In Eph.* 2, 3 (PL 26, 512A): Scio [in] appositionem coniunctionis eius, per quam dicitur 'cohaeredes' et 'concorporales' et 'comparticipes' indecoram facere in Latino sermone sententiam. Sed quia ita habetur in Graeco, et singuli sermones, syllabae, apices, puncta in divinis Scripturis plena sunt sensibus: propterea magis volumus in conpositione structuraque verborum, quam intellegentia periclitari (cf. Marti, S. 70).—Griechische Parallelen für *verba aucupari* sind λεξιθηρεῖν und τῇ λέξει δουλεύειν (cf. Marti, S. 68).

6, 2. **dies me deficiet**: Hagendahl (S. 289) sieht in dieser Wendung ciceronianischen Einfluss. In der Tat verwendet Cicero den Ausdruck mehrmals, z.B. *Tusc. disp.* 5, 102 dies deficiat, si velim ... defendere; *Verr.* 2, 52 me dies ... deficiant, si ... velim; *Cael.* 29 dies iam me deficiat, si ... coner exprimere; *Verr.* 4, 59 dies me citius defecerit quam nomina. Die Wendung ist jedoch (wie auch: tempus me deficiet) zu einer festen Formel geworden, sodass man hier nicht an eine direkte Quelle denken darf. Einige andere Stellen bei Hieronymus: *Dial. c. Lucif.* (PL 23, 185C) Dies me deficiet, si omnia arcae sacramenta cum Ecclesia componens, edisseram; *In Abac.* 1, 1, 4, 91 (CCL 76A, S. 583) Dies me deficiet, si voluero enumerare; *Hom. in Luc.* 16, 236 (CCL 78, S. 514) et non dico una hora, sed dies vix sufficiet ad interpretationem; *In die dominica Paschae* 29 (CCL 78, S. 546) Dies me deficiet, si voluero omne diei istius exponere sacramentum.

6, 2. **si omnium ... testimonia replicavero**: Hieronymus beruft sich hier nur auf zwei christliche Vorgänger: auf die theoretische Auseinandersetzung des Euagrius von Antiochien und auf die Übersetzungsweise des Hilarius von Poitiers. Auch Hilarius hat ja die sklavische Übersetzungsweise angefochten (Dokumentensammlung *De synodis* 9; aus 356-359): ex Graeco in Latinum ad verbum expressa translatio affert plerumque obscuritatem, dum custodita verborum collatio eandem absolutionem non potest ad intellegentiae simplicitatem conservare (siehe auch Marti, S. 67). Ausserdem finden sich in Hilarius' Werken mehrere Bemerkungen über die Übersetzung von Sätzen, Wendungen und Worten (z.B. *De trin.* 11, 17; *In ps.* 54, 11, CSEL 22, S. 154, 20 ff.; *In ps.* 65, 12, ibid., S. 257, 11 f.; *In ps.* 118 samech 4, ibid., S. 489, 9 f.).

In späteren Schriften erwähnt Hieronymus auch andere christliche lateinische Übersetzer aus dem vierten Jahrhundert, nämlich Victorinus von Pettau, Eusebius von Vercellae und Ambrosius (wobei er bisweilen von Paraphrase und freier Nachahmung spricht). Um 400 schreibt er in *Ep.* 84, 7 Nec disertiores sumus Hilario nec fideliores Victorino, qui eius (sc. Origenis) tractatus non ut interpretes, sed ut auctores proprii operis transtulerunt. Nuper Ambrosius sic Exaemeron illius compilavit, ut magis Hippolyti sententias Basiliique sequeretur. Rufin betont gegen Hieronymus, Victorinus sei gar nicht zu den Übersetzern zu rechnen (*Apol. c. Hier.* 2, 35, CCL 20, S. 110): interpretis titulo nihil omnino arbitror transtulisse de Graeco. Man hat schon öfters darauf hingewiesen, dass Ambrosius von Hieronymus erst nach dessen Tode mit Namen genannt wird: vorher hatte er ihn anlässlich der *Homiliae in Ev. Luc.* „einen zur Linken krächzenden Raben" genannt (a sinistro oscinem corvum ... crocitantem: *Transl. hom. Orig. in Luc.* praef., GCS 49, S. 1) und eine Krähe die sich mit Pfauenfedern schmückt (quam, ut quidam faciunt, informis cornicula alienis me coloribus adornare: Rufin, *Apol. c. Hier.* 2, 27, CCL 20, S. 103; Hieronymus, *Translatio Libri Didymi De spiritu sancto*, praef., PL 23, 108A; J. Brochet, S. 301-302). Im Jahr 402 nennt Hieronymus drei lateinische Schriftsteller als Übersetzer von Schriften des Origenes (*Adv. Ruf.* 3, 14 (PL 23, 488D): Ego non accusavi quare Origenem pro voluntate transtuleris: hoc enim et ipse feci, et ante me Victorinus, Hilarius Ambrosiusque fecerunt.

In *Ep.* 112, 20 (nach 404) wird auch Eusebius von Vercellae erwähnt: Hilarius Pictaviensis et Eusebius, Vercellensis episcopus, Origenem et Eusebium transtulerunt, quorum priorem et noster Ambrosius in quibusdam secutus est.

Die in *Ep.* 57, 6, 3 von Hieronymus angeführten Übersetzungen des Hilarius sind nur teilweise erhalten geblieben. Von den Homilien über das Buch Job sind zwei Fragmente bekannt (Aug. *Contra Iul.* 2, 8, 27; *De nat. et grat.* 62, 73), die zahlreicheren Reste des um 365 geschriebenen Psalmenkommentars findet man in CSEL 22 (Ausg. A. Zingerle; Kommentare auf Ps. 1, 2, 9, 13, 14, 51-69, 91, 118-150). Von Hilarius' Vorbild, dem Psalmkommentar des Origenes, sind ebenfalls Teile erhalten, namentlich aus Katenen; cf. A. Wagner, *Die Erklärung des 118. Psalmes durch Origenes* (Linz 1916-1921); R. Cadiou, *Commentaires inédits des Psaumes. Étude sur les textes d'Origène contenus dans le ms. Vindobonensis 8* (Paris 1936). E. Goffinet (*L'utilisation d'Origène dans le commentaire des Psaumes de Saint Hilaire de Poitiers*, Louvain 1965) ist der Meinung, dass man nicht von einer Paraphrase bei Hilarius sprechen darf, sondern dass es sich um eine starke Benutzung des Origenes als inhaltliche Quelle handelt, wobei Hilarius jedoch persönlichen Ausarbeitungen des Stoffes nicht aus dem Wege geht. Hieronymus führt dieses Werk, teils Paraphrase, teils freie Bearbeitung, zu Unrecht als Beispiel für die Praxis der freien Übersetzung an. Dass Hieronymus die aus etwa 365 datierenden *Tractatus in psalmos* des Hilarius gut gekannt hat, wissen wir aus *Ep.* 5, 2: bereits um 370 hat er während seines Aufenthaltes in Trier dieses Werk kopiert (s. Kelly, S. 28); später ist in Hieronymus' Werken mehrmals von Hilarius' Exegese der Psalmen die Rede.

Hieronymus' Urteil über die Bedeutung des Hilarius als Übersetzer wechselt und ist von einem gewissen Opportunismus nicht freizusprechen. In *De vir. ill.* 100 (aus 392) unterscheidet Hieronymus zwischen Hilarius' Nachahmung des Origenes in seinen Psalmkommentaren und der freien Übersetzung der *Tract. in Iob*: in psalmos commentarios ... in quo opere imitatus Origenem, nonnulla etiam de suo addidit ... tractatus in Iob, quos de Graeco Origenis ad sensum transtulit. Gegen die Verherrlichung des Hilarius in *Ep.* 57 (cf. auch *Ep.* 70, 5: günstiges Urteil über Hilarius als Literator) hebt sich schroff das abfällige Urteil ab, dass Hieronymus in *Ep.* 34 (ad Marcellam) bereits in 385 über die Ungenauigkeit des Hilarius als Übersetzer ausgesprochen hat (anlässlich einer Bibelstelle): eins der zahlreichen Beispiele von Opportunismus in der Argumentationsweise des Hieronymus. In *Ep.* 34, 3 handelt es sich um die Bedeutung von *filii excussorum* in Ps. 126, 4: Hilarius (*Tract.*

in ps. 126, 19; CSEL 22, S. 625) interpretiert die *excussi* als die Apostel, die den Staub von ihren Füssen schütteln; aber, so ruft Hieronymus aus, *excussi* hat im Hebräischen gar kein Äquivalent: Quid igitur faciam? Tantum virum et suis temporibus disertissimum reprehendere non audeo ... nisi quod non eius culpae adscribendum est qui Hebraei sermonis ignarus fuit, Graecarum quoque litterarum quandam aurulam ceperat, sed Heliodori presbyteri, quo ille familiariter usus, ea quae intellegere non poterat quomodo ab Origene essent dicta quaerebat.

Hier erscheint der souveräne Übersetzer als ein hilfloser Mann, dessen Kenntnisse des Griechischen nur gering sind, ein hartes Urteil das Rufin dem Hieronymus zum Vorwurf macht (*Apol. contra Hier.* 2, 35, CCL 20, S. 110). Griechischen Einfluss auf Hilarius signaliert Hieronymus in *Ep.* 58, 10: Sanctus Hilarius Gallicano cothurno adtollitur et, cum Graeciae floribus adornetur, longis interdum periodis involvitur et a lectione simpliciorum fratrum procul est. Über die Bezeichnung des Hilarius als *Latinae eloquentiae Rhodanus* (*In Gal.*, prol. 2) s. Antin, *Recueil*, S. 259-277 (insbesondere S. 263-264).

Über Hilarius' Aktivität als Übersetzer handeln ferner folgende Texte: *In Mich.* 2, prol. 235-237 (CCL 76, S. 473) Sed et Hilarius noster furti reus sit, quod in psalmos quadraginta ferme millia versuum supradicti Origenis ad sensum verterit; *Ep.* 61, 2 ex Graeco in Latinum transtulit; *Ep.* 71, 2 (Hilarius) homilias in Iob ex libris eius (sc. Origenis), id est, ex Graeco in Latinum transtulit; in *Ep.* 82, 7 spricht Hieronymus über eine selektive Übersetzung aus Origenes' Werken: Origenem me arguit (sc. Rufinus) vertisse in Latinum. Hoc non solum ego, sed et confessor fecit Hilarius; et tamen uterque nostrum noxia quaeque detruncans utilia transtulit; *Ep.* 84, 7 ut auctores proprii operis; *Adv. Ruf.* 1, 2 (PL 23, 417B) Hilarium Confessorem, qui quadraginta ferme millia versuum Origenis in Iob et Psalmos transtulit; *ibid.* 2, 14 (PL 23, 456C) Nemo tibi obiicit, quare Origenem interpretatus es, alioqui Hilarius et Ambrosius hoc crimine tenebuntur.

Hieronymus schätzt Hilarius als eine der führenden Persönlichkeiten in der Kirche: *In Es.* 17, 60, 13/14, 32-35 (CCL 73A, S. 702): vir sanctus et eloquentissimus martyr Cyprianus, et nostri temporis confessor Hilarius, nonne tibi videntur excelsae quondam in saeculo arbores, aedificasse Ecclesiam Dei?

6, 3. nec adsedit litterae dormitanti: Hieronymus verwendet auch den Ausdruck *haerere litterae*, in Verbindung jedoch mit der wörtlichen Exegese eines Bibeltextes: *In Es.* 5, 14, 2, 17 (CCL 73, S. 167); *In Amos* 2, 5, 3, 68 (CCL 76, S. 274). Für *litterae adsidere* (der TLL 2, 878, 83-84 erwähnt nur die Stelle bei Hier.) kann man auf griechische Parallelen hinweisen: Joh. Chrys., *Expos. in Ps.* 7, 11 (PG 55, 97) καὶ ἐπὶ τὰ παχύτερα πρόεισιν, ὥστε καὶ τοὺς σφόδρα ἀνοήτους συνιδεῖν, ὅτι οὐ δεῖ ταῖς λέξεσι παρακαθῆσθαι, ἀλλὰ θεοπρεπεῖς ἐννοίας ἐκ τούτων λαμβάνειν; Nicol. Mesarites (Ausg. A. Heisenberg, *Grabeskirche und Apostelkirche* 2, Leipzig 1908, S. 20, 6) συλλαβαῖς τε προσκαθημένους.

6, 3. putida ... interpretatione: cf. *Adv. Ruf.* 1, 19 (PL 23, 432B) quod ego nolens transferre putide („unschön"), sensum magis secutus sum. Synonym von *putidus* ist *indecorus*; cf. *In Eph.* 2, 3 (PL 26, 512A) Scio in appositionem coniunctionis eius, per quam dicitur, cohaeredes, concorporales, et comparticipes, indecoram facere in Latino sermone sententiam.

6, 3. **victoris iure:** dasselbe Bild in Bezug auf das Übersetzen bei Seneca Rhetor, *Contr.* 9, 1, 13: Memini deinde Fuscum, cum haec Adaei sententia (eine aus dem Griechischen übersetzte Sentenz) obiceretur, non infitiari transtulisse se eam in Latinum; et aiebat non commendationis id se aut furti, sed exercitationis causa facere. Do, inquit, operam, ut cum optimis sententiis certem, nec illas corripere conor, sed vincere.

7, 1. **saeculi ... viris:** Hieronymus verwendet gewöhnlich nicht den Genitiv, sondern das Adj. *saecularis*, z.B. *Tract. de ps.* 93, 102 (CCL 78, S. 145) Legimus in poeta saeculari.

7, 1. **ecclesiae viris:** Synonym ist *ecclesiae homo*: *Adv. Helv.* 17 (PL 23, 201B) nihil amplius dico, quam Ecclesiae hominem (sc. Tertullianum) non fuisse; *In Os.* 1, 1, 10/11, 390 (CCL 76, S. 17) in Ecclesiae hominibus exponendis. Der von Hieronymus am häufigsten verwendete Terminus ist *ecclesiasticus vir*. Er meint mit diesen Termini einen massgebenden Mann in der Kirche, der in Wort und Schrift die christliche Lehre verteidigt, und beschlagen in der heiligen Schrift Ketzer und Heiden bekämpft. Einige charakteristische Texte: *In Es.* 12, 45, 1/7, 76-77 (CCL 73A, S. 505) de ecclesiastico viro ..., cui Deus dedit sermonem atque sapientiam, ut omnes sectas contrarias veritati sua disputatione subvertat; *In Eccl.* 6, 7-8 (CCL 72, S. 299) melius est autem hoc intellegi de ecclesiastico viro, qui in scripturis caelestibus eruditus, omnem laborem suum habet in ore suo et anima eius non impletur, dum cupit semper discere; *Tract. de ps.* 1, 136 (CCL 78, S. 7) veteres ecclesiastici viri, e quibus est Irenaeus, et Polycarpus, et Dionysius; *Tract. de ps.* 96, 108 (CCL 78, S. 443) nisi ecclesiasticus vir in divinis scripturis fuerit eruditus. Der *vir ecclesiasticus* braucht die rhetorischen Spitzfindigkeiten der Ketzer nicht: *In Amos* 2, 4, 1/3, 72-75 (CCL 76, S. 258) Egenum et pauperem intellege ecclesiasticum virum, qui veritatis simplicitate contentus, haereticorum suppellectilem, et eloquentiae fulgorem, argumentorumque divitias non requirit. Er weiss sie gründlich zu widerlegen: *In Mich.* 1, 1, 6/9, 214-217 (CCL 76, S. 428) et omnia idola quae speciem videbantur habere, et pulchritudinem artifici sermone compositum, concisa fuerint a ministris Dei id est a viris ecclesiasticis. *Vir ecclesiasticus* steht im Gegensatz zum *haereticus*: *Tract. de ps.* 147, 44-50 (CCL 78, S. 337). Auch wird *ecclesiasticus* absolut verwendet: z.B. *Tract. de ps.* 109, 113 (CCL 78, S. 225) ab omnibus ecclesiasticis dictum est.

7, 1. **septuaginta interpretes:** Hieronymus' Auffassungen über die LXX sind allmählich kritischer geworden. Seine erste Revision der lateinischen Bibelübersetzungen hat er in den Jahren 386-391 nach der LXX gemacht (erhalten sind hiervon das *Psalterium Gallicanum*, *Job*, die *praefationes* auf diese beiden Werke sowie die *praefationes* auf *Chronika* und die Bücher von Salomon; cf. *Ep.* 71, 5; 106, 2; 112, 9; *Apol.* 1, 24; 27; 29-31). Hieronymus ging vom Hexapla-Text aus, wobei er die Lücken dem Hebräischen gegenüber mit Hilfe der Übersetzung des Theodotion ausfüllte. Als Hieronymus seit 392 den lateinischen Bibeltext nach dem hebräischen Grundtext übersetzte und revidierte, fing er an die LXX weniger zu schätzen. Besonders in den späteren Bibelkommentaren äusserte er sich mehrmals kritisch über den Text der LXX: z.B. *In Hier.* 14, 45, 13/14, 105-106 (CCL 75, S. 681) in *Septuaginta editione confusa sunt omnia, ut quid dicatur non possit intellegi*; *In Hier.* 4, 38, 5 (CCL 74, S. 206, 15-16) *difficultas vulgatae editionis*; *ibid.* 38, 9, S. 207, 19 *quem sensum habeant, intellegere non possum*; *ibid.*, S. 207, 25-26 *dissipata sunt atque confusa*.

Bei seiner Übersetzungsarbeit wird Hieronymus regelmässig mit Diskrepanzen zwischen dem hebräischen und dem griechischen Text konfrontiert. Auf dieser Konstatierung beruht auch seine Argumentation, dass die Apostel und Evangelisten in ihren Zitaten aus dem Alten Testament bei derartigen Diskrepanzen mehrmals vom hebräischen Text ausgingen; cf. *Adv. Ruf.* 2, 34 (PL 23, 477B-478A) *Nec hoc dicimus quod Septuaginta interpretes sugillemus, sed quod apostolorum et Christi maior sit auctoritas, et ubicunque Septuaginta ab Hebraeo non discordant, ibi apostolos de interpretatione eorum exempla sumpsisse; ubi vero discrepant, id posuisse in Graeco, quod apud Hebraeos didicerant* (siehe die Anm. ad 7, 1 *evangelistae et apostoli*).

Es ist klar, dass Hieronymus nicht so weit geht wie z.B. Augustin, der annimmt, dass auch der LXX-Text als inspiriert zu gelten hat: *Civ. Dei* 18, 43 *Spiritus qui in prophetis erat, idem erat etiam in LXX viris.* Doch äussert er sich ihr gegenüber mehrmals positiv: er macht dabei Unterschied zwischen der wissenschaftlichen Kritik am Text und der Verwendung in der Kirche, wie es auch Origenes getan hat. In der *praefatio* zu *Lib. Hebr. quaest. in Gen.* (CCL 72, S. 2) hebt Hieronymus hervor, dass Origenes in den für das Volk bestimmten Homilien dem LXX-Text folgt, dass er aber in seinen wissenschaftlichen Kommentaren die *hebraica veritas* textkritisch verwendet. Über seine eigene Haltung bemerkt er: *Adv. Ruf.* 2, 24 (PL 23, 468C-D) *Egone contra Septuaginta interpretes aliquid sum locutus, quos ante annos plurimos diligentissime emendatos, meae linguae studiosis dedi, quos quotidie in conventu fratrum edissero, quorum Psalmos iugi meditatione decanto?* Siehe auch *ibid.* 2, 35 (PL 23, 478A) *Ex quibus omnibus approbatur, et Septuaginta interpretum editionem, quae legentium vetustate firmata est, utilem esse Ecclesiis, dum ante gentes audiunt Christum venturum esse, quam veniat; et ceteros interpretes non reprobandos, qui non sua sed divina volumina transtulerunt.* Cf. die Anm. 11, 2 *iure Septuaginta editio obtinuit in ecclesiis.*

Cf. E. J. Bickermann, *The Septuagint as a Translation.* Proceedings of the American Academy for Jewish Research 28 (1959), S. 1-39; P. Benoit, *L'inspiration des Septante d'après les Pères*, in: L'homme devant Dieu, Mélanges offerts au Père Henri de Lubac I, Paris 1963, S. 169-187.

7, 1. **evangelistae et apostoli:** in den Evangelien und in den Apostelbriefen findet man nach Hieronymus die *sensus ad sensum-*

Wiedergabe wenn Texte aus dem Alten Testament angeführt werden. In den Kapiteln 7-9 gibt er eine Reihe von Beispielen in denen Unterschiede zwischen dem LXX-Text und den Zitaten im Neuen Testament hervorgehoben werden. Es kann sich, nach Hieronymus, dabei um den Fall handeln, dass der LXX-Text von dem hebräischen Grundtext abweiche und dass die neutestamentischen Schriftsteller von der *hebraica veritas* ausgegangen seien. Im Gegensatz zu Origenes will Hieronymus keineswegs in dergleichen Fällen die Quellen in apokryphen Schriften suchen (er spricht öfters von *apocryphorum deliramenta*). Am Schluss des neunten Kapitels fasst er seine Auffassung nochmals zusammen (9, 8): Ex quibus omnibus perspicuum est apostolos et evangelistas in interpretatione veterum scripturarum sensum quaesivisse, non verba, nec magnopere de ordinatione sermonibusque curasse, cum res intellectui paterent.

Bereits Origenes hatte sich mit dem Problem der freien Zitate im Neuen Testament befasst. Von ihm hat Hieronymus zweifellos seine Bemerkung, dass den neutestamentlichen Zitaten *ad sensum* ein Autoritätsprinzip zu entnehmen sei. S. Orig., *Comm. in Ep. ad Rom.* Lib. 3, 2 (PG 14, 929 B-C; in lateinischer Übersetzung): puto dari in hoc apostolicam auctoritatem, ut cum Scripturae testimoniis utendum fuerit, sensum magis ex ea, quam verba capiamus.—Et quod dixit: „Non est iustus quisquam" (*Rom.* 3, 10), puto ex eo sumpserit quod scriptum est: „Non est qui faciat bonitatem, non est usque ad unum" (*Ps.* 13, 2), in quo etiam si sermo converti videtur, sensus tamen unus idemque servatur. Auch in *Comm. in Ep. ad Rom.* Lib. 8, 8 (PG 14, 1180A-B) sagt Origenes, dass Paulus beim Zitieren nur den *sensus* wiedergibt: das Zitat in *Rom.* 11, 9-10, das sowohl vom LXX-Text von *Es.* 6, 9-10 wie von den hebräischen Codices abweicht, darf nicht zur Bestätigung der Richtigkeit der Lesart der hebräischen Handschriften oder der Worte der Übersetzer angeführt worden: Haec de sermonum ordine et assumptorum testimoniorum qualitate memoravimus, ut ostendamus per singula quod auctoritas apostolica nequaquam Hebraeorum exemplaribus fidem facit, nec verbis semper interpretum servit, sed scripturarum sensum verbis quibus competit explicat.

Die Bemerkung, dass die Apostel und Evangelisten *ad sensum* aus dem Alten Testament zitieren, findet sich mehrmals bei Hieronymus.

Einige Beispiele: *Ep.* 121, 2 (anlässlich *Mt.* 12, 15-21 und *Es.* 42, 1-4) Et hoc non solum in praesenti loco, sed ubicumque de veteri instrumento evangelistae et apostoli testimonia protulerunt, diligentius observandum est: non eos verba secutos esse, sed sensum: et ubi Septuaginta ab Hebraico discrepant, Hebraeum sensum suis expressisse sermonibus; *In Mt.* 1, 1784-1786 (CCL 77, S. 74) Et notandum ubicumque de veteri instrumento testimonium ponitur utrum sensus tantum an et sermo consentiat; *In Amos* 2, 5, 25/27, 872-876 (CCL 78, S. 297) Et hoc in omnibus scripturis sanctis observandum est, apostolos et apostolicos viros in ponendis testimoniis de veteri testamento, non verba considerare, sed sensum, nec eadem sermonum calcare vestigia, dummodo a sententiis non recedant.

Die häufigste Erklärung bei Hieronymus ist, dass die Apostel und die Evangelisten bei Diskrepanzen zwischen der Lesart der LXX und dem hebräischen Text dem letzteren gefolgt sind (s. oben das Zitat *Ep.* 121, 2; dazu die Anm. zu *Ep.* 57, 7, 4 quod Iohannes evangelista sumpsit iuxta Hebraicam veritatem). Anderswo nimmt er an, dass die Apostel sich beim Zitieren nur auf ihr Gedächtnis verlassen haben, was für die Form des Zitates seine Folgen habe: *In Gal.* 1, 3 (PL 26, 378C-D; anlässlich *Gal.* 3, 8-9) Hoc autem in omnibus pene testimoniis, quae de veteribus libris in Novo assumpta sunt Testamento, observare debemus, quod memoriae crediderint evangelistae vel apostoli; et tantum sensu explicato, saepe ordinem commutaverint, nonnumquam vel detraxerint verba vel addiderint.

Mehrere Möglichkeiten zur Erklärung der Unterschiede führt Hieronymus an *In Gal.* 2, 3 (PL 26, 388B-C; ad *Gal.* 3, 13; cf. *Deut.* 21, 23): die älteren hebräischen Codices können eine andere Lesart gehabt haben als die jetzigen aufzeigen; die Apostel zitieren *ad sensum*; es handle sich um eine bewusste spätere Fälschung. Ex quo mihi videtur aut veteres Hebraeorum libros aliter habuisse, quam nunc habent: aut Apostolum (ut ante iam dixi) sensum Scripturarum posuisse, non verba: aut quod magis est aestimandum, post passionem Christi, et in Hebraeis, et in nostris codicibus ab aliquo Dei nomen appositum, ut infamiam nobis inureret, qui in Christum maledictum a Deo credimus.

7, 1. quod interpretatur: ebenso wie hier im Zitat verwendet Hieronymus wiederholt *interpretari* in passiver Bedeutung, z.B. *In Es.* 17, 63, 17/19, 75 (CCL 73A, S. 733) hoc enim interpretatur vallis Achor. Die pass. Bedeutung findet sich im Spät-Latein (bereits früher beim Part. Pf. Pass.); cf. Goelzer, S. 352. In der Vulgat findet sich in *Mc.* 5, 41 quod est interpretatum (ὅ ἐστιν μεθερμηνευόμενον).

7, 1. Puella, tibi dico, surge (*Mc.* 5, 41; in den älteren Übersetzungen auch die Variante *exsurge*), nach dem griechischen τὸ κοράσιον, σοὶ λέγω, ἔγειρε. Die Emphase, womit das aramäische talitha cum verstärkt wiedergegeben wird, ist also bereits im griechischen Text vorhanden. In den griechischen Kommentaren zum Markustext haben wir jedoch keine Bemerkung hierüber gefunden. Von den lateinischen Kommentaren ist an erster Stelle anzuführen die anonyme *Expositio in S. Marcum* (PL 30, 607, unter den *Opera supposticia* des Hieronymus), wo zwar nichts über die Emphase gesagt wird, aber bezeichnenderweise *tibi dico* weggelassen wird (Der Kommentar scheint in der ersten Hälfte des 5ten Jht. in Rom entstanden zu sein: G. Wohlenberg, *Ein vergessener lateinischer Markuskommentar*, Neue kirchl. Zeitschr. 18 (1907), S. 427-469; G. Morin, *Un commentaire romain sur S. Marc de la première moitié du Ve siècle*, Rev. Bén. 27 (1910), S. 352-362). Der Einfluss der *Ep.* 57, 7, 1 ist im Markuskomm. des Beda deutlich zu spüren (*In Marci Ev. Expos.* 2, 436-445 (CCL 120, S. 500) *Et tenens manum puellae ait illi: Talitha cumi quod est interpretatum, Puella tibi dico surge.* Quaerat diligens lector quare verax evangelista dictum salvatoris exponens interposuerit de suo, *tibi dico*, cum in Syro sermone quem posuit non plus sit dictum quam *puella surge*, nisi forte propter exprimendam vim dominicae iussionis hoc augendum putavit magis sensum loquentis quam ipsa verba suis curans intimare lectoribus. Nam et familiare constat esse evangelistis atque apostolis cum de veteri testamento testimonia assumunt magis sensum propheticum ponere curare quam verba. Die Übereinstimmung mit Hieronymus' Bemerkungen über *Mc.* 5, 41 in *Ep.* 57, 7, 1 fällt ins Auge (verax evangelista—arguite evangelistam mendacii; interposuerit de suo—quare addiderit; propter exprimendam vim dominicae iussionis—ut ... sensum vocantis et imperantis exprimeret; für die Bemerkung über die Übersetzungsweise der Evangelisten und Apostel s. den Komm. zu 7, 1 *evangelistae et apostoli*).

Dass Beda hier aber nicht nur *Ep.* 57 als Quelle benutzt hat, geht aus der Bemerkung *in Syro sermone* hervor; er könnte sie aber anderen Hieronymusstellen entnommen haben: *Liber interpr. Hebr. nom.* (CCL 72, S. 139). Talithacumi puella surge. Syrum est; *Tract. in Marci Ev.* 5, 41 (CCL 78, S. 472) Si diceret, Talitha Kum, interpretaretur, Puella surge: nunc vero quia dixit, Talitha Kumi, interpretatur de syra et hebraea lingua, Puella surge mihi. Auch anlässlich *mamona* wechselt Hieronymus die Bezeichnung der sprachlichen Herkunft (*hebraeus* und *syrus*): *Tract. de ps.* 88, 27 (CCL 78, S. 96) Mamona in lingua hebraea divitiae nuncupantur; in lingua Syrorum: Ep. 121, 6; 22, 31; sermone Syriaco: *In Mt.* 1, 829 (CCL 77, S. 39). Es braucht sich kaum um einen Unterschied zu handeln, da *lingua hebraea* mehr im allgemeinen die *lingua syrochaldaica* andeuten kann wie z.B. in *Act. Ap.* 21, 40.

Einen analogen Fall, wo durch eine Hinzufügung nur der Sinn unterstrichen wird, aber nicht beeinträchtigt, zitiert Hieronymus in 10, 4, wo die LXX *respice me* bei der Übersetzung von *Ps.* 21, 2 hinzugefügt hat (reddant rationem, cur septuaginta translatores interposuerint: respice me). Über die Emphase in der Vulgata s. U. Holzmeister, *Versio Vulgata haud raro formam textus primitivi leviter auget*, Verbum Domini 23 (1943), S. 129-132 (z.B. superlativus anstelle des positivus).

7, 1. **arguite evangelistam mendacii, quare addiderit:** *quare* und *cur* haben bei Hieronymus und seinen Zeitgenossen öfters eine schwächere Bedeutung (= *quod* oder *quia*); cf. *Dial. c. Pelag.* 1, 23 (PL 23, 540D) si in eo arguis Creatorem, quare te talem condiderit. Goelzer, S. 431 erwähnt auch *Ep.* 57, 7, 1.

7, 1. **ut ἐμφατικώτερον faceret:** ἐμφατικῶς (mit Nachdruck, mit Emphase, kräftig, nachdrücklich) ist ein stilistischer Terminus, der auch von Hieronymus' Lehrer Donat verwendet wird: ἐμφατικώτερον 'fortunas' quam 'fortunam' (*Commentum Terenti* 1, Ausg. P. Wessner, S. 70 (ad Andr. 97)). Auch hat Hieronymus Quintilians Ausandersetzung über die Emphase gekannt (*Inst. or.* 9, 2, 65-66).

Einige Stellen bei Hieronymus: *In Ion.* 2, 11, 343 (CCL 76, S. 403) evomuit ἐμφατικώτερον debemus accipere; *In Abac.* 2, 3, 14/16, 1114 (CCL 76A, S. 648) Ingressus est tremor in ossa mea ἐμφατικώτερον accipiendum; *In Hiez.* 10, 32, 17/32, 791 (CCL 75, S. 459) quod dictum ἐμφατικώτερον accipiendum (es handelt sich jedesmal um eine kräftige stilistische Wendung); *In Os.* 1, 4, 10/12 (CCL 76, S. 43) ἐμφατικῶς ... legendum; *In Es.* 5, 14, 9/10, 5-6 (CCL 73, S. 168) Haec ἐμφατικῶς legenda sunt et scaenae modo; *In Es.* 8, 27, 4/5 (CCL 73, S. 347) Ἐμφατι-κῶς autem iuxta Hebraicum legendum est; *In Es.* 9, 30, 1/5, 93 (CCL 73, S. 383) et ἐμφατικῶς legendum; *In Hier.* 8, 18, 1 (CCL 74, S. 92) ἐμφατικῶς ... haec ex persona Dei legenda sunt; *In Es.* 11, 39, 3/8 (CCL 73, S. 453) cum ἐμφάσει et supercilio legendum est. Siehe auch Courcelle, *Les Lettres*, S. 40[2]; P. Antin, *Saint Jérôme. Sur Jonas* (SC 43), Paris 1956, S. 92[2]; Antin 1968, S. 176.

7, 2. **in Matheo:** dasselbe Zitat (27, 9-10) wird von Hieronymus in *Ep.* 121, 2 wie folgt kommentariiert: Mattheus sensum potius quam verba interpretans ... et hoc ... ubicumque de veteri instrumento evangelistae et apostoli testimonia protulerunt, diligentius observandum est non eos verba secutos esse sed sensum. Der hebräische Hintergrund des Matthäus wird von Hieronymus stark betont: *Ep.* 121, 2 Ex quo (*Es.* 42, 1-4 in *Mt.* 11, 44) apparet Matthaeum evangelistam non veteris interpretationis auctoritate constrictum, dimisisse Hebraicam veritatem: sed quasi Hebraeum ex Hebraeis, et in lege Domini doctissimum ex gentibus protulisse, quae in Hebraeo legerat.

Der von Hieronymus in 7, 2 zitierte Text *Mt.* 27, 9-10 weicht an zwei Stellen vom Vulgatatext ab: scriptum est ... dicentem (V.: dictum est); per prophetam Hieremiam (V.: per Ieremiam prophetam). Die Ausgabe von Jülicher verzeichnet zwei Vet. Lat.-Cod. mit *per prophetam* und einen Cod. mit *per Isaiam prophetam*.

7, 2. **pretium ... quem:** Hieronymus hat auch in seiner Revision des Evangeliumtextes die umgangssprachliche Form *quem* stehen lassen. Über das allmähliche Verschwinden des Neutrums im volkstümlichen Latein, insbesondere zugunsten des Maskulinums s. z.B. V. Väänänen, *Introduction au Latin vulgaire*, Paris 1963, S. 108 et 133.

7, 2. **Hoc in Hieremia penitus non invenitur:** meherere Kommentatoren haben sich mit der Problematik um *Mt.* 27, 9-10 beschäftigt. Origenes (*Comm. in Mt.*, PL 13, 1769) hebt hervor, dass der Text nicht in den bei den Christen oder Juden gängigen Jeremiasschriften zu finden sei; es handle sich hier also um einen *error scripturae* oder es sei in der *secreta Ieremiae scriptura*, einer verloren gegangenen apokryphen Schrift zu finden, sowie auch Paulus aus den *secreta* (ἀπόκρυφα) zitiert habe (1 *Cor.* 2, 9 aus den *secreta Eliae prophetae*; 2 *Tim.* 3, 8 aus *Iannes et Mambres liber*; Hieronymus steht dieser Auffassung des Origenes sehr skeptisch gegenüber).

Eusebius von Caesarea denkt an zwei Möglichkeiten (*Dem. ev.* 10, 4, 13, GCS 23, S. 463): der Text habe in der ursprünglichen Redaktion der Jeremia-Prophetien gestanden, sei aber mutwillig (κατά τινα ῥᾳδι-ουργίαν) gestrichen worden; oder es sei von einem σφάλμα γραφικόν (wohl: Kopistenfehler; nicht: Fehler in der Schrift) die Rede.

Im Jahre 398 schreibt Hieronymus seinen Matthäuskommentar. Er hat zwar den Matthäustext in einer apokryphen hebräischen Jeremias-schrift gefunden, gibt aber seine frühere Auffassung nicht auf, dass der Text aus Zacharias stamme und dass der Apostel hier frei zitiert habe: *In Mt.* 4, 1521-1531 (CCL 77, S. 264) Hoc testimonium in Heremia non invenitur, in Zacharia vero, qui pene ultimus duodecim prophetarum est, quaedam similitudo fertur (*Zach.* 11, 12) et quamquam sensus non multum discrepet, tamen ordo et verba diversa sunt. Legi nuper in quodam hebraico volumine, quod Nazaraenae sectae mihi Hebraeus obtulit Hieremiae apocryphum in quo haec ad verbum scripta reperi. Sed tamen mihi videtur magis de Zacharia sumptum testimonium, evangelistarum et apostolorum more vulgato, qui verborum ordine praetermisso, sensus tantum veteri testamento proferunt in exemplum. So auch in *Tract. de ps.* 77, 102-105 (CCL 78, S. 67) Sicut scriptum est, inquit, in Hieremia propheta. Hoc in Matthaeo scriptum est. Requisivimus in Hieremia, hoc penitus invenire non potuimus: sed invenimus illud in Zacharia. Siehe: M. Lagrange, *L'évangile selon les Hébreux*, Rev. bibl. 32 (1922), S. 341-349; G. Bardy, *S. Jérôme et ses maîtres hébreux*, Rev. Bén. 46 (1934), S. 161; M. Rist, *Pseudepigraphy and the early Christians*, in: Studies in New Test. and early Christian Lit. Essays in Honor of Allen P. Wikgren, ed. by D. E. Aune, Nov. Test. Suppl. 33, Leiden 1972, S. 75-91.

Augustin geht bei seiner Besprechung des Passus auf den Text der Bibelhandschriften ein (*De cons. evang.* 3, 7, 29-31, PL 34, 1174-1176). Zwar finde man in einigen Handschriften die Lesart *per prophetam* statt *per Ieremiam* (wir kennen diese aus der Vetus Latina-Hs. cod. Veronensis), dass aber der Name Ieremias eine fehlerhafte spätere Zutat sei, scheint ihm nicht wahrscheinlich, da *plures codices habent Ieremiae nomen*, und dieser Name auch in den ältesten griechischen Handschriften gefunden wurde. Augustinus zieht den Schluss, dass wahrscheinlich in einigen Hss. der Name Jeremias weggelassen sei, weil bei ihm das Zitat nicht zu finden war. Er gibt zwei mögliche Lösungen für das Problem. Erstens sind infolge der wunderbaren Einstimmigkeit, die zwischen den Schriften aller Propheten herrscht (uno spiritu locutos mirabili inter se consensione constare), wovon der H. Geist der eigentliche auctor ist, die Aussagen der Propheten selbst unter einander verwechselbar (et singula esse omnium, et omnia singulorum). So auch Augustin, *Sermo* 1, 4 De Vetere Test. (CCL 41, S. 4) omnia divina scripta inter se pacata consistunt. Eine andere Möglichkeit sieht Augustinus in der Annahme einer Kontamination zwischen einem Jeremias- und Zachariaszitat, wobei im Matthäustext nur der wichtigste der zwei Propheten genannt wurde.

Objektiv gesehen stimmt *Mt.* 27, 9-10 mehr mit *Zach.* 11, 12-13 (wo auch die 30 Silberlinge erwähnt werden) als mit *Hier.* 33, 6 f. überein (der Kauf des Ackers als symbolische Handlung; anderswo wird von einem Töpfer in symbolischem Zusammenhang gesprochen). Die Exegese folgt also meistens der schon von Augustinus erwähnten Erklärung, das Zitat sei eine Kontamination aus Zacharias und Jeremias, wobei der Evangelist den Namen des bekanntesten der beiden Propheten nenne, sowie Markus (1, 2; s. *Ep.* 57, 9, 1) Isaias einen Text zuschreibt, der zur Hälfte Malachias gehört. Andere Exegeten sehen den Namen Jeremias als synonym für die prophetischen Schriften im allgemeinen.

Διὰ Ἰερεμίου τοῦ προφήτου sei synonym mit διὰ τῶν προφητῶν, einer Formel die man als Einführung auf ein Zitat auch in *Mt.* 2, 23 findet;

cf. H. L. Strack/P. Billerbeck, *Kommentar zum NT aus Talmud und Midrasch* I, München 1965[4], S. 1029-1030.

7, 2. **vulgata** ... **editio**: die Septuaginta, wie auch bisweilen die lateinische Wiedergabe dieses Bibeltextes, wird mit *vulgata editio* (oder *editio LXX (interpretum), vetus editio, translatio vetus*) angedeutet. Es ist eine lateinische Wiedergabe von κοινὴ ἔκδοσις. *Editio* wird von Hieronymus fast immer in der Bedeutung „Übersetzung" verwendet; es bezieht sich bei ihm nur in einem Fall auf den Prozess der Publikation. Dass *editio* bei Hieronymus die Bedeutung „Übersetzung" hat, wird von G. Rahlfs (Gött. Gel. Anz. 1915, S. 304) und S. Reiter (Berl. philol. Wochenschrift 39, 1919, S. 694 ff.) dadurch erklärt, dass Hieronymus sich dem Sprachgebrauch der früheren christlichen griechischen Autoren wie Origenes und Eusebius angeschlossen habe; *editio* wäre also eine Lehnübersetzung nach ἔκδοσις. Auf der anderen Seite gibt es anscheinend bei Hieronymus nur einen Passus, wo *edere* als Lehnübersetzung von ἐκδιδόναι in der Bedeutung „übersetzen" vorkommt, nl. *Quaest. hebr. lib. Gen.* 48, 2 (CCL 72, S. 51) Causam, cur LXX interpretes idem verbum aliter atque aliter ediderint, nescio; cf. Kloeters, S. 102.

Einige Parallelstellen aus Hieronymus für *vulgata editio*: *In Eccl.* I, 5, 135 (CCL 72, S. 254) vulgatam editionem sequentes; *Tract. de ps.* 145, 4 (CCL 78, S. 323) Dicamus autem et de editione vulgata Aggaei et Zachariae; *In Es.* 5, 14, 29, 12 (CCL 73, S. 173) Palaestinos ..., quos alienigenas vulgata scribit editio; *In Os.* 2, 7, 13/14, 329 (CCL 76, S. 79) in editione Vulgata; man sehe auch *In Es.* 18, 65, 20, 57-58 (CCL 73A, S. 763) iuxta Septuaginta interpretes diximus, quorum editio toto orbe vulgata est. Augustinus erklärt den Terminus in *Civ. Dei* 16, 10: vulgatam editionem, hoc est interpretum septuaginta; vgl. F. Kaulen, *Geschichte der Vulgata*, Mainz 1868, S. 17 ff.; Sutcliffe, S. 345-346.

Einige Beispiele von Synonymen: *Hebr. quaest. in Gen.* praef. Z. 11 (CCL 72, S. 2) communis editio; *In Es.* 9, 30, 21, 7 (CCL 73, S. 391) LXX editio; *In Es.* 3, 9, 3/5, 16-17 (CCL 73, S. 124) quantum a ceteris editionibus et ab Hebraica veritate distet vulgata translatio; wie hier macht Hieronymus auch z.B. in *Ep.* 106, 2 einen Unterschied zwischen Vulgata und Hexapla: ut sciatis aliam esse editionem, quam Origenes et Caesariensis Eusebius, omnesque Graeciae tractatores Κοινὴν, id est, „communem" appellant, atque „Vulgatam", et a plerisque nunc Λουκιάνειος dicitur; aliam Septuaginta Interpretum, quae in ἑξαπλοῖς codicibus reperitur, et a nobis in latinum sermonem fideliter versa est, et Hierosolymae atque in Orientis ecclesiis decantatur.

Praef. in Pentat. (Biblia Sacra I, S. 64) Origenes ..., qui editioni antiquae translationem Theodotionis miscuit, asterisco et obelo ... opus omne distinguens; *Ep.* 65, 9 quod error scriptorum septuaginta translatoribus non debeat imputari; *Ep.* 71, 5 LXX interpretum editionem (nl. Hieronymus' Übersetzung) et te habere non dubito; *Ep.* 121, II non veteris interpretationis auctoritate constrictum.

7, 2. **et dicam ad eos** etc.: „Ähnlich bei Origenes, *Commentariorum Series* 117 (249, 23 f.), aber statt renuite: aut abnegate. Ansonsten stimmt keines der uns vorliegenden Zitate völlig mit Hieronymus überein, wenn auch einzelne Wörter oder Übersetzungsformen belegt sind". (Mitteilung von H. J. Frede). Man vergleiche in diesem Zusammenhang auch die Bemerkungen über Gedächtnisfehler und ad hoc-Übersetzungen aus dem Grundtext bei Hieronymus von H. J. Frede, *Die Zitate des Neuen Testaments bei den lateinischen Kirchenvätern*, in: *Die alten Übersetzungen des Neuen Testaments*, hrsgeg. v. K. Aland (= Arbeiten zur neutestamentlichen Textforschung 5), Berlin 1972, S. 461-462.

In seinem Kommentar zu Zach. (3, 11, 12/13, 308-314; CCL 76A, S. 856) gibt Hieronymus eine etwas andere Übersetzung des nämlichen Textes. Et dicam ad eos: Si bonum est *in conspectu vestro*, date *statuentes* mercedem *meam*, aut renuite. Et *statuerunt* mercedem meam triginta argenteos. *Et* dixit Dominus ad me: *Depone eos* in conflatori*um*, et *recogita* si probatum *est*, sicut probatus sum *pro* eis. Et tuli triginta argenteos, et misi eos in dom*um* Domini in conflatori*um*. Dass Hieronymus in seiner Wiedergabe in *Ep.* 57 von einen Vet. Lat.-Text ausgegangen ist, scheint auf Grund der grösseren Zahl der Vulgarismen in dieser Übersetzung am wahrscheinlichsten.

7, 2. **pone**: In seinem Zachariaskommentar weist Hieronymus die Übersetzung der LXX (wiedergegeben mit *depone*) ab: *In Zach.* 3, 11, 12/13, 355-356 (CCL 76A, S. 857) Nec dixit, depone, sed proice.

7, 2. **in conflatorio**: LXX εἰς τὸ χωνευτήριον; Vulg. ad statuariam. Der hebräische Text ist hier unsicher: es findet sich hier ein Wort das „Schatzkammer" oder eines das „Schmelzofen" bedeutet. Der Terminus *conflatorium*, kein klassisches Wort, begegnet einige Male in der Vet. Lat., ist aber nachher von Hieronymus in seiner Übersetzung zum Teil ersetzt worden. Dass er bei christlichen Schriftstellern vorkommt, findet an erster Stelle seine Erklärung in der stimulierenden Wirkung die vom Text der Bibel ausgegangen ist. Einige Stellen: *Prov.* 27, 21 (Vulg.) Quomodo probatur in conflatorio argentum; Ambr., *In ps.* 118, *sermo* 9, 14 (CSEL 62, S. 197) sicut aurum in conflatorio conprobatur; Aug., *Civ. Dei* 20, 25 (CCL 48, S. 748) ignis conflatorii (= *Mal.* 3, 2; Vulg. ignis); Salvian, *Gub.* 7, 59 (CSEL 8, S. 174) quomodo in eodem conflatorio res diversae conflantur?

7, 3. **et in Hebraeo**: die Übersetzung von *Zach.* 11, 12-13 aus dem Hebräischen, welche Hieronymus hier bietet ist mit dem Vulgatatext identisch (Variante: quod; *Vulg.* quo). Die Übersetzung der Prophetenbücher aus dem Hebräischen ist von Hieronymus in den Jahren 389-392 angefertigt worden, wie aus *Ep.* 48, 4 (ad Pammachium; geschrieben Ende 393) hervorgeht: Libros sedecim prophetarum, quos in Latinum de Hebraeo sermone verti, si legeris et delectari te hoc opere compero, provocabis nos etiam cetera clausa armario non tenere. Es ist klar, dass Hieronymus diese Übersetzung hier verwendet hat (sowie auch in seinem Zachariaskommentar: *In Zach.* 3, 11, 12/13, 302-308, CCL 76A, S. 856; hier *domum* statt *domo*).

7, 3. **verba ... paene diversa**: ebenso wie der LXX-Text weicht der Wortlaut im Hebräischen stark vom neutestamentlichen Text ab.

7, 3. **statuarium**: in seinem Zachariaskommentar (*In Zach.* 3, 11, 12/13, 332-335; CCL 76A, S. 857) erklärt Hieronymus *statuarius* als

Synonym von *fictor* und *figulus*; es beziehe sich auf Gott als Schöpfer: *Proice illud ad statuarium*, pro quo in Hebraeo legitur ioser, id est τὸν πλάστην, quem nos fictorem et figulum possumus dicere. Et est sensus: Proice pretium meum ad figulum, qui Creator et fictor est omnium. Cf. M. Mayer, *Figulus noster est Christus. Consideraciones sobre la trayectoria del termino figulus en los autores latinos cristianos*, Boletín del Inst. de Estudios helénicos 7, 2 (1973), S. 35-51.

Hieronymus verteidigt seine Wiedergabe mit *statuarius* (ibid. 353-356): Pro πλάστη atque fictore, statuarium olim interpretatus sum, verbi ambiguitate compulsus, quod statuarium fictoremque uno sermone significat.

7, 4. **quod nec cum Hebraico nec cum septuaginta congruat translatoribus:** in den meisten anderen von Hieronymus angeführten Fällen handelt es sich um Unterschiede zum LXX-Text im N.T.-Zitat, während dieses ganz mit dem hebräischen Text übereinstimmt.

7, 4. **pro Zacharia quippe Hieremiam posuit:** nl. in *Mt.* 27, 9 prophetam Hieremiam; es handelt sich aber um *Zach.* 11, 12-13.

7, 4. **de pedisequo Christi:** in der profanen Literatur finden wir *pedisequus* (eig. Diener der seinen Herrn begleitet, s. *Reg.* 1, 20, 14 per pedisequos principum provinciarum) in übertragener Bedeutung („Nachfolger") bei Apuleius, *Dogm. Plat.* 2: Sapientem quippe pedisequum et imitatorem Dei dicimus et sequi arbitramur Deum. Ähnlich Ambros., *De Abrah.* 2, 4, 17 (CSEL 32, S. 576) pedisequas eius (sc. castitatis). Bei Aldhelm, *De virg.* 50, 5 (M.G.H., Auct. Ant. 15, S. 305) finden wir *Christi pedisequas*: wahrscheinlich ist der Ausdruck öfters in den christlichen Texten gebraucht und brauchen wir nicht an direkten Einfluss von Hieronymus zu denken.

7, 4. **non verba et syllabas aucupari:** s. die Anm. zu 6, 2 alii syllabas aucupentur et litteras.

7, 4. **sed sententias dogmatum ponere:** mit seiner These, dass die Apostel und Evangelisten nicht wörtlich zitieren, sondern nur den Sinn wiedergeben, will Hieronymus seinen eigenen Standpunkt (non verbum de verbo, sed sensum de sensu) stützen.

7, 4. **quod Iohannes evangelista sumpsit iuxta Hebraicam veritatem:** Hieronymus weist wiederholt darauf hin, dass die Apostel, wenn die LXX und der hebräische Text Unterschiede aufweisen, überwiegend aus dem hebräischen Grundtext zitieren; gewöhnlich fügt er hinzu, dass sie *ad sensum* ins Griechische übersetzen.

Einige Texte: *Adv. Ruf.* 2, 34 (PL 23, 477A) apostolici viri Scripturis utuntur Hebraicis: ipsos apostolos et evangelistas hoc fecisse perspicuum est; *ib.* 477B-478A Nec hoc dicimus quod Septuaginta interpretes sugillemus, sed quod apostolorum et Christi maior sit auctoritas, et ubicumque Septuaginta ab Hebraeo non discordant, ibi apostolos de interpretatione eorum exempla sumpsisse; ubi vero discrepant, id posuisse in Graeco, quod apud Hebraeos didicerant; *Praef. in Pentat.* (Biblia Sacra 1, S. 65) Interrogemus ergo eos ubi haec scripta sint, et cum dicere non potuerint, de libris hebraicis proferamus; *In Es.* 9, 29, 13/14, 19-24 (CCL 73, S. 375; ad *Mt.* 25, 3 und 25, 7-9) In quo notare debemus illud quod plerumque admonuimus, evangelistas et apostolos non verbum interpretatos esse de verbo; nec LXX interpretum auctoritatem secutos, quorum editio illo iam tempore legebatur; sed quasi Hebraeos et instructos in lege, absque damno sensuum suis usos esse sermonibus; *In Es.* 9, 29, 15/16, 50-52 (CCL 73, S. 377) In quibus cunctis illa semper observanda est regula: evangelistas et apostolos absque damno sensuum interpretatos in Graecum ex Hebraeo, ut sibi visum fuerit; *In Es.* 15, prol. Z. 1-10 (CCL 73A, S. 598-599) Crebro, Eustochium, dixisse me novi, apostolos et evangelistas ubicumque de veteri instrumento ponunt testimonia, si inter Hebraicum et Septuaginta nulla diversitas sit, vel suis vel Septuaginta interpretum verbis uti solitos. Sin autem aliter in Hebraico, aliter in veteri editione sensus est, Hebraicum magis, quam Septuaginta interpretes sequi. Denique, ut nos multa ostendimus posuisse eos ex Hebraeo, quae in Septuaginta non habentur, sic aemuli nostri doceant assumpta aliqua de Septuaginta testimonia, quae non sunt in Hebraeorum libris; et finita contentio est (auf diesen Text kommt Hieronymus in *In Es.* 16, Prol. Z. 6-11 (CCL 73A, S. 641) anlässlich *Rom.* 3, 13-18 wieder zurück); *In Es.* 17, 64, 4/5, 8-13 (CCL 73A, S. 735; ad *Es.* 64, 4-5; 1 *Cor.* 2, 9) Paraphrasim huius testimonii, quasi Hebraeus ex Hebraeis, assumit apostolus Paulus de authenticis libris in epistola quam scribit ad Corinthios, non verbum ex verbo reddens, quod facere omnino contemnit, sed sensuum exprimens veritatem, quibus utitur ad id quod voluerit roborandum; *In Es.* 12, 42, 1/4, 16-20 (CCL 73A, S. 479; ad *Es.* 42, 1) Iacob et Israel in praesenti capitulo non habentur, quod nec Matthaeus evangelista posuit (cf. *Mt.* 12, 18), secutus Hebraicam veritatem. Hoc dicimus in sugillationem eorum, qui nostra contemnunt. De quo plenius in Matthaei commentariolis (*In Matth.* 2, 12, 16-19) et in libro quem ad Algasiam nuper scripsimus (*Ep.* 121, 2-5) disputatum est; *In Gal.* 2, 3 (PL 26, 383A) Hunc morem habeo, ut quotiescunque ab apostolis de Veteri Instrumento aliquid sumitur, recurram ad originales libros, et diligenter inquiram, quomodo in suis locis scripta sint.—B Ex quo intellegimus, Apostolum, ut in caeteris, sensum magis testimonii posuisse quam verba (*Gal.* 3, 13-14 ∼ *Deut.* 21, 23). Eine Ausnahme macht Hieronymus für den Evangelisten Lukas wegen seiner griechischen Herkunft: *In Es.* 9, 28, 9/13, 69-76 (CCL 73, S. 360-361; ad 1 *Cor.* 14, 21) Quod mihi videtur iuxta Hebraicum de praesenti sumptum capitulo (sc. von Paulus); et hoc in veteri observavimus testamento,—absque paucis testimoniis, quibus Lucas solus abutitur qui magis Graecae linguae habuit scientiam, ubicumque de veteri instrumento quid dicitur —, non eos iuxta Septuaginta, sed iuxta Hebraicum ponere, nullius sequentes interpretationem, sed sensum Hebraicum cum suo sermone vertentes.

Hieronymus zieht selbst die Folgerung, dass man nicht den Aposteln wegen ihrer Zitierweise Vorwürfe machen dürfe, sondern ihren Wortlaut höher schätzen müsse als den der Septuaginta: *Adv. Ruf.* 2, 25 (PL 23, 470C) Non damno, non reprehendo Septuaginta; sed confidenter cunctis illis apostolos praefero. Unter den untereinander abweichenden Lesarten der Septuaginta wird diejenige am meisten richtig sein, die am meisten mit dem neutestamentlichen Zitat übereinstimmt: *Hebr. quaest. in Gen.* praef. Z. 22-29 (CCL 72, S. 2) Sed et evangelistae et dominus quoque noster atque salvator nec non et Paulus apostolus multa quasi de veteri testamento proferunt, quae in nostris codicibus non habentur: ... Ex quo perspicuum est illa magis vera esse exemplaria, quae cum novi testamenti auctoritate concordant.

7, 4. **iuxta:** in der späteren Latinität Äquivalent von *secundum*, s. Goelzer, S. 232 (Solinus, Justinus u.a.).

7, 4. **Hebraicam veritatem:** stereotyper Ausdruck von Hieronymus, der sich durch seine Studien des Hebräischen des Wertes des Grundtextes bewusst geworden ist, und sich bei Abweichungen im LXX-Text gerne auf den hebräischen Text beruft; cf. *Ep.* 71, 5 Canonem hebraicae veritatis; *Ep.* 72, 2 aliter ... septuaginta interpretes, aliter hebraica veritas; *Ep.* 78, 17 iuxta veritatem hebraicam sonat; *Ep.* 82, 8 Hebraicam ... veritatem; *Ep.* 109, 1 iuxta Hebraicam veritatem; *Ep.* 121, II non ... dimisisse Hebraicam veritatem. Auch *hebraea veritas*: *Ep.* 112, 20 ut scirent nostri, quid hebraea veritas contineret. Cf. J. Barr, *St. Jerome's Appreciation of Hebrew*, Bull. of the John Rylands Library 49 (1966), S. 280-302.

7, 4. **Videbunt, in quem compunxerunt:** der Text von *Ioh.* 19, 37, den Hieronymus hier bietet, weicht vom Vulgatatext ab: Videbunt in quem transfixerunt (ὄψονται εἰς ὃν ἐξεκέντησαν). Während die *afra* liest: Viderunt in quem pupugerunt (s. A. Jülicher, *Itala. IV Johannes-Evangelium*, Berlin 1963, S. 210 ad loc.), stimmt die europäische Textform mit dem Zitat des Hieronymus überein (Varianten in einigen codices: *ad quem*; *transfixerunt*).

In einem ähnlichen Kontext wie in *Ep.* 57, 7, 4 (um zu beweisen, dass gewisse Zitate aus dem A.T. in dem Neuen Testament nicht auf die LXX, sondern auf die *hebraica veritas* zurückgehen) führt Hieronymus an 5 anderen Stellen in seinen Schriften die Stelle *Ioh.* 19, 37, zusammen mit anderen Texten, an.

Bereits in *Ep.* 20, 2 (aus dem Jahre 383) berührt Hieronymus das Problem anlässlich 2 Stellen aus *Matth.* (2, 23; 2, 15): Restat ergo ut, omissis opinionum rivulis, ad ipsum fontem unde ab evangelistis sumptum est, recurramus. Nam quomodo illud neque in Graecis neque in Latinis codicibus possumus invenire: ,,ut compleretur id quod dictum est per prophetas: quoniam Nazaraeus vocabitur'', et illud: ,,ex Aegypto vocavi filium meum'', ita nunc ex hebraeis codicibus veritas exprimenda est. Dieselbe beiden Stellen begegnen wieder in *De vir. ill.* 3 (aus dem Jahre 392): In quo animadvertendum, quod ubicumque evangelista, sive ex persona sua, sive ex persona Domini Salvatoris, veteris Scripturae testimoniis abutitur, non sequatur septuaginta translatorum auctoritatem, sed hebraicam, e quibus illa duo sunt: Ex Aegypto vocavi filium meum; et: Quoniam Nazaraeus vocabitur.

1) In diesem Zusammenhang taucht der Johannes-Text zuerst im Jahre 394 auf: *Ad Domnionem et Rogatianum in Esdram et Nehemiam praefatio* (Biblia Sacra 8, S. 5), wo Hieronymus seinen Leser warnt, dass

in seiner Übersetzung Abweichungen vom LXX-Text zu finden seien, und sich auf alttestamentliche Zitate im NT beruft, die in der LXX fehlen: Mittite eum ad Evangelia, in quibus multa ponuntur, quasi de Veteri Testamento, quae apud Septuaginta interpretes non habentur, velut illud: *Quoniam Nazareus vocabitur*; et: *Ex Aegypto vocavi filium meum*; et: *Videbunt in quem compunxerunt*; multaque alia, quae latiori operi reservamus; et quaerite ab eo ubi scripta sint, cumque proferre non potuerit, vos legite de his exemplaribus quae nuper a nobis edita maledicorum cotidie linguis confodiuntur.

2/3) Etwas später als *Ep.* 57 ist die praef. auf die *Paralipomenon*-Übersetzung (aus dem Jahre 396). Einige der in *Ep.* 57 angeführten Beispiele werden auch in dieser *praefatio* zitiert (diese Stelle ist von Hieronymus selbst in *Adv. Ruf.* 2, 27, PL 23, 472B übernommen worden): Scripsi nuper librum de Optimo genere interpretandi, ostendens illa de Evangelio: Ex Egypto vocavi filium meum (*Mt.* 2, 15; *Ep.* 57, 7, 6) et Quoniam Nazaraeus vocabitur (*Mt.* 2, 23; *Ep.* 57, 7, 4) et Videbunt in quem compunxerunt (*Ioh.* 19, 37; *Ep.* 57, 7, 4) et illud Apostoli: Quae oculus non vidit etc. (1 *Cor.* 2, 9; *Ep.* 57, 9, 5) caeteraque his similia, in Hebraeorum libris inveniri. Certe Apostolus et evangelistae Septuaginta interpretes noverant. Et unde eis hoc dicere, quod in Septuaginta non habetur?

4) Aus seinem im Jahre 404 geschriebenen Vorwort zur Pentateuch-Übersetzung (ad Desiderium) (Biblia Sacra I, S. 64-65) geht hervor, dass Hieronymus noch immer nicht seinen Plan, die Frage in einem eigenen Werk zu behandeln, realisiert hat. Unter den angeführten Texten findet sich jetzt auch *Prov.* 18, 4: maximeque Evangelistarum et Apostolorum auctoritas, in quibus multa de Veteri Testamento legimus quae in nostris codicibus non habentur, ut est illud: *Ex Aegypto vocavi filium meum* et: *Quoniam Nazareus vocabitur*, et: *Videbunt in quem compunxerunt*, et: *Flumina de ventre eius fluent aquae vivae*, et: *Quae nec oculus vidit, nec auris audivit, nec in cor hominis ascenderunt quae praeparavit Deus diligentibus se*, et multa alia quae proprium σύνταγμα desiderant. Interrogemus ergo eos ubi haec scripta sint, et cum dicere non potuerint, de libris hebraicis proferamus. Primum testimonium est in Osee, secundum in Esaia, tertium in Zacharia, quartum in Proverbiis, quintum aeque in Esaia; quod multi ignorantes apocryphorum deliramenta sectantur et hiberas nenias libris authenticis praeferunt.

5) *In Es.* 3, 6, 9/10, 38 ss. (CCL 73, S. 92) (408-410). Hieronymus weist darauf hin, dass Lukas, der griechischer Herkunft ist, sich mehr auf den griechischen als auf den hebräischen Text beruft, (magisque testimoniis Graecis utitur quam Hebraeis), während Matthäus und Johannes vom hebräischen Wortlaut ausgehen: Matthaeus autem et Ioannes, quorum alter Hebraeo, alter Graeco sermone evangelia texuerunt, testimonia de Hebraico proferunt, ut est illud: Ex Aegypto vocavi filium meum. Et: Quoniam Nazaraeus vocabitur. Et: Flumina de ventre

eius fluent aquae vivae. Et: Videbunt in quem compunxerunt; et cetera his similia [1]).

7, 4. **καὶ ἐπιβλέψονται πρός με ἀνθ' ὧν ἐνωρχήσαντο** (κατωρχή-σαντο textus receptus: Tischendorf, Rahlfs). In seinem Kommentar zu Zacharias bespricht Hieronymus das Entstehen der abweichenden Übersetzung in der LXX: es handele sich um eine Verwechslung der hebräischen Buchstaben *daleth* und *res*, die sich sehr ähnlich sind: *In Zach.* 3, 12, 9/10, 289-293 (CCL 76A, S. 868) Si enim legatur dacaru, ἐξεκέντησαν, id est compunxerunt sive confixerunt accipitur; sin autem contrario ordine, litteris commutatis, racadu, ὠρχήσαντο id est saltave-runt intellegitur. Et ob similitudinem litterarum error est natus. Der Evangelist Johannes (*Joh.* 19, 37) habe dacaru (= ἐξεκέντησαν) gelesen: (ib. Z. 296-297) verbum interpretatus e verbo est, ut in Hebraeo legerat. Auch die Lesart κατωρχήσαντο betrachtet Hieronymus als sinnvoll: (*ib.* Z. 308-314) Verbum κατωρχήσαντο, apud Graecos, non ab illusione, sed a saltatu compositum est, quod scilicet contra Dominum quasi ludendo saltaverint, quando dicebant illudentes atque ridentes (*Mt.* 27, 40): Vah, qui destruis templum, et in tribus diebus aedificas illud, salvum fac temetipsum, descendens de cruce. Haec et alia illudentes, et quodam amentiae tripudio saltantes loquebantur. Hieronymus hat sich in seiner Übersetzung von *Zach.* 10, 12 vom LXX-Text abgewendet, er geht vom hebräischen *dacaru* aus, wie es auch Aquila, Symmachus und Theodotion getan haben; cf. *In Zach.* 3, 13, 3, 70-76 (CCL 76A, S. 872; ad *Zach.* 13, 3) Pro eo quod nos diximus, configent eum, idem verbum est in Hebraeo quod supra, dacaru. Qua ergo ratione LXX interpretes ibi κατωρχήσαντο id est insultaverunt, sive illuserunt, et ut verbum de verbo exprimam, contra eum saltaverunt, et hic συμποδιοῦσιν transferre voluerunt, id est compedient, cum et Aquila, et Symmachus et Theodotio, et ibi et hic similiter verterint, confixerunt.

7, 4. **et aspicient ad me pro his, quae inluserunt sive insul-taverunt:** H. M. Frede teilt über diese Stelle mit: „Der Wortlaut des Hieronymus findet sich ähnlich bei Augustinus (*Civ.* 20, 30): et adspicient ad me *pro eo quod insultaverunt*, und bei dem anonymen Übersetzer der Commentariorum series des Origenes (GCS 40, 2, S. 101, 26): et *re*spicient ad me propter quod saltaverunt".

7, 4. **nostraque translatio:** nl. der Latini (VL). Es handelt sich hier um einen Unterschied zwischen der Lesart in *Joh.* 19, 37 einerseits und der LXX mit den damit korrespondierenden lateinischen Über-setzungen anderseits. In der im Jahre 393 fertiggekommenen Über-setzung der Prophetenbücher lautet die Wiedergabe des Hieronymus: et aspicient ad me, quem confixerunt.

---

[1]) Anzumerken ist, dass Augustin *Ioh.* 19, 37, gemäss der afra-Tradition, nur in der Form *Videbunt in quem pupugerunt* zitiert. Es ist auffällig, dass in einer der von Péronne (XX 252) unter die *sermones suppositicii* auf-genommenen Predigten derselbe Bibeltext in einer Form, welche mit der europäischen Tradition übereinstimmt, begegnet: Tunc videbunt, inquit, in quem compunxerunt. Die Annahme der Inauthentizität wird hierdurch verstärkt.

7, 4. **et tamen sermonum varietas spiritus unitate concordat**: Hieronymus betont, dass trotz auseinandergehender Formulierungen die Einheit des Sinnes erhalten bleibe.

7, 5. **in Mattheo**: Hieronymus verweist auf *Mt.* 26, 31, aber wir müssen feststellen, dass die von ihm gebotene Textform (Scriptum est, ait: percutiam pastorem et oves dispergentur) gewisse Unterschiede mit den Vetus Lat.-Texten und der Vulgata aufweist. Die Vulgata schliesst sich genau dem griechischen Text an: Scriptum est enim: percutiam pastorem et dispergentur oves gregis (πατάξω τὸν ποιμένα, καὶ διασκορπισθήσονται τὰ πρόβατα τῆς ποίμνης).

In 7, 5 finden wir Weglassung von *enim* und *gregis* und Inversion von *dispergentur oves*; man könnte vermuten, dass Hieronymus, aus dem Gedächtnis zitierend, den Matthäustext mit der Parallelstelle bei Markus verwechselt hat. Sein Text korrespondiert vollständig mit dem griechischen Markustext: Ὅτι γέγραπται· πατάξω τὸν ποιμένα, καὶ τὰ πρόβατα διασκορπισθήσονται (14, 27). Ähnliches geschieht in *Tract. de ps.* 108, 311 (CCL 78, S. 219), wo Hieronymus auf den Zachariastext (= 13, 7) hinweist, aber nach *Mc.* 14, 27 zitiert: Percutiam pastorem, et dispargentur oves. Selbstverständlich geht er vom Matthäustext in seinem Matthäuskommentar aus, wo er seine Behandlung der Stelle in *Ep.* 57 erwähnt: Scriptum est enim: Percutiam pastorem, et dispergentur oves gregis. Hoc aliis verbis in Zacharia propheta scriptum est et, ni fallor, ex persona prophetae ad Deum dicitur: Percute pastorem et dispergentur oves, ... De hoc testimonio in libello quem de optimo genere interpretandi scripsimus plenius dictum est (*In Mt.* 4, 1186-1195, CCL 77, S. 252; ad *Mt.* 26, 31). Über die Differenzen mit denen die Stelle im NT übernommen worden ist, spricht Hieronymus auch in seinem Zachariaskommentar: (*In Zach.* 3, 13, 7/9, 166, 169, CCL 76A, S. 875) Nec putandum est de altero loco assumptum testimonium quia in evangelio Deus a se dicit pastorem esse percussum, et in praesenti loco, gladio atque mucroni legimus imperatum: Percute pastorem, et dispergentur oves.

7, 5. **praedicantem** (v.l. praedicentem) **apostolis fugam**: *praedicare* hat neben dem Sinn „verkünden", „predigen" im christlichen Latein auch die Bedeutung „vorhersagen", „prophezeien"; s. Christine Mohrmann, *Praedicare - tractare - sermo*, in: Études 2, S. 64[3].

7, 6. **Scribit ... per prophetam**: *Mt.* 2, 13-15 wird hier von Hieronymus mit gewissen Freiheiten in der Wortwahl in der indirekten Rede wiedergegeben: tulisse ... parvolum / accipe puerum (Vulg.); ibique mansisse / et erat ibi (Vulg.); ut inpleretur / ut adimpleretur (Vulg.); per prophetam / per prophetam dicentem (Vulg.). In den beiden letzten Fällen finden sich in *Ep.* 57, 7, 6 auch die letzten Lesarten als Varianten: wahrscheinlich ist hier von einer normalisierenden Wirkung der Vulgata auf die Form der Zitate die Rede.

7, 6. **Ex Aegypto vocavi filium meum**: so lautet auch die Lesart der Vulgata (= die europäische Textform; die Afra liest: Ab Aegypto vocavit filium meum).

7, 6. **Hoc nostri codices non habent**: Hieronymus konstatiert, dass dieser Text sich nicht in den LXX-Hss. und deren lateinischen Übersetzungen findet. Über das Textproblem der Zitate in *Mt.* 2, 15 (und 2, 23) spricht Hieronymus zum ersten Mal im Jahre 483 (*Ep.* 20, 2 ad Damasum): Nam quomodo illud neque in Graecis neque in Latinis codicibus possumus invenire: ,,ut conpleretur id quod dictum est per prophetas: quoniam Nazaraeus vocabitur'', et illud: ,,ex Aegypto vocavi filium meum'', ita et nunc de hebraeis codicibus veritas exprimenda est.

7, 6. **iuxta Hebraicam scribitur veritatem:** auch in seinem Kommentar *In Os.* 3, 11, 1/2, 48 ff. (CCL 76, S. 121) ist Hieronymus der Ansicht, Matthäus habe nach dem hebräischen Text zitiert: Pro eo quod nos diximus: Ex Aegypto vocavi filium meum, Septuaginta transtulerunt: Ex Aegypto vocavi filios eius, quod in Hebraico non habetur; nullique dubium est, Matthaeum de hoc loco sumpsisse testimonium iuxta Hebraicam veritatem. Dieser Text aus Osee beziehe sich auf Christus. Auf Julians Vorwurf, Matthäus habe diesen Text auf Christus bezogen, weil die Heidenchristen doch den richtigen Wortlaut nicht kannten (ut simplicitati eorum, qui de gentibus crediderant, illuderet), antwortet Hieronymus, Matthäus habe sein Evangelium ursprünglich im Hebräischen geschrieben; es sei also nicht für Heidenchristen bestimmt: Sin autem Hebraeis illudere voluit, aut stultus, aut imperitus fuit; stultus, si apertum finxit mendacium; imperitus, si non intellexit de quo haec dicerentur. Auch in *In Mt.* 1, 162-167 (CCL 77, S. 14) verweist Hieronymus bei *Mt.* 2, 15 auf den hebräischen Text von *Os.* 11, 1: Ut adimpleretur quod dictum est a Domino per prophetam dicentem: Ex Aegypto vocavi filium meum. Respondeant qui Hebreorum voluminum denegant veritatem ubi hoc in LXX legatur interpretibus. Quod cum non invenerint, nos eis dicemus in Osee propheta scriptum sicut et exemplaria probare possunt quae nuper edidimus. Siehe auch über *Mt.* 2, 15: Priscillian, *Tract.* 3, 61 (Schepps, CSEL 18, S. 48) Quis est iste profeta, quem in canonem non legimus, cuius profetiae fidem velut fideiussor promissi muneris dominus inplevit?

7, 6. **quia puer ... filium meum:** über diese Stelle teilt H. J. Frede vom Vetus Latina-Institut mit: ,,Hier steht Chromatius, *Mt.* 6, 1 (220, 17) mit folgendem Text Hieronymus am nächsten: propter quod parvulus sit Israhel et ego dilexi eum et ex Aegypto vocavi filium meum. Vgl. übrigens HI ep 121, 2, 6 — wie auch hier und an den anderen Stellen die LXX-Fassungen, in den Kommentaren zu Za, Os und Is''.

7, 6. **Septuaginta transtulerunt:** der LXX-Text lautet: ὅτι νήπιος Ἰσραὴλ καὶ ἐγὼ ἠγάπησα αὐτόν, καὶ ἐξ Αἰγύπτου μετεκάλεσα τὰ τέκνα αὐτοῦ. Es handelt sich hier um einen Text, der nur in der hebräischen Fassung als messianischer Text gelten konnte. Die *hebraica veritas* ist in der Version, die Hieronymus hier bietet, nahezu identisch mit dem Vulgatatext (er konnte hier auf seine bereits um 393 angefertigten Bearbeitung der Prophetenbücher im Latein zurückfallen). Ausserdem ist die einzige Variante bei Hieronymus (*dilexi* anstelle von *et dilexi*) sehr unsicher: Hilberg geht aus von der Lesart von *uW* (dilexi); die anderen Hss. haben *et dilexi*.

Was die messianischen Texte im allgemeinen betrifft ist zu bemerken, dass Hieronymus sie bisweilen stärker betont hat, selbst wenn er damit sowohl vom hebräischen wie vom LXX-Text abwich (hierbei ist auch die Vetus Latina-Tradition zu beachten). Einige Beispiele: *Es.* 11, 10 Et erit *sepulcrum* eius gloriosum (Hebr. „Ruhe"; LXX ἀνάπαυσις); *Es.* 45, 8 Nubes pluant *iustum* (Hebr. „Gerechtigkeit"; LXX δικαιοσύνη), aperiatur terra et germinet *salvatorem* (Hebr. „Heil"; LXX ἔλεος); *Es.* 62, 1-2 Donec egrediatur ut splendor *iustus* eius (Hebr. „Gerechtigkeit"; LXX ἡ δικαιοσύνη αὐτῆς) et *salvator* eius (Hebr. „Heil"; LXX τὸ δὲ σωτήριόν μου) ut lampas accendatur. Et videbunt gentes *iustum* tuum (Hebr. „Ihre Gerechtigkeit"; LXX τὴν δικαιοσύνην σου) et cuncti reges *inclytum* tuum (Hebr. „Ihr Glanz"; LXX τὴν δικαιοσύνην σου); *Hab.* 3, 18 et exsultabo in *Deo Iesu* meo (Hebr. „mein Heil"; LXX ἐν τῷ κυρίῳ).

7, 7. **num ... an:** in direkter Frage. Siehe Leumann-Hofmann-Szantyr, 2, S. 466: *„num-an* ist wohl nirgends als scharfe disjunktive Entsprechung zu fassen, sondern als zwei selbständige Fragen" (Beispiele aus Plaut., Ter., Cic.).

7, 7. **istum:** mit der Bedeutung von *hic* (seit dem 2. Jht.: Fronto, Apuleius, Tert.). S. Goelzer, S. 405, der auch unsere Stelle erwähnt: „Il y a chez lui d'assez nombreux passages où *iste* tient la place de *hic* et même de *is."* Cf. *Ep.* 18, 31 illa corona de rosis et violis plectitur, ista de liliis.

7, 7. **locum, qui:** Hilberg und Labourt folgen hier der Lesart *quia* der Handschrift μ; wir möchten eher mit den andern von Hilberg benutzten Hss. *qui* lesen.

7, 7. **ad Christi maxime pertinet sacramentum:** es handelt sich hier um eine Stelle, die man christologisch interpretiert hat.

7, 7. **aliter transtulerunt:** nach der Auffassung von Hieronymus hat die LXX bestimmte auf Christus Bezug nehmende Texte des Alten Testamentes verschleiert wiedergegeben, um dem König Ptolomaeus, der den Auftrag zur Übersetzung der Bibel aus dem Hebräischen gegeben habe und den Heiden die typologischen Andeutungen Christi verborgen zu halten; cf. *Hebr. quaest. in Gen.* prol. (CCL 72, S. 2) Cum illi Ptolomaeo regi Alexandriae mystica quaeque in scripturis sanctis prodere noluerint et maxime ea, quae Christi adventum pollicebantur; *Tract. de ps.* 9, 22 s. (CCL 78, S. 28) Videte ergo Septuaginta interpretes, quoniam Ptolomaeo gentili regi interpretabantur, et durum erat dicere mortem filii, occultum interpretati sunt. Non dixerunt, pro morte filii: sciebant enim quod de filio Dei diceretur; *Tract. de ps.* 15, 55-57 (CCL 78, S. 365-366) Septuaginta interpretes, nolentes tam aperte Ptolomaeo regi et gentibus passionem et resurrectionem prodere Salvatoris, transtulerunt ... (anlässlich des Titels des 15. Ps.).

S. auch die Anm. zu 7, 8 *celasse ... mysterium.* In ähnlicher Weise findet man nach Hieronymus in der LXX verschleierte Anspielungen auf die Geheimnisse der Kirche: *In Hier.* 6, 22, 3 (CCL 74, S. 312): Utramque autem editionem ex toto posui, ut caput obscurissimum et ecclesiae continens sacramenta a LXX — sive quis alius hunc prophetam interpretatus est — aut ignoratum aut omissum ostenderem. Auf der anderen Seite setzt Hieronymus Böswilligkeit bei den nachchristlichen Übersetzern Aquila, Symmachus und Theodotion bei der Wiedergabe der bei den Christen als christologisch erklärten Bibelstellen voraus; cf. *In Iob prol.* (Biblia Sacra 9, S. 73) qui multa mysteria Salvatoris subdola interpretatione celarunt.

7, 7. **multa peccamus omnes** etc.: *Iac.* 3, 2 wird, in Verbindung mit einer möglicherweise fehlerhaften Übersetzung, von Hieronymus auch an zwei anderen Stellen angeführt: *Adv. Ruf.* 3, 6 (PL 23, 483B) Quod cum legissem, et me putarem alicubi in sermone lapsum, ,,Qui enim in verbo non peccat, iste perfectus est'', et suspicarer eum aliquid meorum prolaturum esse vitiorum, subito intulit (zu bemerken ist, dass Rufin sich mit dem nämlichen Text gegen Hieronymus wendet: *Apol. contra Hier.* 1, 19 (CCL 20, S. 19) Nam errasse scribentem aut lapsum esse in sermone, novum non est et, ut opinor, venia dignum est, quia et Scriptura dicit: In multis enim offendimus omnes: qui autem in verbo non offendit, hic perfectus est); Ep. 50, 3, 4 Utique, si errare me arbitratus est — in multis enim offendimus omnes et si quis in verbo non peccat hic perfectus est vir, — debuit vel arguere vel ... Aus *Vetus Latina. Die Reste der altlateinischen Bibel.* 26/1. *Epistulae catholicae*, herausgeg. v. W. Thiele, Freiburg 1956-1969, S. 37 geht hervor, dass die Formen in denen Hieronymus den Vers zitiert wechseln. *Peccamus* kommt nur bei Hieronymus vor (cf. *Contra Iov.* 2, 2 PL 23, 296D multa peccamus omnes); auch die Lesart *si quis in verbo non peccat* beschränkt sich auf Hieronymus (cf. *Ep.* 50, 3, 4; *Adv. Ruf.* 3, 6, PL 23, 483B Qui enim in verbo non peccat); *Dial. c. Pelag.* 3, 14, PL 23, 612B Qui in verbo non peccat. Die Variante *peccavit* findet sich, ausser bei Hieronymus (*Dial. c. Pelag.* 2, 18, PL 23, 581B Si quis in verbo non peccavit), auch bei Augustin (*Enarr. in Ps.* 38, 3 et qui lingua non peccavit).

Die Lesart *refrenare* (Vulg.: freno circumducere) finden wir ausser bei Hieronymus in einer Variante in Ps.-Aug., *Liber de divinis Scripturis* sive Speculum quod fertur S. Augustini 51 (F. Weihrich, CV 12 (1887), S. 524, 11) potest frenare (infrenare L; refrenare C); cf. die Vet. Lat. Hss. KA b⁶ qui refrenat linguam.

Man könnte sich fragen, ob Hieronymus in *Ep.* 57, 7, 7 direkt aus dem Griechischen übersetzt hat. Es scheint wahrscheinlich, da er sich dem Griechischen mehr nähert als der Vulgatatext (In multis enim offendimus omnes. Si quis in verbo non offendit: hic perfectus est vir, potest enim freno circumducere totum corpus): *Multa*: πολλά, *iste*: οὗτος, *potens*: δυνατός, *refrenare*: χαλιναγωγῆσαι.

7, 7. **in eodem evangelista**: *Mt.* 2, 23. Es fällt auf, dass der von Hieronymus gebotene Text fast wörtlich mit der afrikanischen Tradition übereinstimmt (nur *veniens* bei Hieronymus, Afra: *cum venisset*), während der Vulgatatext der sog. europäischen Tradition folgt. Unterschiede zwischen dem Text des Hieronymus und dem Vulgatatext: dicitur (V. vocatur), inpleretur (V. adimpleretur), prophetam (V. prophetas), quia (V. quoniam).

7, 7. **prophetam**: in *In Matth.* 1, 208 ff. (CLL 77, S. 16) zitiert

Hieronymus den Text nach der Vulgata (*prophetas*) und äussert sich über den Plural wie folgt: Si fixum de scripturis posuisset exemplum, nunquam diceret: *quod dictum est per prophetas*, sed simpliciter: quod dictum est per prophetam; nunc autem pluraliter prophetas vocans, ostendit se non verba de scripturis sumpsisse sed sensum.

7, 7. **logodaedali:** der Terminus kommt zuerst bei Plato vor (*Phaedr.* 266E; Liddell-Scot: „skilled in tricking out a speech"), von dem Cicero es übernommen hat (*Orat.* 12, 39 multosque alios, quos λογοδαιδάλους appellat in Phaedro Socrates). Aus diesem Text ist das seltene Wort dem Hieronymus bekannt geworden: Lübeck, S. 133; Courcelle, *Les Lettres*, S. 57[11]; Hagendahl 1974, S. 221; Hilberg, ad loc.; Labourt, ad loc. Dass Hieronymus das Wort aus Quintilian übernommen habe, eine Möglichkeit welche Kunst offen gelassen hat, scheint weniger wahrscheinlich (S. 193): „presbytero aut ex Cic. Orat. 39 aut ex Quint. Inst. Or. III 1, 11 innotuisse veri simile est". Man vergleiche weiter *logodaedalia* („Wortkünstelei") bei Auson. *Ep.* 10, 26; *Idyll.* 12.

7, 7. **omnium tractatorum:** das Neutrum *tractatum* wird hier verwendet statt des Masculinums *tractatus*. Ähnliche Fälle bei Goelzer S. 294: accubitum, gustum, pilleolum.

7, 7. **respondeant ... ubi legerint:** diese Aufforderung, die alttestamentliche Bibelstelle zu nennen, verwendet Hieronymus öfters: *In Matth.* 1, 164-165 (CCL 77, S. 14) Respondeant qui Hebreorum voluminum denegant veritatem ubi hoc in LXX legatur interpretibus; *Praef. in Pentat.* (Biblia Sacra 1, S. 65) Interrogemus ergo eos ubi haec scripta sint, et cum dicere non potuerint, de libris hebraicis proferamus; *Praef. in Iosue* (Biblia Sacra 4, S. 7) Unde autem in Novo Testamento probare poterunt adsumpta testimonia, quae in libris veteribus non habentur?

Gerne wendet Hieronymus sich gegen seine Gegner mit einem durch *respondeant* eingeleiteten Satz: *In Es.* 15, 54, 11/14, 49 (CCL 73A, S. 609) Respondeant ... quae sit; *Tract. de ps.* 3, 8 (CCL 72, 184) Respondeant ergo; *Ep.* 129, 4 Respondeant mihi.

7, 8. **Ubi nos legimus atque transtulimus:** Die Vetus Latina-Texte für diese Stelle sind sehr zahlreich (LXX Καὶ ἐξελεύσεται ῥάβδος ἐκ τῆς ῥίζης Ἰεσσαί, καὶ ἄνθος ἐκ τῆς ῥίζης ἀναβήσεται). Seit Cyprian ist die Übersetzung ziemlich einheitlich geblieben (Varianten: *a radice, ex radice*). Für die Lesart *conscendet* findet man nur eine Parallele bei Eutrop, während Hieronymus selbst ständig zwischen *conscendet* und *ascendet* wechselt (Mitteilung H. Frede, Vet. Lat.-Inst.). Hieronymus hat um 392 diesen Text so wiedergegeben (Vulg.): et egredietur virga de Iesse et flos de radice eius ascendet. Hat er hier die Übersetzung *flos* aus der Vet. Lat. übernommen, so gibt er allmählich diese Übersetzung auf, weil im Hebräischen *Nazaraeus* steht: *In Matth.* 1, 212-219 (CCL 77, S. 16; Hieronymus nimmt an, dass *Mt.* 2, 23 auf *Es.* 11, 1 hinweist): Nunc autem pluraliter prophetas vocans, ostendit se non verba de Scripturis sumpsisse, sed sensum. Nazaraeus sanctus interpretatur ... Possumus et aliter dicere quod etiam eisdem verbis iuxta hebraicam veritatem in Esaia scriptum sit: Exiet virga de radice Iesse, et Nazareus de radice conscendet.

Um 409 wird in *In Es.* 4, 11, 1/3, 23-32 (CCL 73, S. 147) die Meinung, dass *Mt.* 2, 23 auf *Es.* 11, 1 zurückgehe, wie Hieronymus sie in *Ep.* 57, 7, 8 vertritt, den *eruditi Hebraeorum* zugeschrieben, und bestreitet Hieronymus auf Grund des Unterschiedes in Aussprache zwischen *neser* (per sade litteram) und *nazareus* (per sain ... elementum) eine Bedeutungsidentifikation beider Termini: Illud quod in evangelio Matthaei (*Mt.* 2, 23) omnes quaerunt ecclesiastici, et non inveniunt ubi scriptum sit: *Quoniam Nazaraeus vocabitur,* eruditi Hebraeorum de hoc loco assumptum putant, sed sciendum quod hic neser per sade litteram scribatur, cuius sonum inter z et s Latinus sermo non exprimit. Est enim stridulus, et strictis dentibus vix linguae impressione profertur; ex qua etiam Sion urbs scribitur. Porro Nazaraei, quos LXX sanctificatos, Symmachus separatos transtulerunt, per zain semper scribuntur elementum. S. weiter hierüber S. Lyonnet, „*Quoniam Nazaraeus vocabitur*" (*Mt.* 2, 23). *L'interprétation de S. Jérôme,* Biblica 25 (1944), S. 196-206.

Textformen bei Hieronymus: *Ep.* 22, 19 Exiet virga de radice Iesse et flos de radice ascendet. Dieselbe Textform wie in der Vulgata findet sich *In Es.* 4, 11, 1/3, 1-2 (CCL 73, S. 147: mit der Notiz, dass Aquila, Symmachus und Theodotion κορμός (*truncus*) statt *radix* übersetzen und *germen* anstelle von *flos*) und *In Es.* 6, 14, 18/19, 23-24 (CCL 73, S. 245), mit der Bemerkung: LXX florem, Theodotio germen, Aquila ἀκρεμόνα, id est virgultum, interpretati sunt. Proprie autem neser dicitur virgultum, quod ad radices arborum nascitur.

7, 8. **exiet:** in seiner Vulgata-Übersetzung verwendet Hieronymus die Form *egredietur.* In Schriftzitaten übernimmt Hieronymus die Form *exiet* für *exibit* mehrmals, z.B. *Es.* 11, 1 in *Ep.* 22, 19; *Es.* 51, 4 Lex ... quae exiet de Sion (*In Es.* 14, 51, 4/5, 27-28, CCL 73, S. 560); cf. Goelzer, S. 287.

7, 8. **iuxta linguae illius** ἰδίωμα: während Hieronymus hier die Interpretation von *Nazaraeus* als *flos* in *In Es.* 11, 1 akzeptiert, hat er sich später davon distanziert (s. Anm. 7, 8 Ubi nos legimus ...).

7, 8. **Cur hoc omiserunt Septuaginta:** nl. die Transskription von *Nazareus,* wodurch man eine Verbindung machen konnte mit *Mt.* 2, 23.

7, 8. **Si non licet ...:** wenn man schon davon ausgeht, dass es unerlaubt ist, das Prinzip der wörtlichen Übersetzung zu handhaben, darf man auf der anderen Seite doch nicht so weit gehen (in einer freien Übersetzung), dass man in einem alttestamentlichen Text, der ein Mysterium enthält (einem typologischen Text) dieses Mysterium entweder bewusst oder aus Unwissendheit auslässt.

7, 8. **celasse ... mysterium:** s. auch die Anm. zu 7, 7 istum locum quia). Hieronymus weist auch anderswo darauf hin, dass die jüdischen Übersetzer absichtlich Mysterien in der Schrift, welche sich auf den kommenden Messias bezogen, nicht übersetzt haben, um diese nicht den Heiden preiszugeben: *Hebr. quaest. in Gen.* praef. 19-23 (CCL 72, S. 2) Cum illi Ptolomaeo regi Alexandriae mystica quaeque in scripturis sanctis prodere noluerint et maxime ea, quae Christi adventum pollicebantur, ne viderentur Iudaei et alterum deum colere: quos ille Platonis sectator magni idcirco faciebat, quia unum deum colere dicerentur; *In Es.* 1, 2, 22, 13-15 (CCL 73, S. 40, anlässlich *Es.* 2, 22) Intellegentes ergo Iudaei prophetiam esse de Christo, verbum ambiguum in deteriorem partem interpretati sunt, ut viderentur non laudare Christum, sed nihili pendere; *ibid.* 1, 2, 22, 29-35 Tacita mecum mente pertractans, non possum invenire rationem, quare LXX tam perspicuam de Christo prophetiam in Graecum noluerint vertere. Ceteri enim, qui verterunt quidem, sed sermonem ambiguum ad impietatis traxere sensum, non mirum cur male interpretati sint, nec voluerint de Christo gloriosum quid dicere, in quem non credebant. Videlicet ut Iudaei aut Semiiudaei, id est Ebionitae; *Es.* praef. (Biblia Sacra 13, S. 4) Unde conicio noluisse tunc temporis Septuaginta interpretes fidei suae sacramenta perspicue ethnicis prodere ...; quae, cum hanc editionem legeritis, ab illis animadvertetis abscondita.

8, 1. **Transeamus ad cetera:** ähnliche Ausdrücke gebraucht Hieronymus mehrmals, um zu einem folgenden Punkt überzugehen; z.B. *Dial. c. Pelag.* 1, 25 (PL 23, 541C) Transeamus ad alia; *Tract. de ps.* 146, 34 (CCL 78, S. 330) ad reliqua transeamus; *In Es.* 3, 9, 6/7, 86 (CCL 73, S. 127) Nunc ad reliqua transeamus; *In Os.* 3, 13, 4, 111 (CCL 76, S. 144) Unde ad reliqua transeamus; *Contra Iov.* 1, 32 (PL 23, 266D) Curramus ad reliqua (= *ibid.* 2, 23, PL 23, 332C); *Tract. de ps.* 149, 10 (CCL 78, S. 348) ad reliqua percurramus (= *Tract. de ps.* 149, 29-30, CCL 78, S. 349); *Contra Iov.* 1, 13 (PL 23, 229B) Curramus per reliqua; *Tract. in Marci Ev.* 8, 53 (CCL 78, S. 474) nos reliqua percurremus; *In Os.* 3, 11, 1/2, 90 (CCL 76, S. 122) nunc ad reliqua recurramus.

8, 1. **neque enim epistulae brevitas patitur diutius in singulis morari:** in der literarischen Theorie des Altertums gilt Kürze, wenn auch variabel in der Praxis, was mit dem jeweiligen Thema zusammenhangen kann, als charakteristisch für die Briefform; cf. die Formulierung bei Demetrius, Περὶ ἑρμηνείας, in: R. Hercher, *Epistolographi Graeci* (Paris 1873), S. 13: Τὸ μέγεθος συνεστάλθω τῆς ἐπιστολῆς. Obgleich mehrere Briefe des Hieronymus den Umfang eines Traktates haben (*liber*, *libellus*), findet sich bei ihm wiederholt die Bemerkung, dass ein Brief keine längeren Betrachtungen zulässt, z.B. *Ep.* 55, 1 Brevis epistula longas explanare non valet quaestiones; *Ep.* 73, 3 Et multa alia quae epistolaris brevitas non recipit; *Ep.* 82, 9 Cui ego ut in epistula breviter praeteriensque respondi; *Ep.* 133, 1 quia epistolaris brevitas non potest omnia comprehendere. Siehe auch J. Schneider, *Brief*, RAC 2, 564-585; J. Sykutris, *Epistolographie*, PW, Suppl. 5, 186-220. Eben in einem Brief, in dem man nicht mehr von *brevitas* sprechen kann, beruft Hieronymus sich öfters auf das Gesetz der Kürze, womit er sich selbst mahnen kann auf ein nächstes Thema überzugehen: *Ep.* 49, 4 Curramus ad reliqua, neque enim epistulae patitur brevitas diutius in singulis inmorari (eine Formulierung, welche mit der in *Ep.* 57, 8, 1 fast identisch ist); *Ep.* 49, 17 Transeamus ad reliqua — epistulari enim brevitate festinat oratio —; *Ep.* 53, 5 neque enim epistolaris angustia evagari longius patiebatur. Cf. E. Arns, S. 96-98; Thraede, S. 126; 155-156, 167-168; Bartelink, S. 61-65. Siehe auch die Anm. 13, 1 Excessi mensuram epistulae.

8, 1. **idem Matthaeus:** das achte Kapitel ist der Behandlung zweier neutestamentlicher Zitate im Matthäus-Evangelium gewidmet (1, 22-23; 2, 3-6).

8, 1. **Hoc autem totum factum est, ut conpleretur** (Vulg.: adimpleretur; so auch die Handschrift S, wohl unter Einfluss der Vulg.) **a domino quod dictum est:** da sowohl die Vet. Lat. wie die Vulg. die Lesart *quod dictum est a domino* aufzeigen (korrespondierend mit der Wortfolge im griechischen Text: τὸ ῥηθὲν ὑπὸ τοῦ Κυρίου), und von den von Hilberg benutzten Handschriften nur ıı *a domino* vor *quod dictum est* stellt, verdient die Vulgata-Lesart hier entschieden den Vorzug. Siehe über den Codex ıı und Bevorzugung dieser Handschrift in Hilbergs Ausgabe Bartelink 1976, S. 296.

8, 1. **ecce ... Emmanuhel:** *Mt.* 1, 23 (identisch mit dem Vulgata-Text). Die Vet. Lat.-Lesarten weisen einige Varianten auf: im europäischen Text *in utero concipiet* (v.l. *accipiet/habebit*); in der afra: *praegnas erit*; für *vocabunt* findet sich im europäischen Text eine v.l. *vocabit*.

8, 1. **Septuaginta:** *Es.* 7, 14 ἰδοὺ ἡ παρθένος ἐν γαστρὶ λήψεται καὶ τέξεται υἱὸν, καὶ καλέσεις τὸ ὄνομα αὐτοῦ Ἐμμανουήλ. Hieronymus betont die Unterschiede in den Verbalformen (*accipiet* und *vocabitis*). Über *accipiet/habebit* handelt Hieronymus *In Mt.* 1, 108-110 (CCL 77, S. 12); Esaia sage *accipiet* weil er von einem Ereignis in der Zukunft spreche: Pro eo quod evangelista Matheus dicit: *in utero habebit*, in propheta scriptum est: *in utero accipiet*. Sed propheta quia futura praedicit significat quid futurum sit et scribit *accipiet*, evangelista, quia non de futuro sed de praeterito narrat historiam, mutavit *accipiet* et posuit *habebit*. Qui enim habet, nequaquam accepturus est.

Die Lesarten *accipiet* und *vocabitis* in *Es.* 7, 14 finden sich in vielen Vet. Lat.-Texten (z.B. Cyprian, Laktanz, Ambrosius teilweise: Mitteilung von H. Frede); in der Vulgata: *concipiet* und *vocabitis*.

8, 2. **si verba calumniantur:** siehe die Anm. zu 4, 2 de syllabis calumniaris. Eine Wortparallele: *In Ps.* praef. (Biblia Sacra 10, S. 7): Iudaeis singula verba calumniantibus.

8, 2. **ipsud:** Lesart von ıı, idem W. Die andere von Hilberg verwendeten Codices haben *ipsum*, das im Lichte des sonstigen Sprachgebrauchs des Hieronymus wohl den Vorzug verdient.

8, 2. **'vocabunt' et 'vocabitis':** Hieronymus spricht nicht über *vocabis*, das die wörtliche Übersetzung von καλέσεις (LXX) wäre. In seinem Esaia-Kommentar übersetzt er die LXX-Form allerdings wohl mit *vocabis*: *In Es.* 3, 7, 14, 62-64 (CCL 73, S. 104) *Et vocabis nomen eius Emmanuel*, et LXX et tres reliqui similiter transtulerunt, pro quo in Mattheo scriptum est: vocabunt, quod in Hebraeo non habetur; *ibid.* 73-77 In multis testimoniis quae evangelistae vel apostoli de libris veteribus assumpserunt, curiosius attendendum est, non eos verborum ordinem secutos esse, sed sensum. Unde et in praesenti loco, pro: concipiet in utero, Matthaeus posuit: *In utero habebit*; et pro vocabis: *vocabunt*.

8, 2. **in Hebraeo**: Hieronymus übersetzt *vocabit* nach dem Hebräischen, und fügt erklärend hinzu, dass *virgo* Subjekt ist: sed vocabit, inquit, ipsa, quae concipiet, ipsa virgo, quae pariet. Es ist merkwürdig, dass Hieronymus in seinem Vulgata-Text die Lesart *vocabitis*, die eine traditionelle Vetus Lat.-Lesart war, bewahrt hat: er wagte es wohl nicht in einer aus der Liturgie sehr bekannten Perikope sich der Tradition zu widersetzen.

8, 2. **non Achaz**: zielt auf die Lesart καλέσεις/*vocabis*.

8, 2. **non Iudaei**: zielt auf die Lesart *vocabunt*.

8, 3. **Herodem ... illosque respondisse**: kurze Paraphrase von *Mt.* 2, 3-5: Audiens autem Herodes rex, *turbatus est*, et omnis Ierusalem cum illo. Et *congregans* omnes principes *sacerdotum* et *scribas* populi, *sciscitabatur ab eis ubi Christus nasceretur*. At illi dixerunt. Das Zitat *Mt.* 2, 5-6 weist einige Abweichungen dem Vulgatatext gegenüber auf: In Bethlem Iudae; sic enim scriptum est in propheta (Vulg. per prophetam): et tu, Betlem, terra Iuda, nequaquam minima es in ducibus (Vulg. principibus) Iuda; de (Vulg. ex) te enim egredietur (Vulg. exiet) dux, qui regat populum meum Israel.

Wahrscheinlich hat Hieronymus hier selbständig aus dem Griechischen übersetzt. Nach dem Material im Vetus-Latina-Institut in Beuron scheint keine der vorliegenden Belegstellen mit dem von Hieronymus gebrauchten Wortlaut übereinzustimmen; *in propheta* hat keine Parallele, *in ducibus* findet sich in der *afra*, aber *de ... egredietur* steht vereinzelt da (im europäischen Text: ex ... exiet princeps oder rex, dux; im afrikanischen: ex ... prodibit ducator). Die Wahl der Form *egredietur* in der Übersetzung von *Mt.* 2, 6 ist Hieronymus eingegeben worden wegen der Parallelie mit dem folgenden Zitat *Mich.* 5, 2: de te mihi egredietur (Vulg. ex ... egredietur). Um den Unterschied zwischen dem Mt.-Text und der vulgata editio (= LXX) zu zeigen, zitiert Hieronymus *Mich.* 5, 2 in einer wahrscheinlich eigenen Übersetzung: et tu, Betlem, domus Effratha, modicus es, ut sis in milibus Iuda; de te mihi egredietur, ut sit princeps in Israhel (Vulg. Et tu Bethlehem Ephrata parvulus es in milibus Iuda: ex te mihi egredietur, qui sit dominator in Israel).

8, 3. **in Bethlem**: bei den Städtenamen, die indeklinabel sind, liegt Hinzufügung von *in* zur Ortsandeutung auf der Hand; *in* bei Städtenamen findet sich im archaïschen Latein (Plautus, Terenz) und im Spätlatein; cf. Goelzer, S. 344.

8, 4. **Iudae**: in seinem Komm. *In Mt.* 1, 135-143 (CCL 77, S. 13) weist Hieronymus die Lesart *Iudeae* als librariorum error zurück.

8, 4. **verborum ordinisque discordia**: Unterschiede im Wortgebrauch und in der Syntax und Wortfolge.

8, 4. **Hebraicum videas**: Hieronymus kann hier nicht das Argument der *hebraica veritas* benutzen, da in der meist wesentlichen Abweichung die LXX und der hebräische Text miteinander übereinstimmen, nämlich im Fehlen der Negation bei parvulus (modicus): Septuaginta sibi in hoc dumtaxat loco et Hebraico concordante.

8, 4. **Hebraicum ..., in quo scriptum est**: die Übersetzung von

Mich. 5, 2 ist identisch mit der einigen Jahren vorher von Hieronymus verfassten (Vulgatatext).

8, 4. **considera gradatim:** der Evangelist weicht hier sowohl vom hebräischen wie vom griechischen Text ab. Hieronymus hebt drei Unterschiede mit dem hebräischen Text hervor: 1) *terra Iuda* (Hebr.: Effratha); 2) *nequaquam minima es in ducibus Iuda* (Hebr. parvulus es in milibus Iuda). Die Verneinung im Evangeliumtext fehlt im Hebräischen; 3) *dux, qui regat populum meum Israhel*; in *Mich.* 5, 2 (Hebr.): qui sit dominator in Israhel.

8, 4. **Bethlem, terra Iuda:** siehe *Hebr. quaest. in Gen.* 35, 19 (CCL 72, S. 43): Ephrata vero et Bethleem unius urbis vocabulum est sub interpretatione consimili. Si quidem in frugiferam et in domum panis vertitur propter eum panem, qui de caelo descendisse se dicit.

8, 4. **Septuaginta sibi in hoc dumtaxat loco et Hebraico concordante:** hier ist der Sinn bei Matthäus sowohl mit dem der LXX als mit dem des hebräischen Textes in Widerspruch. Hieronymus schliesst die Reihe der Beispiele aus Matthäus mit dem meist schlagenden Beispiel ab (*Mt.* 2, 6). In seinem vor 392 geschriebenen Kommentar zu Micheas suggeriert Hieronymus eine subtile Lösung des Textproblems indem er die Möglichkeit erwägt, Matthäus habe eine wenig korrekte Mitteilung der Schriftgelehrte und Priester absichtlich unverändert wiedergeben wollen (*In Mich.* 2, 5, 2, 78-81, CCL 76, S. 481) et arbitror, Matthaeum volentem arguere scribarum et sacerdotum, erga divinae scripturae lectionem, neglegentiam, sic etiam posuisse, ut ab eis dictum est. Ausserdem erwähnt Hieronymus die Auffassung gewisser Exegeten, dass Abweichungen in Zitaten der Apostel und Evangelisten aus auswendig Zitiertem zu erklären seien (*ibid.*, 81-86): Sunt autem qui asserant, in omnibus pene testimoniis, quae de veteri testamento sumuntur, istiusmodi esse errorem, ut aut ordo mutetur, aut verba, et interdum sensus quoque ipse diversus sit, vel apostolis, vel evangelistis non ex libro carpentibus testimonia, sed memoriae credentibus, quae nonnumquam fallitur.

8, 5. **parvulus es et modicus:** die Adjektiva *parvulus* und *modicus* hat Hieronymus bezugsweise in 8, 4 und 8, 3 verwendet in seiner Wiedergabe des hebräischen und griechischen Textes.

8, 5. **secundum illud apostoli:** es ist klar, dass Hieronymus annimmt, Matthäus habe den alttestamentlichen Text unrichtig zitiert. Er adstruiert den Sinn des Textes der LXX und des hebräischen Grundtextes mit dem Apostelwort (1 *Cor.* 1, 27) *elegit infirma mundi deus, ut confundat fortia* (Vulg.: infirma mundi elegit Deus).

8, 5. **vel 'qui pascat':** da wir die Lesart *qui pascat* nicht in den Vet. Lat.-Texten von *Mt.* 2, 6 finden (Jülicher: *regat*, mit *v.l. reget*, im europäischen Text; *recturus es* in der Afra) ist anzunehmen, dass Hieronymus hier auf den griechischen Text von *Mt.* 2, 6 verweist und daraus übersetzt (ὅστις ποιμανεῖ τὸν λαόν μου τὸν Ἰσραήλ). Ποιμανεῖ geht nicht zurück auf *Mich.* 5, 2 (τοῦ εἶναι εἰς ἄρχοντα τοῦ Ἰσραήλ) sondern auf *Mich.* 5, 4 καὶ ποιμανεῖ τὸ ποίμνιον αὐτοῦ), während daneben 2 *Reg.* 5, 2 Σὺ ποιμανεῖς (Vulg.: *pasces*) τὸν λαόν μου τὸν Ἰσραήλ die

Formulierung bestimmend beeinflusst hat. Bemerkenswert ist, dass die Lateiner in *Mt.* 2, 6 ποιμανεῖ nicht wörtlich übersetzt haben (*qui pascat*) sondern anscheinend zurückgreifen auf *Mich.* 5, 2 ἄρχοντα (*qui regat*).

9, 1. **non ut evangelistas arguam falsitatis:** cf. *In Dan.* 1, 1, 1 (CCL 75A, S. 777) Porphyrius ... suam ostendens imperitiam, dum evangelistae Matthaei arguere nititur falsitatem.

9, 1. **hoc quippe impiorum est, Celsi, Porphyrii, Iuliani:** Hieronymus erwähnt hier die drei wichtigsten Verfasser von Werken gegen das Christentum, die er auch in *De vir. ill.* praef. zusammen nennt: Discant ergo Celsus, Porphyrius, Iulianus, rabidi adversus Christum canes. Einige Male werden Celsus und Porphyrius zusammen erwähnt: *Ep.* 48, 13 Origenes, Methodius, Eusebius, Apollinaris multis versuum milibus scribunt adversum Celsum et Porphyrium; *Ep.* 70, 3 Scripserunt contra nos Celsus atque Porphyrius; *Adv. Ruf.* 3, 42 (PL 23, 511B) Adversum impiissimos, Celsum atque Porphyrium, quanti scripsere nostrorum? Porphyrius und Julian zusammen: *In Mt.* 1, 1275 (CCL 77, S. 55; ad *Mt.* 9, 9) Arguit in hoc loco Porphyrius et Iulianus; *Adv. Ruf.* 2, 33 (PL 23, 476B) (Porphyrius); Julian als Bekämpfer des Christentums: *In Mt.* 1, 46-47 (CCL 77, S. 9) Hunc locum obicit nobis Iulianus dissonantiae evangelistarum; *Ep.* 70, 3 Iulianus Augustus septem libros in expeditione Parthica adversum Christum evomuit; *In Osee* 3, 11, 1 (CCL 76, S. 121) Iulianus Augustus quod adversum nos, id est Christianos, evomuit. Siehe Lübeck, S. 63-64. Für die zahlreichen Zitate aus Porphyrius bei Hieronymus, *ibid* S. 64-86; A. von Harnack, *Porphyrius „Gegen die Christen", 15 Bücher, Zeugnisse, Fragmente und Referate*, in: Abh. der preuss. Akademie, phil.-hist. Klasse (Berlin 1916), Nr. 1, S. 1-115. Das Argument der Unterschiede zwischen den Evangelisten untereinander und der die Zitate aus dem Alten Testament betreffenden Probleme wurde namentlich von Porphyrius verwendet; siehe P. de Labriolle, *La réaction païenne* (Paris 1932), S. 252 (u.a. Fr. 11; Vergleich der zwei Genealogien Christi; Fr. 10: *Mt.* 13, 35, ein Psalmtext, der Esaja zugeschrieben wird; Fr. 17: Judas' Ende in *Act.* 1, 18 und *Mt.* 27, 5; Fr. 60: Unterschiede in der Passionsgeschichte).

Die Bekanntschaft des Hieronymus mit den Werken der drei Bekämpfer des Christentums scheint vorwiegend indirekt gewesen zu sein; cf. Courcelle, *Les Lettres*, S. 64: „Celse, Porphyre, Julien sont à ses yeux les trois symboles de l'impiété: même s'il n'a pas à sa disposition les textes fondamentaux qui ont disparu, du moins connaît-il Celse par Origène, et Porphyre par Méthode, Eusèbe et Apollinaire. Quant à l'ouvrage de l'empereur Julien *Contre les Galiléens*, Jérôme le mentionne, le cite et pense peut-être un instant à le réfuter, comme celui de Porphyre, mais il est difficile de décider si Jérôme l'a lu dans le texte ou ne l'a lu qu'à travers la réfutation d'Apollinaire de Laodicée".

9, 1. **imperitiae:** man könnte wissen, dass die Übersetzung *ad sensum* literarischer Texte die allgemein akzeptierte Übersetzungsweise ist. Siehe 1, 2 *quod ... responsurus sum.*

9, 1. **velint nolint:** cf. Otto s.v. (sprichwörtliche Redensart; in verschiedenen Personen, im Singular und Plural); *Contra Iov.* 2, 21 (PL

23, 330A) velis nolis, quamquam barbam raseris, inter hircos numera-
beris; *In Mt.* 4, 1709 (CCL 77, S. 271) Velitis nolitis, o Iudaei. Stellen-
sammlung bei A. S. Pease, *M. Tulli Ciceronis De Natura Deorum libri
III*, Cambridge Mass. 1955-58 (reprogr. Nachdr. Darmstadt 1968),
S. 171 f.

9, 2. **Marcus, discipulus Petri:** der früheste Text, wo Marcus
Lehrling des Petrus genannt wird, findet sich bei Papias (zitiert von
Euseb, *Hist. eccl.* 3, 39, 15); dann Irenaeus, *Adv. haer.* 3, 1, 1 (cf. Euseb,
Hist. eccl. 5, 8); Tert. *Adv. Marc.* 4, 5. Parallelstellen bei Hieronymus:
De vir. ill. 1 iuxta Marcum, qui auditor eius et interpres fuit; *ibid.* 8
Marcus discipulus et interpres Petri; *In Mt.* praef. 31 (CCL 77, S. 2)
Marcus interpres apostoli Petri. Siehe weiter *Dict. Bibl.* 4, 715-719;
DACL 10, 1738-1741.

9, 2. **principium ... semitas eius:** der hier zitierte Text *Mc.* 1,
1-3 wird auch von Porphyrius (Fr. 9) angeführt, um die Unrichtigkeit
der Quelle dieses Zitates zu betonen: während der Evangelist das Zitat
Isaias zuschreibt, stammt es nach Porphyrius zur Hälfte aus Isaias
(40, 3) und weiter aus Malachias (3, 1), wie auch Hieronymus in 9, 2
feststellt: hoc exemplum de duobus prophetis conpositum est, de Malachia videlicet et Isaia.

Varianten gegenüber dem Vulgatatext: principium (V.: initium),
mitto (V.: ego mitto; in der Hs. Oxoniensis: mitto), viam tuam (V.:
viam tuam ante te; in der Hs. Ox.: viam tuam). Vulgata-Lesarten sind
auch in die Hss. von *Ep.* 57 eingedrungen (s. CSEL 54, S. 518).

9, 2. **de duobus prophetis:** brachylogisch für „aus Texten von
zwei Prophetenbüchern". Andere derartige Beispiele aus *Ep.* 57: 9, 3
in Malachiae fine, in Esaia, in Malachia; 11, 1 in Amos. In der profanen
sowie in der christlichen lateinischen Literatur findet sich der Name
eines Schriftstellers als Bezeichnung seines Werkes (Vergilius: Vergils
Gedichte; David: die Psalmen).

9, 2. **de Malachia videlicet et Esaia:** Goelzer hebt hervor (S. 432),
dass seit Sueton eine Erweiterung der Verwendung von *scilicet* und
videlicet („synonymes de l'expression *id est*") stattgefunden hat; cf.
scilicet in 10, 2.

9, 3. **in Malachiae fine:** sc. 3, 1. LXX Ἰδοὺ ἐξαποστέλλω τὸν
ἄγγελόν μου, καὶ ἐπιβλέψεται ὁδὸν πρὸ προσώπου μου. Vulg. Ecce, ego
mitto angelum meum: et praeparabit viam ante faciem meam.

9, 3. **in Esaia:** sc. 40, 3. LXX φωνὴ βοῶντος ἐν τῇ ἐρήμῳ Ἑτοιμάσατε
τὴν ὁδὸν Κυρίου, εὐθείας ποιῆτε τὰς τρίβους τοῦ θεοῦ ἡμῶν. Vulg. Vox
clamantis in deserto: Parate viam Domini, rectas facite in solitudine
semitas Dei nostri.

9, 3. **in Malachia, in novissimo duodecim prophetarum:**
Hieronymus bezeichnet Malachias öfters als den letzten der Propheten;
cf. *Ep.* 53, 7 Malachias ... in fine omnium prophetarum; *In duodecim
proph.* praef. Et usque ad Malachiam habent singuli proprietates suas;
In Ioel. prol. 10-11 (CCL 76, S. 159); *In Mal.* prol. 1 (CCL 76A, S. 901)
Ultimum duodecim prophetarum Malachiam.

9, 3. **quaestiunculam**: über die Deminutiva bei Hieronymus s. die Anm. zu 4, 1 *chartulis*.

9, 3. **erroris**: ,,verfehlte Meinung über die richtige Übersetzungsart''.

9, 4. **numquam ... solis sacerdotibus**: der zitierte Marcus-Text (2, 25-26) weist einige Unterschiede mit dem Vulgatatext auf: socii eius (V.: qui cum eo erant); ingressus est (V.: introivit in); pontifice (V.: principe sacerdotum); comedit (V.: manducavit); quibus non licebat vesci (V.: quos non licebat manducare); solis sacerdotibus (V.: sacerdotibus).

9, 5. **Samuhelem**: während der Titel im hebräischen Bibeltext ,,Samuel'' lautet, sind die zwei Bücher, um die es sich handelt, in der LXX und in der Vulg. unter die Bücher der Könige aufgenommen worden (Βασιλείων α-β; *Regnorum* oder *Regum* I-II). Diese Einordnung ist nach Hieronymus üblich: 9, 5 ut in communi habetur titulo. Der Text verweist auf 1 *Reg.* 21, 1-6.

9, 5. **non 'Abiathar' scriptum esse**: Hieronymus bemerkt, dass in 1 *Reg.* 21 vom pontifex Abimelech, nicht von Abiathar die Rede ist. Letzterer ist ein Sohn von Abimelech, der aus dem von Saul unter den Priestern angerichteten Gemetzel gerettet wurde (cf. 1 *Reg.* 22, 21).

9, 5. **a Doec ... percussus est**: cf. 1 *Reg.* 22, 18.

9, 5. **scribit ad Corinthios**: sc. 1 *Cor.* 2, 8-9. Die Unterschiede zwischen dem von Hieronymus angeführten Text und dem Vulgatatext sind: maiestatis (V.: gloriae); ascenderunt (V.: ascendit); diligentibus se (V.: iis, qui diligunt illum).

9, 6. **solent in hoc loco apocryphorum quidam deliramenta sectari**: Hieronymus bestreitet hier diejenigen, die der Auffassung huldigen, Paulus habe 1 *Cor.* 2, 8-9 einer apokryphen Schrift entnommen (siehe etwas weiter in 9, 6: quod de Apocalypsi Heliae testimonium sumptum sit). In derartigen Fällen beruft Hieronymus sich gewöhnlich auf die *hebraica veritas*, den bisweilen stark von der LXX abweichenden Grundtext des Alten Testamentes, als die mögliche Quelle für Bibelzitate in den neutestamentlichen Schriften, welche sich im LXX-Text nicht finden. Die Auffassung, derartige Zitate stammen aus apokryphen Schriften, lehnt Hieronymus auch anderswo ab, z.B. in *Praef. in Paralipomenon* (Biblia Sacra 7, S. 6): Ubi scriptum est? Septuaginta non habent, apocrifa nescit Ecclesia; ad Hebreos igitur revertendum est, unde et Dominus loquitur et discipuli exempla praesumunt. Es ist klar, dass der Kanon der heiligen Schriften für Hieronymus schärfer umrissen war als für z.B. Origenes, der sich auch leichter auf die Apokryphen beruft. Dieselbe Ablehnung der Apokryphen durch Hieronymus findet sich in *In Es.* 64, 4 (CCL 73A, S. 735): Unde apocryphorum deliramenta conticeant, quae ex occasione huius testimonii ingeruntur ecclesiis Christi. De quibus vere dici potest, quod sedeat diabolus in insidiis cum divitibus in apocryphis, ut interficiat innocentem. Et iterum (*Ps.* 9, 8): Insidiatur in apocrypho quasi leo in spelunca sua; insidiatur, ut rapiat pauperem. Ascensio enim Esaiae et Apocalypsis Eliae hoc habent testimonium. Cf. *Ep.* 107, 12 caveat omnia apocrypha;

De vir. ill. 1 inter apocryphas scripturas repudiantur; *Contra Vig.* 6 (PL 23, 360B) librum apocryphum ... Quid enim necesse est in manus sumere, quod Ecclesia non recipit?

9, 6. **apocryphorum ... deliramenta:** Hieronymus verwendet diesen Ausdruck mehrmals: *In Es.* 64, 4 (siehe oben); *Prol. in Pentat.* (Biblia Sacra 1, S. 65) quod multi ignorantes, apocryphorum deliramenta sectantur et hiberas nenias libris authenticis praeferunt (für *hiberas nenias* cf. *In Es.* 64, 4; *Contra Vig.* 6, PL 23, 360B-C; *Ep.* 75, 3; *Iberae ineptiae*: *In Amos* 1, 3, 9/10, S. 250); *In Matth.* 2, 654-655 (CCL 77, S. 100) sequentes deliramenta apocryphorum; *In Hiez.* 13, 44, 22/31, 1866 (CCL 75, S. 669) quod in plerisque apocryphorum deliramenta confingunt. Eine ähnliche Verbindung: *In Matth.* 4, 302 ff. (CCL 77, S. 219) ex quibusdam apocryphorum somniis.

9, 6. **deliramenta:** der Terminus, der im Altlatein bei Plautus begegnet, im klassischen Latein fehlt, dann bei Plinius dem Älteren und Fronto auftritt, aber erst im späteren Latein bei christlichen Autoren eine gewisse Frequenz aufweist, findet sich gewöhnlich in polemischem Kontext („albernes Geschwätz"). Im Vulgatatext kommt *deliramentum* ein mal vor: *Lc.* 24, 11. Der Terminus stammt aus der Umgangssprache, siehe Chr. Mohrmann, *Les éléments vulgaires du latin des chrétiens*, VChr. 2 (1948), S. 95 f. *Deliramenta* wird gern von Hieronymus verwendet, um apokryphe Schriften oder häretische Lehren als albern zu kennzeichnen. Cf. TLL 5, 464, 66; 465, 2. 18; Goelzer, S. 60; H. Roensch, *Itala und Vulgata*, Marburg 1875², S. 23. Einige Texte: *In Es.* 1, 1, 47 (CCL 73A, S. 6) Ex quo Montani deliramenta conticeant; von jüdischen Lehren: *In Es.* 15, 54, 11/14, 67-68 (CCL 73A, S. 609) Iudaica deliramenta. Auch in anderen Zusammenhängen: *Adv. Ruf.* 2, 20 (PL 23, 465A) huiuscemodi deliramenta ... prandiorum coenarumque fabulas; *ibid.* 3, 22 (PL 23, 495C) anilium iurgiorum deliramenta.

9, 6. **quidam:** Hieronymus deutet, wie das im Altertum öfters der Fall war, seine Quelle nur sehr allgemein an. Dabei kann auch mitspielen, dass Hieronymus vermeidet, einen Anhänger einer Häresie mit Namen zu nennen: *Tract. de ps.* 132, 145-146 (CCL 78, S. 281) Legi in cuiusdam libro de isto libro apocrypho suam haeresim confirmantis (gemeint ist Origenes, *C. Cels.* 5, 55). Anderswo (*In Hier.* 4, 41, 6, CCL 74, S. 221) sagt Hieronymus, dass er, um seine Gewährsleute zu schonen, die Andeutung mit *quidam, alii* oder *nonnulli* verwendet. Eine nähere Qualifikation kann den Schlüssel liefern, z.B. *Ep.* 18A, 9 Quidam Graecorum, vir in scripturis adprime eruditus (= Origenes), die Quellenforschung kann Erfolg haben (z.B. *In Eccl.* 1, 9-10, CCL 72, S. 257: Legi in quodam libro = Orig. *De princ.* 3, 5, 3, GCS 22, Ausg. P. Koetschau, S. 273), aber in vielen Fällen bleibt die Quelle unsicher. Einige Beispiele der Formel bei Hieronymus: *In Es.* 6, 13, 5, 11 (CCL 73, S. 227) legi in cuiusdam commentariis; *Tract. de ps.* 98, 163 (CCL 78, S. 172) Legi in cuiusdam libro; *In Amos* 1, 3, 3/8, 64 (CCL 76, S. 245) Legi in cuiusdam commentariis; ibid. 183 (S. 248) Scio quemdam in suis scriptum commentariis reliquisse; *In Ion.* 4, 10/11, 233 (CCL 76, S. 418) quidam locum istum interpretans; *In Mich.* 1, 1, 16, 540 (CCL

76, S. 438) Legi in cuiusdam commentariis; *In Mich.* 1, 2, 9/10, 379 (CCL 76, S. 450) Scio me legisse in cuiusdam commentariis; *In Mich.* 2, 4, 8/9, 325 (CCL 76, S. 476) Quidam putant.

Es gibt eine Stelle, wo Hieronymus sich gegen den von Rufin und Pelagius erhobenen Vorwurf verteidigt, dass hinter der sehr allgemeinen Andeutung *quidam dicunt* sich eigene Auffassungen von Hieronymus verstecken (*In Hier.* 4, 41, 6, CCL 74, S. 211) Soleo in commentariis et explanationibus, quorum mos est diversas interpretum sententias ponere, huiuscemodi miscere sermonem: 'quidam hoc dicunt, alii hoc autumant, nonnulli sic sentiunt'. Quod et ipse miserabilis Grunnius et post multos annos discipulus Ioviniani et illius (wahrscheinlich Pelagius) calumniati sunt et calumniantur me sub alienis nominibus proprias sententias ponere, quod ego causa benivolentiae facio, ne aliquem certo nomine videar lacerare.

An unserer Stelle in *Ep.* 57, 9, 6 weist Hieronymus sehr wahrscheinlich auf Origenes hin, der bekanntlich die Quelle des Pauluszitates in den Apokryphen des Isaias gesucht hat: *In Mt. Comm.* 117 (GCS 40, S. 250, 3-6): Sciens quoniam et apostolus scripturas quasdam secretorum profert, sicut dicit alicubi: *Quod oculus non videt nec auris audivit*; in nullo enim regulari libro hoc positum invenitur nisi in secretis Eliae prophetae; siehe J. Rüwet, *Les apocryphes dans l'œuvre d'Origène*, Biblica 25 (1944), S. 143-166. *Quidam* kann sich auf einen einzelnen Autor beziehen, so wie *plerique* und *alii* bei Ambrosius: ,,Denique animadverti oportet Ambrosiam aliorum auctorum sententiam saepe adiectivo *plerique* vel *alii* introducere, etsi unum tantum auctorem in animo habet": O. Faller, *Ambrosius, De fide*, CSEL 78, S. 13.

9, 6. **quod de Apocalypsi Heliae testimonium sumptum sit:** Origenes sagt: *in secretis Eliae prophetae* (siehe die vorhergehende Anm.); über diese Stelle auch: M. R. James, *The lost Apocrypha*, London 1920, S. 53; A. Feuillet, *L'énigme de 1 Cor. II*, 9, Rev. Bibl. 70 (1963), S. 52-74; K. Wessel, *Elias*, RAC 4, 1144: erhalten sind eine hebräische Elias-Apokalypse, aus etwa dem zweiten Jahrh., und Fragmente einer koptischen, christlich bearbeiteten Elias-Apokalypse, wahrscheinlich aus dem vierten Jahrh.

9, 6. **iuxta Hebraicum:** Hieronymus verwendet hier den Text, wie er ihn 390-392 während seiner Bearbeitung des alttestamentlichen Textes mit Hilfe des Hebräischen übersetzt hat. Ein anderes Beispiel eines Zitats, wobei Matthäus vom hebräischen Text ausgegangen sei (*Es.* 9, 1-2), findet sich *In Es.* 3, 9, 1-2, 13-15 (CCL 73, S. 122) Ac primum notandum quod testimonium hoc evangelista Mathaeus non iuxta LXX, sed iuxta Hebraeos posuerit. Siehe L. Ginzberg, *Die Haggada bei den Kirchenvätern. VI. Der Kommentar des Hieronymus zu Jesaja*, in: *Jewish Studies in Memory of George A. Kobut*, New York 1935, S. 291 ff.

9, 6. **hoc Septuaginta multo aliter transtulerunt:** Hieronymus übersetzt hier den LXX-Text: Ἀπὸ τοῦ αἰῶνος οὐκ ἠκούσαμεν οὐδὲ οἱ ὀφθαλμοὶ ἡμῶν εἶδον θεὸν πλὴν σοῦ καὶ τὰ ἔργα σου ἃ ποιήσεις τοῖς ὑπομένουσιν ἔλεον (*Es.* 64, 4). Wie Dr. Frede mir mitgeteilt hat, kommt der Wortlaut des Hieronymus (a saeculo non audivimus neque oculi nostri viderunt deum absque te et opera tua vera et facies expectantibus te misericordiam) dem Hilarius (*De trin.* 5, 33) und den *Florilegia Biblica Africana* (CCL 90, S. 232, 183-184): A saeculo non audivimus, neque oculi nostri viderunt deum praeter te (Text in Cod. Fuld. Bonif. 2, saec. VIII) am nächsten.

9, 7. **παραφραστικῶς**: Courcelle, *Les Lettres*, S. 40[2] hat in Bezug auf die Kenntnis des Griechischen von Hieronymus auf die zahlreichen griechischen Adverbia, welche dieser benutzt, hingewiesen. Er erwähnt für παραφραστικῶς 9 Stellen, von denen eine in dem neuen CCL-Text nicht vorkommt (*In Dan.* 10, CCL 75A, S. 886: περιφραστικῶς statt παραφραστικῶς). Zu bemerken ist, dass es sich nur in *Ep.* 57, 9, 7 um eine freie Wiedergabe eines alttestamentlichen Textes im Neuen Testament handelt, an einer anderen Stelle betrifft es die paraphrasierende Übersetzung des hebräischen Textes in der LXX (*In Naum* 3, 8/12, CCL 76A, S. 564 Haec dicta sunt παραφραστικῶς iuxta Septuaginta interpretes). An den übrigen 6 Stellen bezieht das Adverb sich immer auf die verdeutlichende Interpretation, die Hieronymus selbst von einem schwierigen Schrifttext gibt. *In Aggaeum* 2, 2/10, 132 (CCL 76A, S. 730) Has interim παραφραστικῶς expositionis lineas duxerim; *In Zach.* 3, 11, 8/9, 211 (CCL 76A, S. 853) Haec παραφραστικῶς diximus, ut futurae explanationis semitam sterneremus; *In Naum* 3, 13/17, 639 (CCL 76A, S. 575) Haec παραφραστικῶς, ut ipse prophetae sermo facilius possit intellegi, dicta sint; *In Hiez.* 11, 36, 1/15, 632 (CCL 75, S. 499) Haec παραφραστικῶς more iudaico dixerimus; *In Zach.* 3, 14, 5, 151 (CCL 76A, S. 880) Dicamus παραφραστικῶς ut possint patere quae scripta sunt.

Wir sehen, dass das Adverb von Hieronymus mehr für eine erklärende Umschreibung als in Bezug auf die Übersetzung verwendet wird. Wiewohl Hieronymus in *Ep.* 57, 9, 7 das Wort, allerdings in einem polemischen Kontext, von der freien Wiedergabe eines alttestamentlichen Zitates durch den Apostel Paulus verwendet und damit ein Argument für seine eigene Übersetzungsweise schmiedet, kann παραφράζειν sich auch auf eine allzu freie Übersetzungsweise beziehen. So wird παραφραστής im folgenden Text ungünstig verwendet (gegenüber *interpres*): *Sam. et Malach.* praef. (PL 28, 557B-558A) Et cum intellexeris quod antea nesciebas, vel interpretem me aestimato, si gratus es, vel παραφραστήν, si ingratus. Quamquam mihi omnino conscius non sim, mutasse me quidpiam de Hebraica veritate.

9, 7. **in epistula ad Romanos**: sc. *Rom.* 9, 33 (der Vulgatatext hat *pono* statt *ponam*). Hieronymus bemerkt, dass das Zitat im Römerbrief mit dem hebräischen Grundtext von *Es.* 8, 14 übereinstimmt. Mehrmals betont Hieronymus, dass Paulus mit dem Hebräischen besser vertraut war als mit dem Griechischen; gewisse Vulgarismen in seinen griechisch geschriebenen Briefen fänden darin ihre Erklärung; cf. *In Gal.* 3, 6 (PL 26, 455A-B) Hebraeus igitur ex Hebraeis (*Philipp.* 3, 15) et qui esset in vernaculo sermone doctissimus, profundos sensus aliena lingua exprimere non valebat: non curabat magnopere de verbis, cum sententiam habebat in tuto; *In Eph.* 2, 3 (PL 26, 509B) Nos quotiescumque soloecismos, aut tale quid adnotaverimus, non Apostolum pulsamus, ut malivoli criminantur, sed magis Apostoli assertores sumus, quod Hebraeus ex Hebraeis, absque rhetorici nitore sermonis, et verborum compositione, et eloquii venustate, numquam ad fidem Christi totum mundum transducere valuisset, nisi evangelizasset eum non in sapientia verbi, sed in virtute Dei; *In Tit.* 1 (PL 26, 592C) profundos sensus Graeco sermone non explicat, et, quod cogitat, in verba vix promit.

Über die alttestamentlichen Zitate im Römerbrief schreibt Hieronymus auch anderswo, dass der Apostel den hebräischen Grundtext benutzt. Wenn sich in *Rom.* 3, 13 ff. (zitiert in *Commentarioli in Ps.* 13, 3, CCL 72, S. 193) ein Zitat findet, das nach einigen Exegeten aus *Ps.* 13, 3 ff. stamme, einer Perikope die aber im hebräischen Text nicht vorkommt, legt Hieronymus dar, dass es sich um ein Zitat aus verschiedenen anderen Schriftstellen handle (wovon der hebräische Text also bekannt war): Ab hoc versu usque ad eum qui dicit 'Non est timor Dei in conspectu oculorum eorum', in hebraicis codicibus non habetur: quaeritur ergo quomodo apostolus usus sit testimonio in epistula quam ad Romanos scripsit. Respondebimus apostolum de Deuteronomio, Psalterio, et ceteris scripturarum locis hoc testimonium texuisse (siehe auch *Es.* praef., wo Deuteronomium — gemeint ist wahrscheinlich 32, 33 — nicht erwähnt wird).

Eine Ausnahme — in *Rom.* 1, 17 folgt Paulus dem LXX-Text von *Abac.* 2, 4 — erklärt Hieronymus aus der Tatsache, dass die Christen in Rom das Hebräisch nicht beherrschten (*In Abac.* 1, 2, 2/4, 178-187, CCL 76A, S. 600): Porro quod apostolus LXX magis testimonio abusus est ad Romanos scribens: Iustus autem ex fide mea vivet, et non eo quod habetur in Hebraico causa perspicua est. Scribebat enim Romanis, qui scripturas Hebraicas nesciebant; nec erat ei cura de verbis, cum sensus esset in tuto, et damnum ex eo praesens disputatio non haberet. Alioquin, ubicumque diversus est sensus, et aliter scriptum est in Hebraico, aliter in LXX, nota eum uti his testimoniis quae a Gamaliele doctore legis didicerat.

9, 7. **de Esaia propheta:** in seinem Kommentar *In Es.* 3, 8, 14 (CCL 73, S. 117) zitiert Hieronymus *Rom.* 9, 33 mit der Form *ponam* wie in *Ep.* 57.

9, 7. **discordat a translatione veteri:** *translatio vetus* ist der LXX-Text, oder eine lateinische Übersetzung nach der LXX. Cf. *Ep.* 48, 4 veterem editionem nostrae translationi conpara; *Ios.* praef.: inviolata editione veteri ... novam condidi; *ibid.*: Nunc vero cum pro varietate regionum diversa ferantur exemplaria, et germana illa antiquaque translatio corrupta sit atque violata.

9, 7. **in Septuaginta enim contrarius sensus est:** der LXX-Text lautet: καὶ οὐχ ὡς λίθου προσκόμματι συναντήσεσθε αὐτῷ οὐδὲ ὡς πέτρας πτώματι. Hieronymus verweist auch auf 1 *Pt.* 2, 7-8 (in gekürzter Form; für *incredulis* findet man in der Vulgata *non credentibus*), wie er auch in seinem Kommentar zu Esaia diese Stelle heranzieht (*In Es.* 8, 14, CCL 73, S. 117).

9, 8. **apostolos ... non verba**: s. die Anm. 7, 1 *evangelistae et apostoli*. Neulich hat H. J. Frede eine Nachwirkung dieser Auffassung des Hieronymus in einem anonymen Pauluskommentar aus Budapest festgestellt: *Ein neuer Paulustext und Kommentar* (Vetus Latina. Aus der Geschichte der lateinischen Bibel 7), Freiburg 1973, S. 216 (z.B.: tenens consuetudinem suam apostolus Paulus sensu testimonii utitur verba commutans); s. auch Beda, *In Marci Ev. Expos.* Lib. II, PL 92, 183 (zitiert in Anm. 7, 1 *quod interpretatur*).

10, 1. **Lucas**: nachdem Hieronymus Texte aus Mt., Mc. und zwei Apostelbriefen angeführt hat, zitiert er noch *Act.* 7, 14-16. Das Zitat geht auf *Gen.* 23 und 33, 18-20 zurück, weicht aber inhaltlich einigermassen ab.

10, 1. **vir apostolicus**: Lukas wird hiermit als Apostelschüler bezeichnet. Auch z.B. Klemens von Rom (nach Hieronymus der unmittelbare Nachfolger des Petrus) wird zu den *viri apostolici* gerechnet: *In Es.* 14, 52, 13/15, 37 (CCL 73A, S. 587). Besonders geläufig ist Hieronymus die Wendung *apostoli et viri apostolici*: z.B. *Adv. Ruf.* 2, 22 (PL 23, 466C) et apostoli et apostolici viri, qui linguis loquebantur; *In Os.* 2, 9, 10, 261 (CCL 76, S. 99) in apostolis et apostolicis viris; *In Es.* 9, 30, 24, 22 (CCL 73, S. 393) id est apostoli et viri apostolici; *In Es.* 10, 32, 9/20, 38 (CCL 73, S. 409) apostoli et apostolici viri; *In Es.* 13, 49, 22/23, 40-41 (CCL 73A, S. 546); *In Es.* 14, 52, 1, 9 (CCL 73A, S. 587).

10, 1. **primum Christi martyrem**: über den Gen. *Christi* bei *martyr* s. H. A. M. Hoppenbrouwers, *Recherches sur la terminologie du martyre de Tertullien à Lactance* (LCP 15), Nijmegen 1961, S. 99-100 (bereits bei Cyprian handelt es sich nicht um einen gen. obi., sondern um einen Gen., der die Zugehörigkeit zu Christus zum Ausdruck bringt).

10, 1. **in Iudaica contentione**: „inmitten eines heftigen Tumultes der Juden". Die v.l. *contione* ist deshalb weniger wahrscheinlich, weil nach *Act.* 6, 12 (et adduxerunt in concilium) Stephanus nicht vor einer grossen Menge, sondern vor dem Sanhedrin spricht.

10, 1. **in septuaginta quinque animabus descendit**: der Vulgatatext lautet: in animabus septuaginta quinque. Et descendit ... Über den Unterschied zwischen dem hebräischen Text, wo die Zahl 66 genannt wird, und der LXX, wo von 75 die Rede ist, siehe *Hebr. quaest. in Gen.* 46, 27 (CCL 72, S. 50): Hieronymus betont, dass der mit griechischer Bildung vertraute Lukas sich der griechischen Textform der Bibel (der LXX) bedient hat und nach vieler Ansicht das Hebräisch nicht beherrschte (licet plerique tradant Lucam evangelistam ut proselytum hebraeas litteras ignorasse).

10, 1. **quod scilicet**: s. die Anm. zu 9, 2 *de Malachia videlicet*.

10, 2. **ab Efron Chetheo, filio Saar**: cf. *Gen.* 23, 8 Ephron filium Seor.

10, 2. **quadringentis didragmis argenti**: cf. *Gen.* 23, 16 quadringentos siclos argenti.

10, 2. **speluncam duplicem**: cf. *Gen.* 23, 9.17.19.

10, 2. **et agrum circa eam:** cf. *Gen.* 23, 17 tam ipse (sc. ager), quam spelunca.

10, 2. **in eodem libro postea legimus:** *Gen.* 33, 18-20. Hieronymus paraphrasiert diesen Text in der indirekten Rede mit einigen Hinzufügungen, Verschiebungen und Auslassungen (z.B. invocasse deum Israhel: V. invocavit super illud fortissimum Deum Israel) sowie einigen Varianten in der Wortwahl: posuisse tabernacula (V.: fixis tentoriis), habebat tentoria (V.: fixerat tabernacula), statuisse ibi altare (V.: erectoque ibi altari).

10, 3. **Abraham non emit specum ab Emmor:** cf. Beda, *Super Acta Ap. expos.* (PL 92, 958) Non emit ergo Abraham sepulcrum ab Hemor Sichemita, sed ab Ephron Hethaeo, in quo duodecim patriarchae non sunt sepulti, sed in Sichem, ut diximus.

10, 3. **Chebron, quae corrupta dicitur Arboc:** cf. *Ios.* 14, 15; 15, 54; 20, 7. In seiner Übersetzung von Eusebs *Onomasticon* (um 390) hat Hieronymus sich einen Exkurs anlässlich Arboc erlaubt, in dem er ebenfalls bemerkt, dass er diese Form als korrupt betrachtet (GCS 11, I, 1, S. 7, 11-14): Arboc. corrupte in nostris codicibus Arboc scribitur, cum in Hebraeis legatur Arbe, id est quattuor, eo quod ibi tres patriarchae, Abraam, Isaac et Iacob, sepulti sunt, et „Adam magnus", ut in Iesu libro scriptum est: licet eum quidam conditum in loco Calvariae suspicentur. Eine weitere Notiz über Arboc findet man in *Hebr. quaest. in Gen.* 23, 2 (CCL 72, S. 28) Nomen quoque civitatis Arboc paulatim a scribentibus legentibusque corruptum est ... Sed dicitur arbee, hoc est quatuor, quia ibi Abraham et Isaac et Iacob conditus est et ipse princeps humani generis Adam: ut in Hiesu libro apertius demonstrabitur.

10, 3. **duodecim ... patriarchae ... in Sychem:** cf. *Ios.* 24, 32 Ossa quoque Ioseph ... sepelierunt in Sichem.

10, 3. **differo solutionem:** Hieronymus will an dieser Stelle nur hervorheben, dass die Zitate aus dem Alten Testament bisweilen wegen ihrer Abweichungen vom Originaltext Probleme hervorrufen können. Zu beachten ist hier die Bemerkung Bedas, dass es sich für Stephanus (*Act.* 7) nicht um die Erzählung als solche, sondern um die Sache, die er verteidigt, handle; *Super Acta Ap. expos.* (PL 92, 958): Verum beatus Stephanus vulgo loquens, vulgi magis in dicendo sequitur opinionem. Duas enim pariter narrationes coniungens, non tam ordinem circumstantis historiae, quam causam de qua agebatur, intendit.

10, 3. **et intellegant non verba in scripturis consideranda, sed sensum:** diese Aussage des Hieronymus steht zu seiner Feststellung in 5, 2, dass in den heiligen Schriften selbst die Wortordnung ein Mysterium ist, im Widerspruch. Anderswo betont Hieronymus bisweilen, dass er eine Stelle nicht wörtlich, sondern dem Sinn nach aus dem Hebräischen übersetzt: *Ep.* 112, 19 de ipso Hebraico, quod intellegebamus, expressimus: sensuum potius veritatem, quam verborum interdum ordinem conservantes. Auf die Auslegung, nicht auf die Übersetzung liegt der Nachdruck in *Ep.* 21, 42 maxime cum in ecclesiasticis rebus non quaerantur verba sed sensus, id est panibus sit vita sustentanda non siliquis.

10, 4. **heli heli lama sabtani, quod interpretatur: deus meus, deus meus, quare me dereliquisti?**: der Vulgatatext von *Mt.* 27, 46 lautet: Hoc est: Deus meus, Deus meus, utquid dereliquisti me? (Auch in den Vet. Lat.-Texten findet sich das in Ep. 57, 10, 4 von Hieronymus vermiedene *utquid*). Wie A. Amelli dargelegt hat, soll man in *Ep.* 57, 10, 4 in der Übersetzung des hebräischen Textes *deus meus deus meus* statt der Lesart Hilbergs *deus deus meus* lesen (*Analecta Hieronymiana et patristica*, in: Miscellanea Geronimiana, S. 157-158). Der Matthäus-Text ist, wie Hieronymus betont, gleichlautend mit dem hebräischen Text von *Ps.* 21, 2. Auch anderswo hat er den nämlichen Text mit *deus meus deus meus* übersetzt: ausser in der Revision des Evangelientextes (Vulgata) in *Adv. Ruf.* 2, 34 (PL 23, 477A-B): Et in ipsa cruce Eli, eli, lema azabathani quod interpretatur: ,,Deus meus, Deus meus, quare me dereliquisti?'' non ut a Septuaginta positum est: ,,Deus, Deus meus, respice in me, quare me dereliquisti?'' (LXX ʿΟ θεὸς ὁ θεός μου); und in *In Mt.* 4, 1767-1768 (CCL 77, S. 274). Hilberg hat in unserem Text nicht die richtige Lesart gewählt, wobei er sich weder der Tradition noch der Mehrheit der von ihm verwendeten Handschriften angeschlossen hat. Der Unterschied mit dem Text der LXX spricht bei wörtlicher Übersetzung des Mt.-Textes aus dem Hebräischen um so deutlicher.

10, 4. **cur septuaginta translatores interposuerint: 'respice me'**: im LXX-Text von *Ps.* 21, 2 ist πρόσχες με hinzugefügt worden, wofür ein Äquivalent im Originaltext fehlt. Während Hieronymus früher im sog. Psalterium Gallicanum (= Vulg.-Text) mit *respice in me* übersetzt hat, legt er jetzt in 10, 4 offenbar Wert darauf, die zwei hinzugefügten Wörter ebenfalls mit zwei Wörtern wiederzugeben (si duo verba sunt addita). Ähnliche Bemerkungen wie in 10, 4 über diesen Text finden sich auch anderswo in Hieronymus' Werken: *Comment. in ps.* 21 (CCL 72, S. 198) Quod autem habet in medio 'intende mihi', in hebraeis codicibus non habetur; et adpositum vox Domini declarat, quae illud etiam in evangelio praetermisit; *In Mt.* 4, 1769-1771 (CCL 77, S. 274) illudque quod in medio versiculo legitur, Respice me, superfluum est. Legitur enim in hebraeo: Deus meus, Deus meus, quare me dereliquisti? In *Adv. Ruf.* 2, 34 (PL 23, 477A) erwähnt Hieronymus mehrere alttestamentliche Texte, welche Christus nach dem hebräischen Grundtext zitiert: Dominus atque Salvator ubicunque veteris Scripturae meminit, de Hebraicis voluminibus ponit exempla, ut est illud: ,,Qui credit in me, sicut Scriptura dicit: Flumina de ventre eius fluent aquae vivae (*Ioh.* 7, 38)''. Et in ipsa cruce: Eli, Eli lema azabathani, quod interpretatur: ,,Deus meus, Deus meus, quare me dereliquisti?'' non ut a Septuaginta positum est: ,,Deus, Deus meus, respice in me, quare me dereliquisti (*Ps.* 21, 1)'' et multa his similia.

10, 4. **Respondebunt:** Hieronymus argumentiert hier sehr geschickt mit Hilfe eines Bibeltextes, von dem seine Gegner gestehen müssen, dass eine kleine Hinzufügung den wesentlichen Sinn nicht schadet. Er weiss es so zu formulieren, als reichen seine Gegner selbst ihm das Argument *nihil in sensu damni* an.

10, 4. **non periclitari ecclesiarum statum:** es handle sich hier nach Hieronymus nicht um dogmatische Fragen, sondern um unwichtige stilistische Einzelheiten.

10, 4. **celeritate dictantis:** siehe die Anm. zu 2, 2 *raptim celeriterque dictavi.*

10, 4. **si ... aliqua verba dimiserim:** *dimiserim* steht zum vorhergehenden *addita* im Gegensatz. Ohnehin durch schnelles Diktieren verursachte Auslassungen sind in Hieronymus' Augen noch weniger zu beanstanden als Hinzufügungen. Die Entschuldigung *celeritate dictantis* reimt sich allerdings schlecht mit der Verteidigung einer freien Übersetzung aus stilistischen Gründen zusammen.

11, 1. **quanta Septuaginta de suo addiderint, quanta dimiserint:** Synonyme für *dimittere* bei Hieronymus sind z.B. *praetermittere* und *auferre*. *Praetermittere* findet sich auch in *Ep.* 57, s. zu Anm. 5, 2 *quanta ... praetermiserit, quanta addiderit*. Einige andere Texte: *Adv. Ruf.* 3, 14 (PL 23, 488D) *quare de Origene vel abstuleris quaedam, vel addideris, vel mutaveris*; ibid. 489A *quae dimisisti vel addidisti*. Auch *subtrahere* kommt vor: *In Hier.* 4, 43, 2 (CCL 74, S. 212) *quid mutatum, quid additum, quid subtractum sit*.

11, 1. **in exemplaribus ecclesiae:** gemeint sind die offiziellen Bibelhandschriften, welche zum kirchlichen Bücherbesitz gehörten. Diese Texte sind gewöhnlich sorgfältig korrigiert und nicht selten (seit Origenes) von kritischen Zeichen versehen worden; cf. *In Es.* 3, 6, 11/13, 43-44 (CCL 73, S. 95) *sed de Hebraico et Theodotionis editione ab Origene additum, in Ecclesiae fertur exemplaribus*.

Exemplar ist ein mehrdeutiger Terminus, der als Synonym von *liber* und *codex* die Handschrift eines Textes bezeichnen kann, sowohl das Original (*De vir. ill.* 35) als eine Kopie (*Ep.* 110, 5). Mehr auf das Inhaltliche bezogen, kann *exemplar* auch zur Bedeutung „Textform" gelangen: (*praef. in Nov. Test.*) *tot sunt exemplaria paene quot codices.*

11, 1. **obelis asteriscisque:** der *obelus*, anderswo von Hieronymus auch bezeichnet als *virga, transversa virga, virgula, iacens linea* und *veru*, deutet seit der alexandrinischen grammatikalischen Tradition (ὄβελος) einen unechten oder überflüssigen Passus an. Der *asteriscus* (ἀστερίσκος), von Hieronymus auch *stella (illuminans)* oder *radians signum* genannt, sichert die Echtheit einer umstrittenen Stelle. Origenes hatte diese Zeichen als erster für ein wissenschaftliches Studium des Schrifttextes verwendet und von diesem Gelehrten hatte Hieronymus das System übernommen. Diese kritischen Zeichen hatten es dem Origenes ermöglicht, das Verhältnis der LXX zum hebräischen Grundtext im einzeln klarzumachen. Darüber sagt Hieronymus: *In Pent. praef.* (Biblia Sacra 1, S. 64) *asterisco et obelo, id est stella et veru, opus omne distinguens* (sc. Origenes), *dum aut inlucescere facit quae minus ante fuerant, aut superflua quaeque iugulat et confodit; In Iob praef.* (Biblia Sacra 9, S. 69) *et omnia Veteris Instrumenti volumina Origenes obelis asteriscisque distinxerit*. Hieronymus äussert sich bisweilen weniger positiv über Origenes' textkritische Arbeit: *Ep.* 112, 9 *septuaginta interpretum libros ... ab Origene emendatos sive corruptos*

per obeliscos et asteriscos (er wirft ihm eine Mischung der Texte der
LXX und des Hebräischen vor, ausserdem habe Origenes seinen Text
aus der Übersetzung des Theodotion ergänzt). Hieronymus spricht
mehrmals über die Benutzung griechischer Codices, die mit Obeli und
Asterisken versehen waren: *In Es.* 3, 3, 5-8, 66 (CCL 73, S. 114) in
Hebraico non habetur, et in Graecis codicibus ÷ veru iugulante confos-
sum est; *In Es.* 7, 23, 6/7, 5 (CCL 73, S. 309) de Hebraico additum est
et asterisco, id est stellis illuminantibus praenotatur.

In seinen eigenen Übersetzungen hat Hieronymus sich auch mehrmals
dieser kritischen Zeichen bedient. Hierfür seien folgende Texte angeführt: *Ep.* 112, 19 cur prior mea in libris canonicis interpretatio asteriscos
habeat et virgulas praenotatas; *In Psalterium quod secundum Septuaginta editionem correxit praef.* Notet sibi unusquisque vel iacentem
lineam, vel radiantia signa, id est obelos vel asteriscos. Et ubicumque
viderit virgulam praecedentem, ab ea usque ad duo puncta quae im-
pressimus, sciat in Septuaginta plus haberi. Ubi autem perspexerit
stellae similitudinem, de Hebraeis voluminibus additum noverit aeque
usque ad duo puncta; *In Dan. praef.* (PL 28, 1359A) veru anteposito;
In Ios. praef. (Biblia Sacra 4, S. 6) sub asteriscis et obelis; *Alia in
Iob praef.* (Biblia Sacra 9, S. 75) virgulas ... stellae; *In Paral. praef.*
(Biblia Sacra 7, S. 5) asteriscis ... virgulis; *Ad Domnionem et Rogatianum in eundem (= Paral.) praef.* (Biblia Sacra 7, S. 9-10) Ubicumque
ergo asteriscos, id est stellas, radiare in hoc volumine videritis, ibi
sciatis de hebreo additum quod in latinis codicibus non habetur. Ubi
vero obelus, transversa scilicet virga, praeposita est, illic significatur
quid Septuaginta interpretes addiderint, vel ob decoris gratiam, vel ob
Spiritus Sancti auctoritatem, licet in hebreis voluminibus non legatur.
Mehrmals kommt Hieronymus bei der Besprechung einzelner text-
kritischer Fragen auf die Bezeichnung mittels kritischer Zeichen zurück
(so z.B. in *Ep.* 106).

   11, 1. **in Esaia:** Hieronymus übersetzt hier wörtlich den LXX-
Text von *Ep.* 31, 9 (σπέρμα: semen; οἰκείους: domesticos). Der von
ihm nach dem Hebräischen revidierte Vulgatatext lautet ganz anders:
cuius ignis est in Sion, et caminus eius in Ierusalem. Der Name des
Propheten deutet das Buch an, ein übliches Verfahren, so auch: *in
Amos* (cf. auch *In Es.* 18, 66, 15/16, CCL 73A, S. 784 et in Amos scriptum est).

   11, 1. **in Amos:** Hieronymus führt ein zweites Beispiel an, wo der
LXX-Text eine ganz andere Lesart bietet als der hebräische Grundtext
(ὡς ἑστῶτα ἐλογίσαντο καὶ οὐχ ὡς φεύγοντα: stantia putaverunt haec et
non fugientia). Im Vulgatatext hat Hieronymus nach dem Hebräischen
korrigiert: sicut David putaverunt se habere vasa cantici.

   11, 1. **sensus rhetoricus et declamatio Tulliana:** ironisch spricht
Hieronymus hier von einer Stilübung (*declamatio:* rhetorischer Terminus
technicus) nach ciceronianischer Art.

   Das Adjektiv Tullianus kommt bei Hieronymus nicht selten vor;
einige Stellen aus den Briefen: *Ep.* 36, 14, 1 ex flumine Tulliano; 58, 8, 1

Tulliana ... puritate; 58, 10, 2 fluvius eloquentiae Tullianae; 130, 6
Tulliani fluvius ... ingenii; 147, 1 mare illud eloquentiae Tullianae.

11, 2. **nostra interpretatio, si ... translationi veteri confera-
tur**: auch anderswo ruft Hieronymus den Leser auf, den LXX-Text
mit seiner Übersetzung aus dem Hebräischen zu vergleichen, um so
die Unterschiede festzustellen: *In Hier.* 4, 43, 2 (CCL 74, S. 212) Si
voluero per loca notare singula, quanta LXX vel praetermiserint vel
mutaverint, longum fiet, praesertim cum possit diligens lector et utraque
editione considerare, quid mutatum, quid additum, quid subtractum
sit (anlässlich *Hier.* 22, 29-30).

11, 2. **a diligenti lectore**: bereits Ovid verwendet Epitheta, die
sich auf die intellektuelle Qualitäten des Lesers beziehen (*Trist.* 5, 9, 9);
so auch z.B. Plin. *Ep.* 4, 14, 7 sapiens subtilisque; siehe TLL 7, 2, 1091,
24-52. Das Appellieren an das Wohlwollen des Lesers ist alt: cf. Ov.
Trist. 1, 11, 35 candide; 3, 1, 2 amice. Die Frage der Verwendung von
Epitheta wird auch von Antin gestreift: *Saint Jérôme et son lecteur*,
RScR 34 (1947), S. 85 (= Antin 1968, S. 348-349). Hieronymus hat
eine Fülle von günstigen Adjektiven zur Qualifizierung seiner Leser
verwendet: 1. *Curiosus*: *Tract. de ps.* 15, 454 (CCL 78, S. 379) Sed et
illud forsitan curiosus lector obiciat; 2. *Diligens*: *Tract. de ps.* 15, 444
(CCL 78, S. 379) Diligens lector perfacile iudicabit; *In Es.* 8, 26, 5/6,
14-15 (CCL 73, S. 331) Et hoc diligens lector observet; 3. *Doctus*: *In Es.*
5, 19, 23, 6 (CCL 73, S. 199) Doctus lector ... resolvat; 4. *Eruditus*:
In Ion. 1, 3, 106-107 (CCL 76, S. 383) Scit eruditus lector; 5. *Fidelis*:
Ep. 21, 26 Fidelis mecum lector intellegis; *In Es.* 7, 23, 15/18, 49 (CCL
73, S. 314) fidelis lector intellegit; 6. *Prudens*: diese Qualifikation ist
sehr frequent; einige Beispiele: *In Ion.* 1, 3, 124-125 (CCL 76, S. 383)
Prudens rogandus est lector; *Tract. de ps.* 7, 221 (CCL 78, S. 27) prudens
lector intellige; *ibid.* 106, 103 (S. 199) prudens lector inveniat; *ibid.*
82, 103 (S. 388) Sed dicat prudens lector; ebenso zur Einführung einer
fingierten Einwendung: *ibid.* 82, 127 (S. 389) Dicat prudens lector:
Huic interpretationi quam dixisti contrarium est ...; *In Es.* 7, 18,
1/3, 29 (CCL 73, S. 274) Prudens forsitan lector inquirat; *Ep.* 108, 20
Dicat prudens lector; in den gesprochenen Predigten *Tractatus in
psalmos* findet sich bisweilen auch die Wendung *prudens auditor*: *Tract.
de ps.* 146 (CCL 78, S. 200) prudens me auditor intellegit; *ibid.* 131, 27
(S. 273) ut prudens auditor ... ipse a se intellegat; 7. *Studiosus*: *Ep.*
126, 2, 1.

Fast immer ist der Leser Subjekt, und steht das Verbum in der
dritten Person (in der zweiten Person nur in *Ep.* 21, 26; Apostrophe in
Tract. de ps. 7, 221). Sehr oft kommen derartige Wendungen in einer
Argumentation ad captandam benevolentiam vor („der Leser wird
verstehen"), mit Verba wie: intellegere, scire, invenire, observare,
resolvere, iudicare. Bisweilen leiten sie eine fingierte Einwendung ein
(verbunden mit dicere, obicere, z.B. *Tract. de ps.* 82, 127).

11, 2. **iure Septuaginta editio obtinuit in ecclesiis**: s. die Anm.
zu 7, 1 *septuaginta interpretes*. In der Beurteilung der LXX ist Hieronymus nicht konsequent geblieben: seit seiner Beschäftigung mit der

Übersetzung des Alten Testaments aus dem hebräischen Grundtext,
hat er sich kritischer über den LXX-Text geäussert, insbesondere was
einzelne Stellen betrifft. Er geht hierbei in der Spur von Origenes, der
für seine Textkritik und Exegese sowohl den hebräischen Text als die
späteren griechischen Übersetzungen von Aquila, Symmachus und
Theodotion verwendete und dessen philologische Arbeit als eine Be-
drohung für die Anerkennung des inspirierten Charakters der LXX
betrachtet werden konnte, so wie sie in der Kirche der ersten Jahr-
hunderte, wie vorher bei den Juden, vorherrschend war.

In *Ep.* 57, 11, 2 nennt Hieronymus drei Gründe für eine positive
Schätzung der LXX: ihr Alter (quae prima est), ihre Datierung vor
Christi Geburt (ante Christi fertur adventum: dies im Gegensatz zu den
anderen griechischen Übersetzungen, welche ausserdem nach Hieronymus
tendenziöse Fälschungen enthalten) und die Tatsache, dass sie den
Text bildet, der von den Aposteln verwendet wurde, allerdings mit der
Einschränkung: insofern sie keine Unterschiede mit dem Hebräischen
aufweist (quia ab apostolis, in quibus tamen ab Hebraico non discrepat,
usurpata). Das letzte Argument, die apostolische Tradition spreche
zugunsten der LXX, findet sich zum Beispiel auch bei Rufin, *Apol.
contra Hier.* 2, 37, 25-26, CCL 20, S. 112) Decepit Petrus apostolus
ecclesiam Christi, et libros ei falsos et nihil veritatis continentes tradidit?

11, 2. **Aquila autem:** Ἀκύλας, Grieche aus Sinope im Pontus,
wahrscheinlich jüdischer Proselyt (s. folg. Anm.), übersetzte unter Kaiser
Hadrian das hebräische Alte Testament ins Griechische, sowie nach
ihm, ebenfalls im zweiten Jahrhundert, Symmachus und Theodotion.
Ihr Absicht war, eine Übersetzung zu bieten, welche dem Originaltext
näherstand als die LXX. Hieronymus benutzt aus apologetischen und
textkritischen Motiven auch diese Übersetzungen (cf. *Adv. Ruf.* 3, 25;
PL 23, 498A).

Lit.: F. Field, *Origen's Hexapla*, Oxford 1, 1867; 2, 1874 (anast.
Nachdr. Hildesheim 1964; Ausg. der Fragmente); J. Reider, *Prolegomena
to a Greek-Hebrew and Hebrew-Greek Index to Aquila*, Philadelphia 1916;
A. E. Silverstone, *Aquila and Onkelos*, Manchester 1931; D. Barthélémy,
Les devanciers d'Aquila (Vetus Testamentum, Suppl. 11), Leiden 1963;
J. Reider - N. Turner, *An Index to Aquila* (Vetus Testamentum, Suppl.
12), Leiden 1966.

11, 2. **proselytus:** christliche Schriftsteller haben öfters betont,
dass die späteren griechischen Übersetzer Proselyten (oder Ebioniten)
seien. So seit Irenaeus, *Adv. haer.* 3, 21, 1 Θεοδοτίων . . . ὁ Ἐφέσιος καὶ
Ἀκύλας ὁ Ποντικὸς ἀμφότεροι Ἰουδαῖοι προσήλυτοι (= Eus., *Hist. eccl.*
5, 8, 10).

11, 2. **contentiosus interpres:** wie wenig einheitlich Hieronymus'
Urteil über Aquilas Übersetzungsweise lautet, geht aus der Ablehnung
in *Ep.* 36, 12 der hier gebotenen Charakterisierung hervor: Aquila
namque, qui non contentiosius, ut quidam putant, sed studiosius verbum
interpretatur ad verbum (anlässlich *Gen.* 15, 16). Den in 11, 2 folgenden
Ausdruck *verbum de verbo exprimere* verwendet Hieronymus auch anderswo um Aquilas Übersetzungsweise zu charakterisieren: *In Es.* 16, 58,

9/10, 17 (CCL 73A, S. 668) Aquila, verbum de verbo exprimens. Lit. zu Aquilas Übersetzung: H. B. Swete, *An Introduction to the Old Testament in Greek*, ed. by H. St. J. Thackeray, Cambridge 1914², S. 31-42; U. C(assuto), *Encyclopaedia Judaica* 3, Berlin 1929, S. 27-35; A. Rahlfs, *Einleitung zur LXX-Ausgabe*, Stuttgart 1949³, 1, S. VIII-X; S. Jellicoe, *The Septuagint and Modern Study*, Oxford 1968, S. 76-83.

11, 2. **contentiosus**: „eigenwillig". Das Epitheton dient bei Hieronymus sowohl zur Charakterisierung der Übersetzungsweise (a) als der Exegese (b): a. *Ep.* 106, 55, 1 contentiose verba scrutari aut syllabas; *In Eph.* 1, 2 (PL 26, 507A) ut contentiosius verbum exprimamus e verbo; b. *In Os.* 1, 1, 8/9, 303 (CCL 76, S. 14) Si quis autem contentiosus interpres noluerit recipere ista, quae diximus; *In Os.* 1, 2, 16/17, 432 (CCL 76, S. 29) Aquila diligens et curiosus interpres; *In Os.* 3, 13, 3, 79 (CCL 76, S. 143) Si quis autem contentiosus et nolens recipere Hebraicam veritatem; *In Abac.* 1, 2, 19/20, 808 (CCL 76A, S. 616) si quis contentiose spiritum perversum in hoc loco voluerit accipere; *In Zach.* 1, 3, 10, 257 (CCL 76A, S. 777) Tamen si quis et contentiosius noluerit hoc referre ad lapidem.

11, 2. **qui non solum verba, sed etymologias verborum transferre conatus est**: ein Beispiel nennt Hieronymus in *In Hiez.* 5, 16, 23/26, 84-85 (CCL 75, S. 187) Aquila, volens exprimere ἐτυμολογίαν sermonis hebraici 'gob'. In seinen theoretischen Betrachtungen weist Hieronymus das Streben nach Etymologisierung beim Übersetzen ab; siehe auch *In Gal.* 3, 5 (PL 26, 451B) Verum nos quia non verborum etymologias, sed Scripturae sensum disserere conamur. In der Praxis der Exegese jedoch gibt er, öfters zur Erläuterung eines Passus, mehrmals Bestandteile eines Wortes wieder, selbst wenn dieses Verfahren zu dem Charakter des Latein im Widerspruch steht. Anzumerken ist auch, dass Hieronymus in seinen frühesten Übersetzungen einige griechische Termini in auffälliger Weise wörtlich wiedergegeben hat, welche er nachher vermieden hat, z.B. magniloquax und invenibilis, s. Grützmacher 1, S. 182. Und es ist merkwürdig, dass er den Symmachus eben lobt, weil er in seiner griechischen Übersetzung die etymologische Beziehung, welche zwischen zwei hebräischen Wörtern besteht, zu retten versucht hat: *Hebr. quaest. in Gen.* 2, 23 (CCL 72, S. 15) Vir quippe vocatur *his* et mulier *hissa* (sc. im Hebräischen). Recte igitur ab *his* appellata est mulier *hissa*. Unde est Symmachus pulchre ἐτυμολογίαν etiam in graeco voluit custodire dicens haec vocabitur ἀνδρίς, ὅτι ἀπὸ ἀνδρὸς ἐλήμφθη, quod nos latine possumus dicere: haec vocabitur virago, quia ex viro sumpta est (es handelt sich hier allerdings um die Wiedergabe eines Wortspiels, das Hieronymus selbst in das Latein überträgt).

Für dieses Wiedergeben der Bestandteile eines Wortes verwendet Hieronymus mehrmals den Ausdruck *verbum e (de) verbo exprimere*, der, wie wir gesehen haben, meistens das wörtliche Übersetzen überhaupt andeutet. Die Wendung dient, ebenso wie das Verbum *posse*, um die Wiedergabe mit Vorsicht zu introduzieren: *In Eccl.* 2, 2 (CCL 72, S. 262) περιφοράν, quam nos, verbum de verbo exprimentes, circumlationem possumus dicere; *Ep.* 79, 9 προπαθείας ...; nos, ut verbum vertamus e verbo, „antepassiones" possumus dicere. Es kann sich um die nähere Erklärung eines griechischen Terminus handeln, nachdem die eigentliche Übersetzung schon gegeben worden ist: *Contra Ioh. Hier.* 38 (PL 23, 407D-408A) *Iste est quem nos piissimum vel religiosissimum, et, ut verbum exprimamus e verbo, deicolam* (θεοσεβέστατον) *possumus dicere; In Zach.* 3, 13, 3, 73-74 (CCL 76A, S. 872) κατωρχήσαντο, id est insultaverunt, *sive illuserunt, et ut verbum de verbo exprimam, contra eum saltaverunt.* Anderswo handelt es sich um eine kritische Bemerkung an die Adresse seiner lateinischen Vorgänger: *In Hiez.* 9, 28, 11/19, 206-210 (CCL 75, S. 391) *Et quia in latinis codicibus pro 'signaculo', 'resignaculum' legitur* — dum κακοζήλως, *verbum e verbo exprimens, qui interpretatus est, iuxta Septuaginta translationem* ἀποσφράγισμα, *'resignaculum' posuit.*

11, 2. **iure proicitur a nobis:** griechische, und bisweilen auch lateinische, christliche Schriftsteller üben Kritik an Aquilas sklavischer Übersetzungsart, so z.B. Origenes, *Ep. ad Iulium Afric.* 2 (PG 11, 52B) Ἀκύλας δουλεύων τῇ Ἑβραϊκῇ λέξει; Eusebius, *Dem. ev.* 9, 4, 2 (GCS 23, S. 412, 2-3) δουλεύσας τῷ Ἑβραϊκῷ ... ὁ Ἀκύλας; Epiphanius, *De mens. et pond.* 2, 4, 1, 4, 26-29 Dindorf, weist auf die Unschönheit einer derartigen Übersetzung hin; s. auch Marti, S. 69. Auf der anderen Seite wird Aquilas sorgfältige und genaue Übersetzungsarbeit von christlichen Schriftstellern bisweilen lobend hervorgehoben, so von Eusebius, *Dem. ev.* 9, 1, 19 (GCS 23, S. 407, 8): σαφέστερον ὁ μὲν Ἀκύλας ἐξέδωκεν.

Die Übersetzungsarbeit des Aquila ist für Hieronymus eng mit dem *verbum e verbo*-Prinzip verbunden (s. auch die Anm. zu 11, 2 *contentiosus interpres*): Praef. zu Eusebius' Chronik (GCS 47, S. 3) *Aquila et Symmachus et Theodotio ... diversum paene opus in eodem opere prodiderunt, alio nitente verbum de verbo exprimere, alio sensum potius sequi, tertio non multum a veteribus discrepare; De Antichr. in Dan.* (4), 11, 37/39 (CCL 75A, S. 926) *dicente Aquila, qui verbum expressit e verbo; In Es.* 13, 49, 5/6, 37-38 (CCL 73A, S. 537) *homo eruditissimus linguae Hebraicae, et verbum de verbo exprimens; Prol. in Iob* (Biblia Sacra 9, S. 69) *quasi non et apud Grecos Aquila, Symmachus, et Theodotion vel verbum e verbo, vel sensum de sensu, vel ex utroque commixtum et medie temperatum genus translationis expresserint.*

Eben um die Eigenart des Aquila ins Licht zu rücken, gibt Hieronymus bisweilen eine auffällige Übersetzung wortwörtlich auf lateinisch wieder: *In Naum* 3, 1/4, 21 (CCL 76A, S. 555) *quod interpretatus est Aquila* ἐξαυχενισμοῦ πλήρης, *id est excervicatione plena; In Mich.* 1, 2, 6/8, 157-161 (CCL 76, S. 443) *Ne loquamini, inquit, loquentes* (*Mich.* 2, 8), *pro quo interpretatus est Aquila: Ne stilletis stillantes* (μὴ σταλάζετε σταλάζοντες); *quondam idiomate Hebraico, eloquium ab eo quod fluat et ad aures perveniat audientium, in similitudinem pluviae descendentis stillationem vocans* (Aquila verwendet jedoch das Substantiv nicht).

11, 3. **quis enim ... 'splendentiam':** Marti bemerkt (S. 102): „Das erste Beispiel, welches H. zum Aufweis der *cacozelia* des A. verwendet, zeigt den Gebrauch ungewöhnlicher Wörter für einfache Dinge wie Wein, Öl und Getreide". Wie aus dem Index von J. Reider - N. Turner und aus Fields Hexapla-Ausg. hervorgeht, hat Aquila χεῦμα an 3 Stellen verwendet: *Deut.* 7, 13; 12, 17; *Os.* 2, 22; στιλπνότης ebenfalls an 3 Stellen: *Deut.* 7, 13; *Os.* 2, 22; *Zach.* 4, 14; ὀπωρισμός an 4 Stellen: *Deut.* 7, 13; *Es.* 24, 7; 62, 8; 65, 8. Wahrscheinlich ist Hieronymus' Bemerkung von Aquilas Wiedergabe von *Deut.* 7, 13 inspiriert; man darf aber *Os.* 2, 22 nicht ganz ausschliessen, wo in einer zweiten Edition des Aquila auch ὀπωρισμός gestanden zu haben scheint; s. Field 2, S. 556²¹ und Reider-Turner s.v. οἰνία, S. 170.

Hieronymus hat sich bemüht, die gezwungene Terminologie des Aquila so sorgfältig möglich ins Lateinische zu übersetzen: eine Wortbildung die als Abstraktum anmutet, soll ein Konkretum andeuten. Ebenso wie χεῦμα ist *fusio* ein bestehender Terminus (z.B. Cic. *Nat. deor.* 1, 39), für die Bedeutung „Getreide" jedoch lassen sich keine Parallelen aufweisen. Für ὀπωρισμός, offenbar einen Neologismus (das Lexikon von Liddell-Scott führt nur Aquila an) hat Hieronymus in *pomatio* („Wein") ebenfalls ein neues Wort geschaffen. Στιλπνότης kommt im späteren Griechisch vor (Plutarch, Galen, Plotin), in der Bedeutung „Öl" allerdings nur bei Aquila, das entsprechende *splendentia* ist ein seltener Terminus (Charisius), der sich in der Bedeutung „Öl" nur bei Hier. *Ep.* 57, 11, 3 findet. Wie bewusst Hieronymus hier die Form *splendentia* gewählt hat, um Aquilas Übersetzungsweise anzuprangern, geht aus *In Zach.* 1, 4, 11/14, 250-251, wo Hieronymus Aquilas Übersetzung στιλπνότης mit *splendor* wiedergibt, hervor. Siehe auch Goelzer, S. 74 (pomatio), S. 100 (splendentia).

11, 3. **vel legere vel intellegere:** dieselbe *annominatio* (*paronomasia*) findet sich *Ep.* 121 praef. (cf. auch *Ep.* 48, 12). Vgl. auch die Bibelstelle *Act.* 8, 31 putasne intelligis quae legis? Biblischer Einfluss auch in *In Es.* 14, 53, 8/10, 16 (CCL 73A, S. 591) et legens non intellegeret; *In Mich.* 2, 6, 10/16, 397 (CCL 76, S. 503) Legunt enim, et non intellegunt; *In Hiez.* 1, 4, 9/12, 1453 (CCL 75, S. 50) Lex ... quam legunt et non intellegunt.

11, 3. **aut, quia Hebraei ... non recipit?:** ἄρθρον (Artikel) ist ein gangbarer grammatischer Terminus, im Gegensatz zu πρόαρθρον („Vor-Artikel"): Präposition oder *nota obiecti*. Es handelt sich hier um eine unidiomatische Wiedergabe vom hebräischen *eth* vor einem Objekt, eine sklavische Wort-vor-Wort-Übersetzung, die sich nicht um die griechischen Kasus kümmert; *eth hasschamaïm we eth haarès* wird wie folgt wiedergegeben: σὺν τὸν οὐρανὸν καὶ σὺν τὴν γῆν. S. A. Rahlfs, *Einleitung in die LXX-Ausgabe* 1, Stuttgart 1952⁵, S. IX.

11, 3. **κακοζήλως** s. die Anm. zu κακοζηλία in 5, 5: die Qualifikation wird für einen verfehlten extremen Literalismus verwendet. Hieronymus gibt anderswo einige Beispiele derartiger Übersetzungen ins Latein, wobei das Verstehen des eigentlichen Sinnes beeinträchtigt wird (*resignaculum* für *signaculum*: *In Hiez.* 9, 28, 11/19, 206 ff. (CCL 75, S. 391; ad *Ez.* 28, 11) Et quia in Latinis codicibus pro 'signaculo', 'resignaculum' legitur — dum κακοζήλως, verbum e verbo exprimens, qui interpretatus est, iuxta Septuaginta translationem ἀποσφράγισμα,

'resignaculum' posuit —, unde quidem sic intellegunt: quod signaculum
Dei ... rex Tyri resignaverit atque perdiderit. Als κακοζήλως bean-
standet Hieronymus die Übersetzung von πάθος mit *passio*; er zieht wie
Cicero (*Tusc. disp.* 3, 7; s. Hagendahl, S. 330 ff.) *perturbatio* vor: *In Zach.*
1, 1, 18/21, 491-493 (CCL 76A, S. 762) quattuor πάθη ..., quae eruditi non
verbum de verbo exprimentes κακοζήλως passiones, sed perturbationes
interpretantur.

Auch Augustinus hat Bemerkungen über diese Erscheinung: *Doct.
christ.* 2, 13, 20; *Loc. in Hept.* 4, 59 (*Num.* 18, 12): *primitia* anstatt
primitiae, wo der *numerus* sich dem Griechischen anschliesst; *verbus*
anstatt *verbum* (das *genus* nach dem griechischen λόγος). In der Vet.
Lat. findet man z.B. Gräzismen wie den *gen. comp.* Siehe auch S. Lundström, *Übersetzungstechnische Untersuchungen auf dem Gebiete der christlichen Latinität* (Lunds Universitets Arsskrift N. F. Avd. 1, 51, 3),
Lund 1955.

11, 4. **in latino non resonant:** „es klingt nicht richtig im Latein";
cf. *Ep.* 106, 48, 2 Latinus sermo non resonat (über das Fehlen von
ei vor *qui aufert*). Dasselbe besagt Hieronymus mit εὐφωνία (s. Courcelle,
Les Lettres, S. 45: „Par euphonie, Jérôme n'entend nullement l'harmonie,
mais ce qui sonne latin"). S. die Anm. zu 5, 5 *decorem* etc.

12, 1. **vir omnium nobilium Christianissime, Christianorum
nobilissime:** Pammachius war einer der damals noch wenig zahlreichen christlichen Senatoren, ausserdem ein sehr überzeugter Christ.
In *Ep.* 129, 1 verwendet Hieronymus, ebenfalls in einer Anrede, die
nämliche chiastische Wortstellung: Dardane, Christianorum nobilissime
et nobilium christianissime. Im Laufe des vierten Jahrhunderts ist der
Superlativ von *christianus* gangbar geworden, so dass er selbst als
Ehrentitel der christlichen Kaiser verwendet wird: Ambr. *Ep.* 1 (PL 16,
914B) christianissimo principi in der Adresse; in *Ep.* 1, 1: christianissime
principum; nihil enim habeo, quod hoc verius et gloriosius dicam).
Bei Hieronymus auch von einem hohen Beamten: *Contra Ioh. Hier.*
39 (PL 23, 409B) per virum disertissimum et Christianissimum Archelaum comitem. Cf. auch das Oppositum *gentilissimus*: *In Hier.* 4, 41, 4
(CCL 74, S. 210) Sexti Pythagorei, hominis gentilissimi.

12, 1. **ut ex uno crimine intellegantur et cetera:** die Allusion
auf Vergil, *Aen.* 2, 65 f. Crimine ab uno disce omnes ist von Hilberg
übersehen worden; siehe C. Weyman, Wochenschr. f. klass. Philol. 27
(1910), S. 1010; Hagendahl, S. 165[3]. In einer ähnlichen Polemik mit
Rufin findet sich dieselbe Anspielung: *Adv. Ruf.* 2, 11 (PL 23, 454C)
E quibus unum proferam, ut ex hoc cognoscantur et cetera.

12, 2. Hieronymus' Gegner haben über die Übersetzung des ersten
Satzes des Schreibens von Epiphanius (Oportebat ... superbiam 12, 1)
drei Bemerkungen gemacht. Statt auf diese Bemerkungen selbst einzugehen, verfolgt Hieronymus die Taktik, die wörtliche Übersetzung
seiner Gegner lächerlich zu machen (*verbum de verbo exprime!*). Es
handelt sich um folgende Punkte: die Wiedergabe von ἀγαπητός mit
dem Superlativ *dilectissimus* (diese scheint aber durchaus akzeptabel
zu sein, da der lateinische Superlativ, besonders in Anreden, einiger-

massen verblasst ist); eine fehlerhafte Wiedergabe von οἴησις mit
superbia (richtig wäre *aestimatio*) und eine ganz freie Übersetzung des
letzten Teiles des Satzes. Die Bedeutungsrepartition οἴησις (*aestimatio*,
arbitrium) — οἴημα (*tumor, superbia*), wovon Hieronymus' Gegner ausgehen, besteht tatsächlich kaum, wie sich aus den Lexika ergibt (cf.
Liddell-Scott s.v.: für beide Termini die Bedeutungen „opinion" und
„self-conceit"; Patr. Greek Lex. s.v.: z.B. οἴημα „self-conceit"; οἴησις
„conceit"). Siehe auch Labourt 2, S. 203. Über die Wiedergabe von
ἀγαπητός im Latein findet man noch eine Bemerkung in *In Philem.*
(PL 26, 643B-C) Non habetur in graeco ἠγαπημένῳ quod 'dilectus' dicitur,
sed ἀγαπητῷ, id est 'diligibili'. Inter dilectum et diligibilem hoc interest
quod dilectus appellari potest et ille qui dilectionem non meretur;
diligibilis vero is tantum qui merito diligitur.

12, 2. **Quid ais** ...: Dieser Satz und der nächste weisen die Form
einer rhetorischen Exklamation auf, einer Stilfigur, die Hieronymus in
den Briefen mehrmals verwendet; cf. Harendza, S. 25.

12, 2. **o columen litterarum:** auf ähnliche Weise nennt Hieronymus seinen Gegner Rufin ironisch *sapientiae columen* (*Adv. Ruf.* 1,
13, PL 23, 470 Vall.). Der ironische Gebrauch von *columen* beruht auf
einer literarischen Tradition: schon Cicero spricht sarkastisch von
columen reipublicae (*Pro Sestio* 8, 18). Siehe auch Opelt, *Streitschriften,*
S. 89⁵⁷. Ähnliche Verwendung von *columna* bei Hieronymus: *Contra Ioh.
Hier.* 11 (PL 23, 381A): columna veritatis ac fidei.

12, 2. **nostrorum temporum Aristarche:** gemeint ist der nicht
mit Namen genannte Rufin von Aquileia, der auch in *Adv. Ruf.* 1, 17
(PL 23, 429) so qualifiziert wird: Illud miror quod Aristarchus nostri
temporis puerilia ista nescieris. Aristarchs Gelehrsamkeit, besonders
auf dem Gebiete der Textkritik, war sprichwörtlich (cf. TLL 2, 581,
35-40; z.B. Horaz, *A.P.* 449 fiet Aristarchus); Hier., *Ep.* 50, 2 ad Domnionem: eruditione Aristarchum ... vincat; id., *Chron.* (GCS 47, S. 142):
Aristarchus grammaticus agnoscitur. Siehe Cohn, PW 2, 862, 22;
Wiesen, S. 226-228; Opelt, *Schimpfwörter,* S. 231; Courcelle, *Les Lettres,*
S. 48.

Eine ähnliche Formulierung verwendet Hieronymus *In Os.* 2, prol.
(CCL 76, S. 55) Amafinios ac Rabirios nostri temporis; *Adv. Ruf.* 3, 30
(PL 23, 502A) Aristippus nostri temporis. Auch findet man bei ihm
andere Typen metonymischer Namengebungen mit ironischer Färbung:
Contra Ioh. Hier. 12 (PL 23, 381C) En Lysias noster, en Gracchus;
Contra Iov. 2, 33 (PL 23, 345A) noster Zeno; *Contra Ioh. Hier.* 38 (PL
23, 408A) quasi spiritualis Hippocrates; *Adv. Ruf.* 3, 31 (PL 23, 502B)
ille *Bar-Chochabas* ... alter Salmoneus; *Contra Vig.* 1 (PL 23, 355B)
in perversum propter nomen viculi mutus Quintilianus; *Contra Iov.* 1, 1
(PL 23, 211A) Epicurum christianorum; 2, 36 (PL 23, 349A) Epicurum
nostrum. Siehe Brochet, S. 78; Opelt, *Streitschriften,* passim, besonders
S. 174-175.

12, 2. **saepe manum ferulae subduximus:** „auch wir sind in
die Schule gegangen, auch wir besitzen literarische Bildung". Siehe für
dieses Zitat aus Iuvenal, *Sat.* 1, 15: Lübeck, S. 199; Otto, S. 135 s.v.

ferula (hier auch ein Hinweis auf Hieronymus' Zeitgenossen Macrobius, *Sat.* 3, 10, 2 Et nos, inquit, manum ferulae aliquando subduximus); Hagendahl, S. 181[1]: ,,This line, quoted in full *Epist.* 50, 5, 2; 57, 12, 2 is the only quotation from Iuvenal to be found in Jerome". Derselbe Ausdruck auch *Adv. Ruf.* 1, 17 (PL 23, 430A): vel si Latina tentaveris, ante audire grammaticum, ferulae manum subtrahere. Die Wendung scheint einen sprichwörtlichen Charakter bekommen zu haben. Die *ferula* (Bakel) galt als Symbol der Strenge, die im Altertum in der Schule herrschte. Sie wird als *sceptrum* von Martialis (10, 62, 10 ferulaeque tristes, sceptra paedagogorum) und Ausonius (322, 29 sceptrum vibrat ferulae) charakterisiert. Abweisung der Leibstrafe fehlt allerdings im Altertum nicht: Plutarch, *De educ. lib.* 12; Quintilian, *Inst. or.* 1, 3, 14s.

12, 2. **Egredientes de portu statim impegimus:** dass Quintilian hier Hieronymus' Quelle ist (*Inst. or.* 4, 1, 61 Pessimus certe gubernator qui navem dum portu egreditur impegit), hat Hilberg erkannt; siehe auch Hagendahl, S. 179. Lübeck, S. 217 verweist auf die Parallele *Adv. Ruf.* 2, 15 (PL 23, 457C) Statim de portu egrediens, navem impegit. Andere Stellen, wo Hieronymus dasselbe Bild verwendet: *Ep.* 77, 3 Et quia statim in principio quasi scopulus quidam et procella mihi obtrectatorum opponitur (cf. Kunst, S. 178-179); *Ep.* 123, 3 Et quia nobis de portu egredientibus, quasi scopulus opponitur, ne possimus ad pelagi tuta decurrere; *Contra Iov.* 1, 3 (PL 23, 214A) Cum enim adhuc vix de portu egrediar; *In Os.* prol. 110-112 (CCL 76, S. 4) ut ... oppositum in ipso exitu scopulum Dei auxilio praetergrediens, ad tuta decurrerem.

Hieronymus bleibt in seiner Verwendung innerhalb einer literarischen Tradition, die in Bezug auf die Schriftstellerei gerne dem Meer entlehnte Bilder verwendet: J. Kahlmeyer, *Seesturm und Schiffbruch im antiken Schrifttum*, (Diss. Greifswald), Hildesheim 1934; E. R. Curtius, *Europäische Literatur und lateinisches Mittelalter*, Bern 1961[3], S. 138 ss.; J. W. Smit, *Studies on the Language and Style of Columba the Younger (Columbanus)*, A'dam 1971, S. 179; L. M. Kaiser, *Imagery of Sea and Ship in the Letters of S. Jerome*, Folia 5 (1951), S. 56 ss.; Harendza, S. 34-35. Siehe auch: N. J. Herescu, *Un thème traditionnel de la poésie latine: le naufrage*, Rivista Clasica, Bukarest 4 (1932-33), S. 119-137; E. de Saint-Denis, *Le rôle de la mer dans la poésie latine*, Lyon 1935. Das Bild der Klippe (Schwierigkeit, Hinterhalt) ist Hieronymus sehr geläufig: *Ep.* 14, 10 quaestionum scopulis transvadatis; *In Os.* 3, 10, 3/4, 150 (CCL 76, S. 109) ut celeri cursu avaros insidiantium scopulos transeuntes, merces Dominicas, ex omni parte saeviente naufragio, ad portus tutissimos perferamus; mit Mischung von profanen und christlichen Motiven: *In Es.* 4 prol. 7-10 (CCL 73, S. 128) quasi inter duas maris Pontici συμπληγάδας naviculam nostram direximus, quae flante Spiritu sancto et Domino Salvatore cursum dirigente nostrum, elabitur in pelagus.

Das Bild des Hafens verwendet Hieronymus auch in Bezug auf das Ende eines literarischen Werkes, z.B. *Contra Iov.* 2, 35 (PL 23, 347A) paulatim fessis et languentibus portus aperitur. Zu erwähnen ist hier der Ausdruck *in portu naufragium,* welcher wohl sprichwörtlich geworden war (cf. Otto, S. 284, Nr. 1454; so auch Hagendahl, S. 297[1], der aber S. 168 auf Ps. Quint. *Decl. mai.* 12, 23 verweist); *Contra Ioh. Hier.* 37 (PL 23, 407C) hoc satis imperite: in portu, ut dicitur, naufragium; *Adv. Ruf.* 3, 32 (PL 23, 503A) Quae (sc. tua navis) ... plenis cucurrerat velis, in Romano portu naufragium fecit.

Dasselbe Bild findet sich im Griechischen, z.B. Joh. Chrys., *De Lazaro* 1, 10 (PG 48, 977) ἐν λιμένι ναυάγιον ὑπομένων; *De profectu evangelii* 1 (PG 51, 311) Καὶ καθάπερ ναῦς μύρια διαδραμοῦσα κύματα, καὶ πολλοὺς ἐκφυγοῦσα χειμῶνας, εἶτα ἐν αὐτῷ τῷ στόματι τοῦ λιμένος σκοπέλῳ τινὶ προσαράξασα πάντα τὸν ἐναποκείμενον ἀπόλλυσι θησαυρον.

12, 2. **impegimus:** *impangere* ist hier absolut verwendet; cf. Goelzer, S. 351.

12, 3. **errasse humanum est:** cf. *Adv. Ruf.* 3, 36 (PL 23, 505B) si errasti ut homo. Es gibt mehrere Varianten dieser sprichwörtlichen Ausdrucksweise: Cic. *Phil.* 12, 2, 5 Cuiusvis hominis est errare; id., *Ad Att.* 13, 21, 5 possum falli, ut homo; Kunst, p. 193 weist ausserdem hin auf Cic. *De inv.* 2, 9 fin.: Non enim parum cognosse, sed in parum cognito stulte et diu perseverasse turpe est. Cf. Otto, S. 165 s.v. homo, humanus (3). Eine ähnliche Formulierung im Griechischen legt die Vermutung einer Beeinflussung des Latein von dorther nahe, z.B. Ἄνθρωπος ὢν ἥμαρτον, οὐ θαυμαστέον (Menanderfragment).

12, 3. **confiteri errorem prudentis:** cf. Cic. *Phil.* 12, 2, 5 nullius nisi insipientis perseverare in errore.

12, 3. **tu ... tu me, obsecro, emenda:** ähnliche Beispiele der Wiederholung eines Wortes des stilistischen Effektes wegen sind von Harendza registriert worden, S. 21. So z.B. *Ep.* 60, 2 ille ille te vicit, ille te iugulavit.

12, 3. **emenda, praeceptor:** cf. *Adv. Ruf.* 1, 30 (PL 23, 442A) En tu qui ... videris tibi litteratulus atque Rabbi, responde. Rufin greift Hieronymus in ähnlicher Weise an: *Apol. contra Hier.* 1, 22 (CCL 20, S. 56) dic mihi, o magister. In ironischer Formulierung wird Pelagius von Hieronymus *egregius praeceptor* genannt (*Dial. c. Pelag.* 1, 31, PL 23, 549B): ut egregii praeceptoris doctrina monstraretur.

12, 3. **Plautina eloquentia:** die Charakterisierung „Plautus' literarische Kunst" verwendet Hieronymus sarkastisch in seiner Reaktion auf die wörtliche Übersetzung seines Gegners. Marti (S. 194) verweist auf die Replik des Rufin: „*Rufin.* gibt Hier. die *Plautina eloquentia* später wirkungsvoll zurück: *dum totus Plautinae et Tullianae cupis eloquentiae sectator videri* ... (apol. adv. Hier. 2, 13, 23 f. CC 20, 93)"; cf. Radbod von Utrecht, PL 132, 556A Tulliana Plautinave eloquentia. Über die Beurteilung von Plautus' Kunst in späterer Zeit siehe man: Schanz-Hosius, *Gesch. der lat. Lit.* 1 (München 1927), S. 83-86. Bekanntlich hat besonders Aelius Stilo Plautus' Stil sehr geschätzt: Quint. *Inst. or.* 10, 1, 99 licet Varro dicat Musas Aelii Stilonis sententia Plautino sermone locuturas fuisse, si Latine loqui vellent; cf. Claudianus Mamertus, *Ep.* 2 (CSEL 11, S. 205, 30). Das Adjektiv Plautinus auch in *Plautinum*

sal Adv. Ruf. 1, 13 (PL 23, 426A); *Plautina familia Ep.* 50, 1, 2; *Ep.*
49, 18, 3.

12, 3. **lepus Atticus:** eine traditionelle Wendung („Attische Ele-
ganz, Feinheit"). Martial verwendet sie in Bezug auf ein geistreiches
Wesen: 3, 20, 9 lepore tinctos Attico sales. In Ciceros Spur (*Rep.* 1, 16
leporem Socraticum, cf. Kunst, S. 191) spricht Hieronymus von *leporem
Socratis* (*Adv. Ruf.* 3, 40, PL 23, 509A), womit er auf die feinsinnige
Debattierkunst des Sokrates hinzielt. Man vergleiche einen ähnlichen
ironischen Ausruf wie in *Ep.* 57, 12, 3 in *Adv. Ruf.* 2, 11 (PL 23, 454B)
Mira eloquentia, et Attico flore variata. In beiden Fällen wird feiner
literarischer Geschmack gemeint (da ja Athen in Attika das Zentrum
der griechischen Kultur war). Cf. Cic. *Orat.* 3, 11, 42 quae (suavitas)
quidem ut apud Graecos Atticorum, sic. . . . ; Paulinus Nol. *Ep.* 16, 4
(CSEL 29, S. 118, 17) sed nobis in illo sermonis tantum Attici comitas
. . . spectanda.

12, 3. **Musarum, ut dicunt, eloquio comparandus:** die Paren-
these *ut dicunt* charakterisiert *Musarum eloquio conparandus* als eine
proverbiale Wendung, hat also eine ganz andere Funktion als *ut ita
dicam*, womit Antin 1968 (S. 243) sie zusammen anführt. Otto, S. 235
s.v. *Musa* (4) zitiert jedoch keinen anderen Passus. Musensprache:
Cic. *De orat.* 62 Xenophontis voce Musas quasi locutas ferunt (danach
Quint. *Inst. or.* 10, 1, 33; *ibid.* 10, 1, 99, oben zitiert unter *Plautina
eloquentia*); *Ep.* 2, 13, 7; Hor. *Ep.* 2, 1, 27; cf. Harendza, S. 39-40.

12, 3. **tritum vulgi sermone proverbium:** Kunst, S. 194[3] weist
auf die ciceronianische Färbung der Wendung hin (*Off.* 1, 33; *ib.* 3, 77;
Fin. 2, 52; *Flacc.* 65; *Acad.* 2, 18). Ähnlich *Ep.* 7, 5 Accessit huic patellae
iuxta tritum populi sermonem dignum operculum. Ferner findet sich
öfters bei Hieronymus die Wendung *vulgare proverbium*: *In Eph.* prol.
(PL 26, 469A) ut vulgare proverbium est: Equi dentes inspicere donati;
In Gal. 3, 5 (PL 26, 430B) et iuxta vulgare proverbium, unius pecudis
scabies, totum commaculat gregem; *In Tit.* 1, 12 (PL 26, 608A) sive
vulgare proverbium, quo Cretenses fallaces appellabantur; auch *quod
aiunt* oder *ut aiunt*, z.B. *Ep.* 9, 1 non praepeti litura, sed imis, quod
aiunt, ceris erasisti. Hieronymus verwendet gerne proverbiale Ausdrücke; er wird von Otto häufig zitiert (z.B. *Dial. c. Pelag.* 1, 24, PL 23,
541B nec meministi illius proverbii: „Actum ne agas").

12, 3. **oleum perdit et inpensas, qui bovem mittit ad ceroma:**
der erste Teil dieses Sprichwortes kommt nach Otto (S. 253 s.v. *Oleum*
(3)) seit Plautus vor (*Poen.* 332 Tum pol ego et oleum et operam perdidi),
meistens, anders wie bei Hieronymus, in alliterierender Form (z.B.
Cic. *Ad Fam.* 7, 1, 3; *Ad Att.* 2, 17, 1; 13, 38, 1). Varianten sind z.B.
Plaut. *Rud.* 24 Et operam et sumptum perdunt; Macrobius *Sat.* 2, 4, 30
opera et impensa perdidit. Zum zweiten Teil des Proverbiums (qui
mittit bovem ad ceroma: „der den Ochsen zum Ringplatz schickt")
bietet Otto, S. 58 s.v. *bos* (3) keine Parallelen; ebensowenig der TLL.

12, 4. **cuius sub persona alius agit tragoediam:** ähnliche
Bildersprache in *Adv. Ruf.* 2, 24 (PL 23, 468B) sed inter ipsas praesti-
gias, et alterius personam, qua se fraudulenter induerat, quis esset

ostendit (Häussler, *Nachträge zu Otto*, vermutet, dass es sich um cine sprichwörtliche Redensart handle). Dass mit *cuius* Rufin gemeint ist, wird aus der ähnlichen Anwendung des Bildes in *Adv. Ruf.* ohne weiteres klar. *Alius* dürfte sich auf Johannes von Jeruzalem beziehen, der eine Gesandtschaft nach Rom geschickt hatte, die zweifellos von Rufin und Melania gestützt wurde.

12, 4. **magistrorum eius:** s. Kelly, S. 203[35]: „where he remarks that the blame for the criticism should not lie with those who merely passed it round, but with their 'instructors', presumably Rufinus and Melania, whose names appear in some MSS."

12, 4. **qui illum magna mercede nihil scire docuerunt:** Hilberg *ad loc.* und Lübeck (S. 138) weisen hin auf Cic. *Phil.* 2, 17, 43 Duo milia iugerum ... rhetori adsignasti, ... ut populi Romani tanta mercede nihil sapere disceres. Hieronymus verwendet mehrere Ausdrücke aus *Ep.* 57 wieder in *Adv. Ruf.*: z.B. 3, 26 (PL 23, 498C) discipulis tuis, quos magno studio nihil scire docuisti.

12, 4. **nec reprehendo in quolibet Christiano sermonis imperitiam:** Hieronymus wirft seinen Gegnern gerne vor, dass sie in stilistischer Hinsicht Mangel aufweisen; cf. *Contra Iov.* 1, 1 (PL 23, 221A) barbarischer, fehlerhafter Stil: Totus enim tumet, totus iacet. *ibid.* 1, 3 (PL 23, 222B) Quae sunt haec portenta verborum? Quod descriptionis dedecus? *Contra Vig.* 3 (PL 23, 346C): mit seinem nicht kultivierten Stil kann er die Wahrheit nicht verteidigen; *Adv. Ruf.* 1, 17 (PL 23, 429A-B): unmusikalischer, unschöner Stil. Cf. Ruf., *Apol. contra Hier.* 2, 37 (CCL 20, S. 112) (von Petrus) propter sermonis imperitiam.

12, 4. **Socraticum illud** ...: *scio quod nescio*: Hieronymus führt diese Aussage von Sokrates (Plato, *Apol.* 21B, D und 23B) wiederholt an (fast immer mit *quod* als Konjunktion): *Ep.* 53, 7 immo, ut cum Clitomacho (stomacho: Hilberg) loquar, ne hoc quidem scire quod nescias; *Ep.* 53, 9, 1 Ceterum Socraticum illud inpletur in nobis: hoc tantum scio, quod nescio; *Adv. Ruf.* 1, 17 (PL 23, 429B) Ne illud quidem Socraticum nosse debuerat: Scio quid nescio; *Tract. de ps.* 91, 82 (CCL 78, S. 427) Hoc scito, quod nescias; *ibid.* 91, 87-88 O Christiane, quid tibi videris nihil scire? Si scias hoc ipsum, quod nescias, nonne magis tibi plus videris scire? *ibid.* 91, 98 Credo quod nescio: et propterea scio, quia me scio nescire quod nescio; *In Abd.* prol. 51-52 (CCL 76, S. 350) saltem Socraticum illud habeo: Scio, quod nesciam. Im Lichte dieser Texte erscheint die Verbindung *scio quid* in der neuen Ausgabe des Ezechielkommentars fraglich: *In Hiez.* 13, 42, 1/12 (CCL 75, S. 609) socraticum illud assumens: 'Scio quid nesciam', pars enim scientiae est, scire quid nescias. Siehe eine andere Formulierung in *Ep.* 73, 4, 3 solam debemus scientiam inscientiae confiteri.

Die bekannte Aussage des Sokrates finden wir in der lateinischen Lit. zum ersten Male bei Cicero, *Acad.* 1, 16: hic (sc. Socrates) ... ita disputat ut nihil affirmet, ipse refellat alios, nihil se scire dicat nisi id ipsum, eoque praestare ceteris, quod illi quae nesciant scire se putent, ipse se nihil scire id unum sciat, ob eamque rem se arbitrari ab Apolline omnium sapientissimum esse dictum, quod haec esset una hominis sapientia, non arbitrari sese scire quod nesciat; *ibid.* 2, 23, 74 scire se nihil scire. S. Kunst, S. 194; Hagendahl, S. 288. Einige spätere Texte bei M. C. Sutphen, Am. Journ. of Philol. 22 (1901), S. 371: Fulgentius, *Myth.* 1, 22 primum itaque ego scientiae vestibulum puto, scire quod nescias; Ps. Beda, *Lib. prov.* (PL 90, 1102); Othlo, *Lib. prov.* 12 (PL 146, 318C) magna pars intellegentiae scire quid nescias (zweifellos inspiriert von Hieronymus, *In Hiez.* 13, 42, 1/12, siehe oben).

12, 4. **et alterius sapientis „Te ipsum intellege":** Hieronymus sagt nicht, welchem Weisen er diesen Text, der als Inschrift am Apollo-tempel in Delphi zu lesen war, zuschreibt, wahrscheinlich jedoch einem der sieben Weisen. Der Spruch wurde im Altertum auf verschiedene Personen zurückgeführt, siehe P. Courcelle, *Connais-toi toi-même de Socrate à Saint-Bernard* (Paris 1974), S. 11: „On l'attribuait tantôt à Apollon lui-même, tantôt à la Pythie, Phémonoé ou Phanothée, tantôt au collège des sept Sages, tantôt à un d'entre eux, Chilon, Thalès, Solon ou Bias, tantôt à Homère, tantôt à l'eunuque Labys". Die lateinische Fassung von γνῶθι σ(ε)αυτόν lautet meistens (*ag*)*nosce te* (*ipsum*) oder *cognosce te* (*ipsum*). *Intellegere se* findet sich, wie bei Hieronymus, z.B. bei Tertullian (*Apol.* 48, 9 si intellegas te), aus dem Hieronymus es wohl sicher, wie so manches Zitat, übernommen hat.

12, 4. **non verbosa rusticitas, sed sancta simplicitas:** gewöhn-lich steht bei Hieronymus *rusticitas* auf einer Linie mit *simplicitas*: der *incultus sermo* soll eine Geisteshaltung widerspiegeln, die für die Christen charakteristisch ist. Hier aber spricht Hieronymus von der *verbosa rusticitas* seines Gegners, dessen Lebensweise nicht mit seinen Worten übereinstimme.

Anderswo wird *rusticitas* von Hieronymus mittels positiver Adjektiven charakterisiert (im Gegensatz zur Gelehrsamkeit, die sich auf das Böse richtet): *In Eph.* 3, prol. (PL 26, 547C) si detur optio singulorum ... magis ego velim rusticitatem iustam quam doctam malitiam; *Ep.* 62, 2, 3 libentius piam rusticitatem quam doctam blasphemiam eligam; *In Soph.* 2, 8/11, 382-384 (CCL 76A, S. 686) Vide haereticos in dialectica sibi et rhetorica et omnium sophismatum dogmatibus applaudentes, contemnere Ecclesiae rusticitatem. So kann *sancta rusticitas* als Synonym von *sancta simplicitas* verwendet werden: *Ep.* 52, 9, 3 Multoque melius est e duobus inperfectis rusticitatem sanctam habere quam eloquentiam peccatricem. Derselbe Gegensatz wird mittels *rustice-diserte* zum Aus-druck gebracht: *Ep.* 18A, 4, 2 multo siquidem melius est vera rustice quam diserte falsa proferre.

Rusticitas und *simplicitas* nebeneinander: *In Ion.* 3, 6/9, 184-186 (CCL 76, S. 409) et deposito fulgore eloquentiae et ornamentis ac decore verborum totos se simplicitati et rusticitati tradere. Auch spricht Hieronymus von *rustica*(*na*) *simplicitas*: *De vir. ill.* prol.: desinant (sc. Celsus u.a.) fidem nostram rusticae tantum simplicitatis arguere; *Tract. de ps.* 78, 29-30 (CCL 78, S. 74) Ego vero simpliciter rusticana simplicitate et ecclesiastica ita tibi respondeo; ausserdem von *simplex rusticitas*: *In Os.* 1, 2, 13, 285-286 (CCL 76, S. 25) simplicis rusticitatis quae meretricia ornamenta non quaerit.

12, 4. **sancta simplicitas**: diese Wortverbindung, welche hier zum ersten Male in der Literatur erscheint, ist ein geflügeltes Wort geworden, ein Schlagwort in der Verteidigung gegen Kritik an Sprache und Stil christlicher Schriften. Acht Jahre später taucht dieselbe Wendung bei Rufin auf (*Hist. eccl.* 10, 3, GCS 9, 2, S. 962, 16 s.), in dessen griechischer Quelle wahrscheinlich nur ἁπλότης gestanden hat; siehe Marti, S. 87; F. Winkelmann, *Untersuchungen zur Kirchengeschichte des Gelasios von Kaisareia* (Sitzungsber. der Deutsch. Ak. d. Wiss. 1965, 3), S. 62 f. Man darf wohl als feststehend annehmen, dass die in späterer Zeit sehr viel vorkommenden Ausdrücke *sancta simplicitas* und *sancta rusticitas* beide auf Hieronymus zurückgehen (so P. Lehmann, *Die heilige Einfalt*, Hist. Jahrb. 58, 1938, S. 307). Über die *simplicitas* als Ideal, besonders auf stilistischem Gebiete: E. Norden, *Die antike Kunstprosa* 2 (Darmstadt 1958), S. 457-460; 516-532; Eiswirth, S. 34-36; O. Hiltbrunner, *Latina Graeca, Semasiologische Studien über lateinische Wörter im Hinblick auf ihr Verhältnis zu griechischen Vorbildern* (Bern 1958), S. 15-105; P. Antin, „*Simple*" et „*simplicité*" chez S. Jérôme, Rev. Bén. 71 (1961), S. 371-381; Meershoek, S. 10-13.

Neben *sancta simplicitas* verwendet Hieronymus auch die Verbindungen *christiana simplicitas, simplicitas apostolica* and *simplicitas Ecclesiae*: *Contra Lucif.* 14 (PL 23, 176B); *Tract. de ps.* 143, 252 (CCL 78, S. 321); *ibid.*: nolumus eloquentiam Platonicam, sed volumus simplicitatem apostolicam piscatorum; *In Es.* 7, 22, 1, 38 (CCL 73, S. 298) simplicitatem contemnat Ecclesiae. Ein *doctus sanctus* ist nicht erhaben über einen *simplex sanctus*, sagt Hieronymus anlässlich Theodotions Übersetzung von *Dan.* 12, 3 (Et intellegentes fulgebunt quasi splendor firmamenti, et de iustis plurimi quasi stellae in aeternum et ultra): (*De Antichristo in Dan.* (4), 12, 1-3; CCL 75A, S. 938) unde nunc iuxta Theodotionem dicitur: quod docti similitudinem caeli habeant, et absque doctrina iusti stellarum fulgori comparentur: tantumque sit inter eruditam sanctitatem et sanctam rusticitatem, quantum caelum distet et stellae.

12, 4. **qui in sermone imitari se dicit apostolos**: die Berufung auf die Schriften des Neuen Testamentes zur Rechtfertigung des eigenen einfachen Stils ist bei den christlichen Schriftstellern ein *locus communis* geworden (siehe die oben zu *sancta simplicitas* erwähnte Literatur). Andere Stellen bei Hieronymus: *Tract. de ps.* 78, 29-32 (CCL 78, S. 74) Ego vero simpliciter rusticana simplicitate et ecclesiastica ita tibi respondeo: ita enim apostoli responderunt, sic sunt locuti, non verbis rhetoricis et diabolicis; *Ep.* 133, 12, 1 nec philosophorum argumenta sectari, sed apostolorum simplicitati acquiescere.

12, 4. **prius imitetur in vita**: derselbe Gedanke in *In Mich.* 1, 2, 9/10, 316-318 (CCL 76, S. 448) Si in apostolorum loco sumus, non solum sermonem eorum imitemur, sed conversationem quoque et abstinentiam amplectemur; cf. die Parallelen zwischen einfacher Sprache und einfacher Lebensweise: *De vir. ill.* 22; 41; 76.

Die notwendige Übereinstimmung zwischen *verba* und *vita* ist ein alter Gemeinplatz; s. die von A. J. Festugière angeführten Beispiele: *Lieux communs littéraires et thèmes de folk-lore dans l'Hagiographie primitive*, Wien. Stud. 73 (1960), S. 140-142.

Für Hieronymus ist noch folgende Stelle anzuführen: *In Soph.* 3, 1/7, 121-122 (CCL 76A, S. 697) putantes εὐχαριστίαν imprecantis facere verba, non vitam.

12, 4. **syllogismos** ... **confutabat:** Hieronymus' Haltung den Philosophen gegenüber ist meistens negativ. Ebenso wie viele christliche Schriftsteller seit Tertullian betrachtet er die profane Philosophie als die Quelle, aus der die Häretiker ihre Argumente schöpfen: *Ep.* 133, 2, 1 pulchre quidam nostrorum (sc. Tert.) ait: philosophi, patriarchae haereticorum, ecclesiae puritatem perversa maculavere doctrina (s. Eiswirth, S. 43-46). Namentlich Aristoteles und Plato werden von Hieronymus in diesem Zusammenhang genannt: *Tract. de ps.* 77, 201 (CCL 78, S. 70) omnes vero haeretici Aristotelici et Platonici sunt; *Contra Lucif.* 11 (PL 23, 174C) Ariana haeresis magis cum sapientia saeculi facit, et argumentationum rivos de Aristotelis fontibus mutuatur; *Tract. de ps.* 139 (CCL 78, S. 300-301) ita et isti haeretici per sermonem philosophorum et Aristotelis et ceterorum videntur se abscondere, et quasi protegere et defendere: *Tract. de ps.* 140, 137-138 (CCL 78, S. 306) Et nunc ipsi haeretici, licet per Aristotelem et Platonem videantur simplicitatem ecclesiae contemnere; *Ep.* 65, 21, 2 (Platon und andere Philosophen) diversorum dogmatum et errorum magistri.

Insbesondere warnt Hieronymus für die subtile Argumentationsweise der Häretiker. Der Terminus *syllogismus* wird hierbei öfters verwendet: *Tract. de ps.* 143, 242 (CCL 78, S. 321) Cum enim te ligaverint syllogismis suis; *In Amos* 1, 1, 4/5, 268-273 (CCL 76, S. 220) qui instructi sunt arte dialectica, et argumentis philosophorum ... Euticius et Eunomius, qui syllogismis et enthymematibus, immo sophismatibus et pseudomenis atque soritis, quae male ab aliis inventa sunt, roborare conantur; *In Amos* 1, 3, 11, 282-283 (CCL 76, S. 251) et detrahetur ex eis (sc. haereticis) fortitudo syllogismorum, et verborum argutiae quibus suum dogma firmaverant. Hieronymus wirft den Häretikern vor, dass sie ihre Argumente aus verschiedenen Philosophenschulen entlehnen: *Tract. de ps.* 143, 179 (CCL 78, S. 319) Si Aristotelem tenueris, in Platonem transeunt.

Am Tage des Urteils jedoch werden ihre Argumente den Philosophen nicht mehr nutzen: *Ep.* 14, 11 adducetur et cum suis stultus Plato discipulis; Aristoteli argumenta non proderunt. Tunc tu rusticanus et pauper exultabis.

Aus einigen Texten spricht eine andere Haltung: auch hier ist Hieronymus nicht ganz konsequent. In *Ep.* 133, 1, 3 begrüsst er die Akademiker und Peripatetiker — quos Tullius sequitur — als Bundesgenossen gegen die Häretiker. Namentlich betont er eine gewisse Übereinstimmung zwischen Stoizismus und christlicher Lehre: *In Es.* 4, 11, 6/9, 42-43 (CCL 73, S. 151) Stoici, qui nostro dogmati in plerisque concordant. Persönlich hat er z.B. in *Contra Iov.* reichlich aus Senecas Schriften geschöpft.

12, 4. **contortaque Chrysippi acumina**: für den Scharfsinn des Chrysippus: *Contra Ioh. Hier.* 4 (PL 23, 374C) acutiorem Chrysippo; *Adv. Ruf.* 1, 16 (PL 23, 428A) Chrysippus et Antipater inter spineta versantur; *Adv. Ruf.* 1, 30 (PL 23, 442A) spinas Cleanthis et contorta Chrysippi. Der Wortgebrauch geht schliesslich auf Cicero zurück, der dialektische Spitzfindigkeiten *acumina* nennt (*De orat.* 2, 158 ad extremum ipsi (sc. dialectici) se compungunt acuminibus). Anderswo spricht dieser von *contorta sophismata* und erwähnt unmittelbar danach den Namen von Chrysippus: *Acad. pr.* 2, 24, 75 quorum sunt contorta et aculeata quaedam sophismata; sic enim appellantur fallaces conclusiunculae. Sed quid eos colligam; cum habeo Chrysippum ... Auch Augustin hat sich an diese Cicero-Stelle erinnert: *De beata vita* 2, 14 (CSEL 63, S. 100, 15) contortum hoc et aculeatum. Rufin wirft Hieronymus vor, dass er, um seine Belesenheit zu zeigen, griechische Autoren anführt (*Apol. contra Hier.* 2, 7, CCL 20, S. 88): Iam vero Chrysippus ... et cetera Graecorum auctorum nomina, ut doctus videatur et plurimae lectionis, tamquam fumos et nebulas lectoribus spargit.

Andere Ausdrücke für die beredten Formulierungen der Philosophen und Häretiker: *In Os.* 2, 5, 11, 323 (CCL 76, S. 59) quod falsis sophismatibus suis et arte dialectica saepe opprimant ecclesiasticos; *In Amos* 1, 2, 13/16, 473-474 (CCL 76, S. 243) et oratorum eloquentia, vel sophismatibus dialecticorum opprimere nititur veritatem; *In Zach.* 2, 9, 2/4, 85-86 (CCL 76A, S. 826) sophismatibus suis et dialecticae retibus et sophistarum texturis; *In Eccl.* 10, 15 (CCL 72, S. 339) Aristotelis evolve versutias.

12, 5. **Croesi opes**: im Altertum ein sprichwörtlicher Ausdruck, siehe Otto, S. 98-99. Er findet sich mehrmals in den Werken des Hieronymus. In *De vir. ill.* 75 macht er folgende Bemerkung über Origenes' Kommentare zu den 12 Propheten: quae tanto amplector et servo gaudio, ut Croesi opes habere me credam. Gewöhnlich erwähnt Hieronymus in einem Atem den Reichtum des Darius: *Ep.* 60, 11 Croesi opes et Darei divitias se vicisse iactabat; *Ep.* 118, 5 Neque enim Darei opes et Croesi divitiae valent explere pauperes mundi; *Adv. Ruf.* 1, 17 (PL 23, 430A) Quamvis Croesos quis spiret et Darios; *Adv. Ruf.* 3, 4 (PL 23, 480D) ut audeat cum Croeso et Dario pugnare divitiis? Cf. Courcelle, *Les Lettres*, S. 92[2].

12, 5. **Sardanapalli delicias**: schon bei den Griechen war Σαρδανάπαλ(λ)ος, König von Assyrien nach romantisierenden Beschreibungen, sprichwörtlich geworden für einen üppig lebenden Geldprotz (seit Ktesias, Fr. 15; Aristophanes, *Aves* 1021); cf. Leutsch-Schneidewin, *Paroemiographi Graeci* 1, S. 449; 2, S. 600. Über die Historizität: Weissbach, *Sardanapal*, PW 2. Reihe 1, 2, 2436-2475. In der lateinischen Literatur z.B. Martial 11, 11, 6; Iuv. *Sat.* 10, 362; Tert. *De pallio* 4 (molliorem Sardanapalo); einige spätere Texte: M. C. Sutphen, Am. Journ. of Philol. 22 (1901), S. 209.

Ein bemerkenswerter Text bei Hieronymus ist *Adv. Ruf.* 1, 13 (PL

23, 426A) ut de Eusebio Pamphilum, de haeretico martyrem feceris.
Cavendus homo, et mihi maxime declinandus, ne me repente, dum
nescio, de Hieronymo Sardanapalum nomines. Siehe Wiesen, S. 234,
121-123, mit einem Hinweis auf W. Süss, *Der heilige Hieronymus und
die Formen seiner Polemik*, Giessener Beiträge zur deutschen Philologie
60 (1938), S. 224, der vermutet, Hieronymus habe diesen Terminus
seines beleidigenden Charakters wegen, der in der Klangähnlichkeit mit
phallus stecke, gewählt. Zwei andere Passus aus Hieronymus bei A. Sonny,
ALL 8 (1893), S. 491: *Ep.* 54, 13 Sardanapali nuptias loquebantur und
ein Cicero-Zitat, *In Abac.* 2, Prol. 4-5 (CCL 76A, S. 618) Sibilet igitur
excetra, et Sardanapalus insultet (= *Rep.* 3, Fr. 4). Dieses Cicero-Zitat
auch: *In Amos* 1, 1, 1, 54 (CCL 76, S. 213) Sardanapalus, de quo in-
signis orator: *Turpior*, inquit, *vitiis, quam nomine.* Von Rufin: *In Naum*
3, 8/12, 348-349 (CCL 76A, S. 564) ne aliquam excetrae et Sardanapalo
reprehendendi occasionem praebuisse videamur.

12, 5. **de sola rusticitate:** über den Bedeutungsunterschied mit
rusticitas in 12, 4 siehe Wiesen, S. 228: „In this sentence Jerome has
without warning ceased to employ *rusticitas* in the sense of mental
simplicity and instead uses it to mean a simple manner of life. He is
saying to Rufinus: „You who live amidst sensuality and wantonness
have as much right to boast of your rustic simplicity as murderers have
to boast of their learning if they hide their swords behind philosophers'
books instead behind tree trunks". This intricate but trenchant bit of
irony is immediately followed by a concluding passage, in which Jerome
claims that he can easily wash away any charges brought in against him
and insists that he will not have anything to do with malicious re-
criminations".

12, 5. **gladios:** *In Es.* 3, 7, 1-2, 54 (CCL 73, S. 96) verwendet
Hieronymus das Wort in bildlichem Sinne in Bezug auf eine Debatte:
argumentorum et dialecticae artis gladiis dimicare.

13, 1. **Excessi mensuram epistulae:** siehe die Anm. zu 8, 1 über
die *brevitas epistolaris.* Die Frequenz der Konstatierung der überschrit-
tenen Brieflänge bei Hieronymus macht klar, dass es sich mehrmals um
eine stereotyp gewordene Entschuldigung handelt. Der Hinweis auf die
brevitas, welche die Briefgattung erfordert, fungiert eben am Ende
eines längeren Briefes als ein Beweis, dass man die literarischen Er-
fordernisse kennt. Man vergleiche die folgenden Formeln bei Hieronymus:
Ep. 26, 5 modum epistolici characteris excedere; 54, 18 Hoc tantum ne
modum egrediar epistulae, admonitam volo; 64, 21; 69, 8 mensuram
epistulae excedere; 112, 1 modum non egredi epistulae longioris; *Adv.
Ruf.* 2, 35 (PL 23, 478B) Excessi epistulae modum. Ähnlicher Wendungen
bedient sich Hieronymus auch in exegetischen Werken, um sich wegen
eines ausgedehnten Exkurs zu entschuldigen, z.B. *In Es.* 15, 54, 11/14,
208-209 (CCL 73A, S. 613) Excessimus brevitatis modum, qui utilis
est in omnibus quae dicenda sunt.

Auf geschmackvolle Weise weiss Hieronymus mit dieser Formel eine
höfliche Bemerkung zu verbinden: *Ep.* 3, 6 plura fortasse quam epistulae
brevitas patiebatur longo sermone protraxerim quod mihi semper

accidere consuevit quando aliquid de Bonosi nostri laude dicendum est. Ähnlich in *Ep.* 7, 6 (Hieronymus' Zuneigung zum Adressaten bringt ihn mit den Gesetzen der Briefgattung in Konflikt): Et miremini forsitan quod in fine iam epistulae rursus exorsus sim. Quid faciam? Vocem pectori negare non valeo. Epistulae brevitas conpellit tacere, desiderium vestri cogit loqui.

13, 1. **non excessi doloris modum:** bewusster Gegensatz zur vorhergehenden Formel.

13, 1. **inter muliercularum radios et textrina:** die Frauen, welche — am Webstuhl und beim Spinnrocken wie Hieronymus ironisch sagt — über dogmatische, theologische und aktuelle religiöse Fragen debattieren, sind öfters das Ziel des Spottes des Einsiedlers von Bethlehem: *Adv. Ruf.* 3, 3 (PL 23, 480C) ut panegyricum tuum per angulos et plateas, ac muliercularum textrinas recitarent; *Contra Vig.* 6 (PL 23, 360C) legito fictas revelationes omnium patriarcharum et prophetarum; et cum illas didiceris, inter mulierum textrinas cantato; *Adv. Helv.* 20 (PL 23, 204A) Hinc textricum turba commurmurat. Auch die Verbindung *matronarum senatus* ist charakteristisch für die dünkelhafte Weise, in der Hieronymus öfters über die Frauen und vor allem über ,,les cercles féminins'', spricht: *Ep.* 43, 3 matronarum senatus; *In Es.* 2, 3, 12, 15-18 (CCL 73, S. 52) ne iuxta impium Porphyrium matronae et mulieres sint noster senatus, quae dominantur in ecclesiis. Das Deminutivum *muliercula* in *Ep.* 57, 13, 1 hat einen klar deprezierenden Charakter; siehe auch *Ep.* 50, 5 Inter mulierculas sciolus sibi et eloquens videbatur.

13, 1. **muliercularum:** das Deminutivum hat bei Hieronymus meistens einen ironischen und geringschätzigen Klang (siehe auch die vorhergehende Anm.). Er betrachtet die Frauen als leicht durch häretische Lehren zu beeinflussen; cf. *In Hier.* 4, 60, 3 (CCL 74, S. 227) et maxime mulierculas oneratas peccatis (2 *Tim.* 3, 6-7), quae circumferuntur omni vento doctrinae (= *Ep.* 133, 4), semper discentes et numquam ad scientiam veritatis pervenientes (cf. *Eph.* 4, 14); *Contra Vig.* 12 (PL 23, 364C) et muliercularum deliramenta subsannes; *Ep.* 130, 17 in feminis, quarum mutabilis fluctuansque sententia.

13, 1. **ut legas ...:** auf ähnliche Weise wird dem Pammachius empfohlen, eine lateinische Übersetzung mit dem griechischen Originaltext zu vergleichen (*Ep.* 48, 4 Lege eundem (das Buch Job) Graecum et Latinum et veterem editionem nostrae translationi compara). Zweifellos war Pammachius ziemlich gut in der griechischen Sprache bewandert; es handelt sich hier nicht um eine Höflichkeitsformel, wie z.B. doch wohl in *Ep.* 85, 3, wo von der Kenntnis des Griechischen bei Paulin von Nola die Rede ist: Quorum exemplaria (Hieronymus' Übersetzung der Περὶ ἀρχῶν von Origenes) a supra dicto fratre (sc. Pammachio) poteris mutuari: licet tibi Graeca sufficiant; et non debeas turbidos nostri ingenioli rivos quaerere, qui de ipsis fontibus bibis. Siehe hierüber W. Erdt, *Christentum und heidnisch-antike Bildung bei Paulin von Nola*, mit Kommentar und Übersetzung der 16. Briefes (Beiträge zur klassischen Philologie 82), Meisenheim am Glan 1976), S. 121: ,,so sind die Hinweise auf die Griechisch-kenntnis des Nolaners vielleicht nur ,,une pure formule de politesse'' (Courcelle, 131 A. 8)''.

13, 1. **tam Graecam quam Latinam**: anscheinend hat Hieronymus seinem Schreiben eine Kopie des griechischen Textes und der lateinischen Übersetzung des Briefes des Epiphanius beigefügt, sowie er es auch mit der Übersetzung eines Osterbriefes des Theophilus von Alexandrien gemacht hat: *Ep.* 97, 3 (CSEL 55, S. 184) accipite et Graecam et Latinam etiam hoc anno epistulam — ne rursum heretici mentiantur a nobis pleraque vel addita vel mutata.

13, 1. **et intellegas**: cf. *Ep.* 48, 4 et liquido pervidebis quantum distat inter veritatem et mendacium.

13, 1. **nenias**: ein von Hieronymus gern verwendetes Wort (im Sinne von *nugae, ineptiae*; so bereits Phaedr. 3 pr. legesne potius viles nenias). Cf. *Adv. Ruf.* 3, 10 (PL 23, 486A) qui tuas emendaret naenias; *Ep.* 143, 2 nec grande est ineptissimis neniis respondere; *In Matth.* praef. 83 (CCL 77, S. 4) omnes apocryphorum nenias; *In Hiez.* 11, 38, 1/23, 1504 (CCL 75, S. 526) et multo peiores fingunt nenias; *In Es.* 10 Prol. 14 (CCL 73, S. 396) Cuius (sc. Rufini) naeniae et lugubres cantilenae; *Contra Vig.* 6 (PL 23, 360C) per has naenias.

13, 2. **amicum ... carissimum**: unter den Adjektiva, mit denen Hieronymus seinen Freund Pammachius charakterisiert, herrschen *sanctus* und *eruditissimus* vor; cf. *Ep.* 124, 1 sanctus Pammachius; *Praef. in Iob* (Biblia Sacra 4, S. 8) admirabilis sanctusque vir Pammachius; *In Es.* prol. 5 (CCL 73, S. 1) eruditissimo viro fratri tuo Pammachio); *In Amos* 1, 1; *In Es.* 18, prol. 16-18 (CCL 73, S. 396-397) sancto atque eruditissimo viro fratri tuo Pammachio; *In Es.* 18, prol. 5 (CCL 73A, S. 740) vir eruditissimus frater tuus Pammachius.

13, 2. **in cellula latitantem**: ebenso als Charakterisierung des bescheidenen Mönches *Adv. Ruf.* 1, 32 (PL 23, 444C) Neque enim ambimus sacerdotium, qui latemus in cellulis. Cf. auch *Ep.* 82, 8, 1 qui quiescit in monasterii cellula.

13, 2. **diem ... expectare iudicii**: der Mönch beschäftigt sich täglich mit der *meditatio mortis et iudicii*. Die Pointe in unserem Text ist, dass das endgültige Urteil dem Hieronymus recht geben wird. Der *dies iudicii* wird meistens mit Furcht entgegengesehen: *In Mich.* 2, 6, 8, 262 (CCL 76, S. 500) diem formidare iudicii; *In Es.* 14 praef. Z. 17 (CCL 73A, S. 552) Dei iudicium pertremiscens; *In Hiez.* 9, 30, 1, 19, 1239-1240 (CCL 75, S. 424) nullus ... absque pavore iudicem praestolatur; cf. auch die Formulierung in der *Reg. Ben.* cap. 4, 44 diem iudicii timere.

13, 2. **commentariis**: im Gegensatz zu rhetorisch ausgearbeiteten Verhandlungen (*tractatus*) spricht Hieronymus von *commentarii* in *In Zach.* 2, 7, 8/14, 219-222 (CCL 76A, S. 806) non enim longos florentesque tractatus in quibus plausibilis ludit oratio, sed commentarios scribimus, quorum officium est, praeterire manifesta, obscura disserere.

13, 2. **Demosthenis et Tullii Philippicas**: Siehe auch die Anmerkung zu 5, 2 (Aeschinis et Demosthenis ... transtulit). Demosthenes' *Philippicae* (die Hieronymus jedoch nicht gelesen hat) werden auch erwähnt in *Contra Iov.* 1, 48 (PL 23, 292A) Philippum regem Macedonum, contra quem Demosthenis Philippicae tonant.

BIBLIOGRAPHIE

Amatucci A. G., *Per un' edizione delle Epistole di S. Girolamo*, Arcadia, Accad. Lett. Ital,, Ser. III, Vol. II 3, Annuario 1950, 87-94.

Antin P., *Jérôme antique et chrétien*, REA 16 (1970), 35-46.

Antin P., *Recueil sur saint Jérôme* (Collection Latomus), Bruxelles 1968 (= Antin 1968).

Arns E., *La technique du livre d'après saint Jérôme*, Paris 1953.

Bardy G., *Copies et éditions au Ve siècle*, RScR 23 (1949), 38-52.

Bardy G., *Saint Jérôme et ses maîtres hébreux*, Rev. Bén. 46 (1934), 145-164.

Bardy G., *Traducteurs et adapteurs au IVe siècle*, RScR 30 (1940), 257-306.

Barr J., *St. Jerome's Appreciation of Hebrew*, Bull. of the John Rylands Library 49 (1966), 280-302.

Bartelink G. J. M., *Een gemeenplaats uit de briefliteratuur bij een christelijk auteur. Brevitas epistolaris bij Hieronymus*, Lampas 10 (1977), 61-65 (= Bartelink).

Bartelink G. J. M., *Platons 'Protagoras' bei Hieronymus*, RhM 120 (1977), 192.

Bartelink G. J. M., *Quelques observations sur la Lettre LVII de saint Jérôme*, Rev. Bén. 86 (1976), 296-306 (= Bartelink 1976).

Bejarano V., *Un aspecto del latín de San Ierónimo. El uso de las conjunciones quod, quia, quoniam*, Boletín del Inst. de Estudios helénicos, Barcelona, 7, 2 (1973), 19-26.

Brochet J., *Saint Jérôme et ses ennemis*, Paris 1905 (= Brochet).

Cavallera F., *Saint Jérôme et la Vulgate des Actes, des Épîtres et de l'Apocalypse*, Bull. de Litt. eccl. 21 (1920), 269-292.

Cavallera F., *Saint Jérôme, sa vie et son œuvre* (Spicilegium Sacrum Lovaniense 1), Louvain-Paris 1922 (= Cavallera).

Coffin H. C., *The Influence of Vergil on St. Jerome*, Class. Weekly 17 (1924), 170-176.

Condamin A., *Les caractères de la translation de la Bible par Saint Jérôme*, RScR 2 (1911), 425-440; 3 (1912), 105-138 (= Condamin, *Les caractères*).

Condamin A., *Un procédé littéraire de Saint Jérôme dans la traduction de la Bible*, in: *Miscellanea Geronimiana*, Rome 1920, 89-96.

Courcelle P., *Les Lettres grecques en Occident*. Paris 1948² (= Courcelle, *Les Lettres*).

Cuendet G., *Cicéron et saint Jérôme traducteurs*, REL 11 (1933), 380-400 (= Cuendet).

Cummings J. T., *St. Jerome as Translator and as Exegete*, Studia Patristica 12, 1 (= TU 115), Berlin 1975, 279-282.

Dziech J., *De Vergilii cultu apud Hieronymum*, Eos 33 (1930/31), 101-116.

Eiswirth R., *Hieronymus' Stellung zur Literatur und Kunst* (Klassisch-philologische Studien 16), Wiesbaden 1955 (= Eiswirth).

Ellspermann G. L., *The Attitude of the early christian Latin Writers toward pagan Literature and Learning* (Patr. Stud. 82) (Diss.), Washington 1949.

Fahl B., *Quibus locis quibusque de causis in s. Hieronymi Vulgatae historicis libris Veteris Testamenti aliter ac in textu hebraico attributa ante substantiva collocata sint* (Diss.), Innsbruck 1947.

Favez Ch., *Saint Jérôme peint par lui-même*, Latomus 16 (1957), 655-671.

Fischer B., *Das Neue Testament in lateinischer Sprache*, in: K. Aland, *Die alten Übersetzungen des Neuen Testaments*, Berlin 1972, 1-92.

Gillis J. H., *The coordinating Particles in Saints Hilary, Jerome and Augustine. A Study in Latin Syntax and Style* (Patr. Stud. 65), Washington 1938.

Godel R., *Réminiscences de poètes profanes dans les lettres de saint Jérôme*, Mus. Helv. 21 (1964), 65-70.

Goelzer H., *Étude lexicographique et grammaticale de la latinité de saint Jérôme* (Diss.), Paris 1884 (= Goelzer).

Gorce D., *Comment travaillait saint Jérôme*, RAM 25 (1949), 117-139.

Gribomont J., *Jérôme*, DSp, Lief. 54-55 (Paris 1973), 902-918.

Grützmacher G., *Hieronymus. Eine biographische Studie zur alten Kirchengeschichte* 1-3 (Studien zur Gesch. der Theologie und der Kirche 6; 10), Leipzig 1901; Berlin 1906-1908 (anastat. Nachdr. Aalen 1969) (= Grützmacher).

Hagendahl H., *Jerome and the Latin Classics*, Vig. Chr. 28 (1974), 216-227 (= Hagendahl 1974).

Hagendahl H., *Latin Fathers and the Classics. A Study on the Apologists, Jerome and other Christian Writers* (Acta Universitatis Gothoburgensis; Göteborgs Univ. Arsskrift 64,2), Göteborg 1958 (= Hagendahl).

Harendza G., *De oratorio genere dicendi quo Hieronymus in epistulis usus sit* (Diss.), Vratislaviae 1905 (= Harendza).

Helm R., *Hieronymus und Eutrop*, RhM, N.F. 76 (1927), 138-170; 254-306.

Herron M. C., *A Study of the Clausulae in the Writings of St. Jerome* (Patr. Stud. 51), Washington 1937.

Hoberg G., *De S. Hieronymi ratione interpretandi* (Diss. Münster), Bonn 1886 (= Hoberg).

Holl K. — Jülicher A., *Die Zeitfolge des origenistischen Streites*, in: Sitzungsber. der Kgl. Preuss. Akad. der Wiss. 1916, IX, 226-275 (auch in: Holl K., *Gesammelte Aufsätze zur Kirchengeschichte* 2, Tübingen 1928², 310-350) (= Holl).

Hoppe H., *Rufin als Übersetzer*, in: Studi dedicati alla memoria di Paolo Ubaldi (Pubbl. Univ. catt. di s. Cuore, Serie Sc. Storiche 16, 133-150), Milano 1937.

Hritzu J. N., *The Style of the Letters of St. Jerome* (Patr. Stud. 60), Washington 1939.

Hritzu J. N., *Jerome the Christian Cicero*, Class. Weekly 37 (1943-44), 98-101.

Jay P., *Remarques sur le vocabulaire exégétique de saint Jérôme*, in: Studia Patristica 10, 1 (Tu 107), Berlin 1970, 187-189.

Jouassard G., *Réflexions sur la position de saint Augustin relativement aux Septante dans sa discussion avec saint Jérôme*, REAug 2 (1956), 93-99.

Kaiser L. M., *Imagery of Sea and Ship in the Letters of St. Jerome*, Folia 5 (1951), 56-60.

Kedar-Kopfstein B., *Die Wiedergabe des hebräischen Kausativs in der Vulgata*, ZATW 85 (1973), 196-219.

Kelly J. N. D., *Jerome. His life, Writings and Controversies*, London 1975 (= Kelly).

Kloeters G., *Buch und Schrift bei Hieronymus*, Münster 1957 (= Kloeters).

Knook P. C., *De overgang van het metrisch tot rhythmisch proza bij Cyprianus en Hieronymus*, Amsterdam 1932.

Krause W., *Die Stellung der frühchristlichen Autoren zur heidnischen Literatur*, Wien 1958.

Kunst C., *De sancti Hieronymi studiis Ciceronianis* (Diss. Philol. Vindob. 12,2), Vindobonae 1918, 109-219.

Labourt J., *Saint Jérôme. Lettres* 1-8. Texte établi et traduit (Collection des Universités de France), Paris 1949-1963 (= Labourt).

Lambert B., *Bibliotheca Hieronymiana manuscripta*. La tradition manuscrite des œuvres de Saint Jérôme 1A-4AB (Instrumenta patristica 4), Steenbrugis 1969-1972.

Laurand L., *Réminiscences de Cicéron dans saint Jérôme*, RScR 6 (1916), 166.

Laurand L., *Le Cursus dans les Lettres de saint Jérôme*, RScR 9 (1919), 370-372.

Le Goff, *Le Latin de saint Jérôme*, L'enseignement chrét. 11 (1892), 247-250; 264-267.

Leumann M. — Hofmann J. B. — Szantyr A., *Lateinische Grammatik* 1-2. München 1963-1965 (= Leumann-Hofmann-Szantyr).

Lomiento G., *Note sulla traduzione geronimiana delle omelie su Geremia di Origene*, Vetera Christianorum 10 (1973), 243-262.

Lübeck A., *Hieronymus quos noverit scriptores et ex quibus hauserit*, Leipzig 1872 (= Lübeck).

Lundström S., *Übersetzungstechnische Untersuchungen auf dem Gebiete der christlichen Latinität* (Lunds Universitets Arsskrift N.F. Avd. 1, 51, 3), Lund 1955.

Lyonnet S., *Quoniam Nazaraeus vocabitur (Mt. 2, 23). L'interprétation de saint Jérôme*, Bibl. 25 (1944), 196-206.

Mangenot E., *Les manuscrits grecs des Evangiles employés par saint Jérôme*, Rev. des Sciences eccl. 81 (1900), 56-72.

Marcocchi M., *Motivi umani e cristiani nell' epistolario di San Girolamo* (Pubbl. della Fac. di Lett. e Filosofia dell' Univ. di Pavia 13), Milano 1967.

Marti H., *Übersetzer der Augustin-Zeit. Interpretation von Selbstzeugnissen* (Studia et Testimonia Antiqua 14), München 1974 (= Marti).

Mazzini I., *Tendenze letterarie della Vulgata di Girolamo*, Atene e Roma (1976), 132-147.

Meershoek G. Q. A., *Le Latin biblique d'après saint Jérôme. Aspects linguistiques de la rencontre entre la Bible et le monde classique* (LCP 20), Nijmegen-Utrecht 1966 (= Meershoek).

Meunier A., *Hieronymus' vertaalwijze in Origenes' Jeremiashomilieën* (Diss. dactyl.), Löwen 1943.

Mierow C. C., *Saint Jerome and Rufinus*, The Class. Bull. 30 (1953), 1-5; 16-17; 19-20.

Miscellanea Geronimiana. Scritti varii pubblicati nel XV. centenario dalla morte di S. Girolamo, con introduzione di V. Vannutelli, Roma 1920 (= Miscellanea Geronimiana).

Mohrmann, Christine, *Études sur le Latin des Chrétiens* 1-3, Rome 1961²-1965.

Mounin G., *Les problèmes théoriques de la traduction* (Bibliothèque des Idées), Paris 1963.

Murphy F. X. (Herausgeber), *A Monument to St. Jerome*. Essays on some Aspects of his Life, Works and Influence, New York 1952.

Murphy F. X., *Rufinus of Aquileia (345-411). His Life and Works* (Catholic Univ. of America Stud. in Medieval Hist. 7), Washington 1945 (= Murphy).

Nautin P., *Études de chronologie hiéronymienne (393-397)*, REAug 18 (1972), 209-218; 19 (1973), 69-86; 213-239; 20 (1974), 251-284 (= Nautin 1972, 1973, 1974).

Opelt, Ilona, *Die lateinischen Schimpfwörter und verwandte sprachliche Erscheinungen. Eine Typologie*, Heidelberg 1965 (= Opelt, *Schimpfwörter*).

Opelt, Ilona, *Hieronymus' Streitschriften* (Bibl. der klass. Altertumswiss. N.F. 2. R. 44), Heidelberg 1973 (= Opelt, *Streitschriften*).

Otto, A., *Die Sprichwörter und sprichwörtlichen Redensarten der Römer*, Hildesheim 1964 (anast. Nachdr. der Ausg. Leipzig 1890) (= Otto).

Ottolini A., *La rettorica nelle epistole di Girolamo da Stridone*, Cremona 1905.

Oulton J. E. L., *Rufinus' Translation of the Church History of Eusebius*, JThS 30 (1929), 150-174.

Paucker C. von, *De latinitate B. Hieronymi observationes ad nominum verborumque usum pertinentes* (Diss.), Berlin 1880² (= Paucker).

Paucker C. von, *De particularum quarundam in Latinitate Hieronymi observationes*, RhM, N.F. 37 (1882), 556-566; 606.

Pauly's Realencyclopädie der classischen Altertumswissenschaft (hgg. von G. Wissowa - W. Kröll - K. Mittelhaus - K. Ziegler), Stuttgart 1893 ff. (= PW).

Pease A. S., *The Attitude of Jerome toward Pagan Literature*, Transact. and Proceedings of the Amer. Philol. Ass. 50 (1919), 150 ff. (= Pease).

Preus J. A. O., *St. Jerome's Translation Terminology* (Diss.), Minnesota 1951.

Pronberger N., *Beiträge zur Chronologie der Briefe des hl. Hieronymus* (Diss. München), Arnsberg 1914.

Quain E. A., *St. Jerome as a Humanist*, in: A Monument to St. Jerome, 203-232 (siehe Murphy F. X.).

Rapisarda C. A., *Ciceronianus es, non Christianus*, in: Miscellanea di studi di letteratura Cristiana antica, Catania 1953.

Reallexikon für Antike und Christentum, Sachwörterbuch zur Auseinandersetzung des Christentums mit der Antiken Welt, Stuttgart 1950 ff. (= RAC).

Reiter S., *Sprachliche Bemerkungen zu Hieronymus*, Berl. Philol. Wochenschr. 39 (1919), 642-646; 666-671; 690-696.

Reuschenbach F., *Hieronymus als Übersetzer der Genesis* (Diss. Freiburg/ Schweiz), Limburg an d. Lahn 1948.

Richter H. E., *Übersetzer und Übersetzungen in der römischen Literatur* (Diss. Erlangen), Coburg 1938 (= Richter).

Ronconi A., *Note a S. Girolamo revisore del testo latino dei Vangeli*, Riv. Cult. Class. Med. 7 (1965), 962-971 (auch in: Filologia e Linguistica, Roma 1968, 189-200).

Sanders L., *Études sur saint Jérôme*, Bruxelles - Paris 1903.

Schneiderhan A., *Die Exempla bei Hieronymus* (Diss.), München 1921.

Schwarz W., *The Meaning of Fidus Interpres in Medieval Translation*, JThS 45 (1944), 73-78 (= Schwarz).

Seliga St., *De Hieronymi scriptorum colore satyrico*, in: Charisteria G. Przychocki, Varsoviae 1934.

Semple W. H., *St. Jerome as a Biblical Translator*, Bull. of the John Rylands Library 48 (1965/66), 227-243.

Serra Zanetti P., *Sul criterio e il valore della traduzione per Cicerone e S. Girolamo*, in: Atti del I Congr. Internaz. di Studi Ciceroniani, Roma 1961, 355-405.

Souter A., *The Type or Types of Gospels Text used by St. Jerome*, as the Basis of his Revision, with special Reference to St. Luke's Gospel and Cod. Vercellensis (a), JThS 12 (1911), 583-592.

Steinmann J., *Saint Jérôme*, Paris 1958.

Stolz E., *Didymus, Ambrosius, Hieronymus*, ThQ 87 (1905), 371-401.

Studer B., *A propos des traductions d'Origène par Jérôme et Rufin*, Vetera Christ. 5 (1968), 137-155.

Stummer F., *Beiträge zur Lexicographie der lateinischen Bibel. Untersuchungen zum Sprachgebrauche des Hieronymus in der Vulgata*, Bibl. 18 (1937), 23-50.
Stummer F., *Spuren jüdischer und christlicher Einflüsse auf die Übersetzung der grossen Propheten durch Hieronymus*, Journ. of the Palest. Oriental Society 8 (1928), 35-48.
Süss W., *Der heilige Hieronymus und die Formen seiner Polemik* (Giessener Beiträge zur deutschen Philologie 60), Giessen 1938.
Sutcliffe E. F., *The Name "Vulgate"*, Bibl. 29 (1948), 345-352 (Sutcliffe).
Thraede K., *Grundzüge griechisch-römischer Brieftopik* (Zetemata 48), München 1970 (= Thraede).
Ton G. del, *De latine scribendi genere sancti Hieronymi*, Latinitas 9 (1961), 167-174.
Unnik W. C. van, *De la règle Μήτε προσθεῖναι μήτε ἀφελεῖν dans l'histoire du canon*, VChr 3 (1949), 1-36.
Vaccari A., *San Girolamo. Studi e Schizzi*, Roma 1921.
Villain M., *Rufin d'Aquilée. L'étudiant et le moine*, NRTh 64 (1937), 1-33; 139-161.
Villain M., *Rufin d'Aquilée. La quérelle autour d'Origène*, RScR 27 (1937), 5-37; 165-195.
Vogels H. J., *Vulgata-Studien*, Münster 1928.
Wagner M. Monica, *Rufinus the Translator. A Study of his Theory and Practice as illustrated in his Version of the Apologetica of S. Gregory Nazianzen* (Patr. Stud. 73), Washington 1945.
Wiesen D. S., *St. Jerome as a Satirist. A Study in Christian Latin Thought and Letters* (Cornell Studies in Classical Philology 34), Ithaca, New York 1964 (= Wiesen).
Wikenhauser A., *Der hl. Hieronymus und die Kurzschrift*, ThQ (1910), 50-87.
Winkelmann F., *Einige Bemerkungen zu den Aussagen des Rufinus von Aquileia und des Hieronymus über ihre Übersetzungstheorie und - methode*, in: Kyriakon, Festschrift Johannes Quasten, Bd 2, Münster Wf. 1970, 532-547.
Wutz F., *Die Transkriptionen von der Septuaginta bis zu Hieronymus* 1, Berlin 1925; 2, Stuttgart 1933.
Zanetti P. S., *Sul criterio e il valore della traduzione per Cicerone e S. Girolamo*, in: Atti del I Congresso internazionale di studi Ciceroniani, Roma 1961, 355-405.
Zeiller J., *La lettre de saint Jérôme aux Goths Sunnia et Fretela*, Comptes Rendus de l'Acad. des Inscr. et Belles Lettres, Paris 1935, 238-250.

REGISTER

BIBELZITATE

SACHVERZEICHNIS

INDEX DER GRIECHISCHEN WÖRTER

INDEX DER LATEINISCHEN WÖRTER

INDEX DER EIGENNAMEN

LISTE DER ÄNDERUNGEN IM TEXT VON HILBERG

4, 1   limatas (limitas H)
5, 3   omne (omnium H)
5, 6   excedere (excidere H)
7, 6   parvulum (parvolum H)
7, 7   locum, qui (locum, quia H)
7, 7   Exiet (et exiet H)
8, 1   quod dictum est a Domino (a domino quod dictum est H)
9, 2   (et alibi) Esaia (Isaia H; s. jedoch Hilberg 1, 1)
10, 4   Deus meus, Deus meus (deus, deus meus H)